日本人のための英語発音完全教本

Perfect Breath, Voice and Muscle Training of
English Pronunciation for Japanese

竹内真生子
Makiko Takeuchi

ask

はじめに

本書は、英語発音をはじめからきちんと学びたい人、仕事や学業で通じる英語を話したい人、リスニング力や英会話力を伸ばしたい人、英語の発音を教えたい人など、さまざまな目的で発音を学び、身につけたい人のために2012年4月に書かれました。約10年間で10刷と、多くの方にご活用いただきました。より使いやすくするために、このたび、DVDをWeb視聴の動画に、CDをDL音声に変えた版を発行する運びとなりました。

日本では、読む、聞くことを中心に英語教育が行われてきましたが、グローバル化した現代社会では自分の考えを人前で堂々と話すことが強く求められています。**伝わる英語を話すための基礎として、発音は非常に大切です。** リズムとイントネーションも含めた発音を学べばリスニングやリーディングの力も上がり、より効率よく英語が学べるようになります。発音は、「英語上達の素」なのです。

英語は母音や子音の数が多く、息や声の出し方も日本語とは異なるため、1つ1つの発音のルールをていねいに学んでいかなければなりませんが、日本の英語教育では発音学習に十分な時間が割かれていない現状があります。私達が思っている以上に日本人の英語はネイティヴに聞きにくいと思われていることを知っておかねばなりません。英語の実力をもっとも的確に測るテストといわれるTOEFL iBTで、スピーキングのスコアが連続世界最下位ということの原因の1つにも、発音の軽視があるのではないかと私は思います。

英語の発音は、メソッドを身につければ必ずうまくなります。英語圏で生活しないと発音は上達しない、と思っている人も多いと思いますが、逆に発音のメソッドを知らないと、海外に行ったからといって発音がうまくなりません。私が主宰する「エースネイティヴ発音・リスニング・スピーチ研修所」には、留学や赴任で何年も海外に滞在したにもかかわらず、発音に最後まで苦しめられた人が多く入門し、成果をあげています。メソッドを学べば日本にいても十分、よい発音を身につけることができるのです。漠然と英語に触れるのでなく、**正しい知識を身につけ、それを意識に変え、習慣にしていくうちに、無意識に正しく発音できるようになります。**

本書で掲載した「体を使った」発音メソッドは、私が10数年にわたり、主宰するエースネイティヴ発音・リスニング・スピーチ研修所でネイティヴ講師とのティームティーチングをしながらこつこつと編み出したものです。音声学が欧米人の息と声を基盤にしたものであるのに対し、本書はネイティヴの「息の使い方」「声の出し方」「筋肉の使い方」と日本人のそれを徹底的に比較し、日本人に最適な科学的トレーニング方法としてまとめました。

2章では、英語の「息」「声」「筋肉」について解説を読み、発音のための体を作ります。

3章「子音」は唇・喉・舌などの調音器官の使い方＋破裂、摩擦などの調音様式、

4章「母音」は、舌の位置に加え、声をあてる場所とその方向（私が考案した「共鳴スポット」「声のベクトル」を使用）を「息」「声」「筋肉」を使ってトレーニングします。英語を発音するときに、つねに学んだことを意識して、無意識でもできるようになるまで繰り返していきましょう。本書ではWebで動画を視聴できますので、動画を見て一緒に体を動かしながら、発音の感覚を身につけていくことができます。さらに、5章「音の連結」で語中、文中での発音を学び、会話やスピーチなどにも応用できるようにします。音の脱落や添加などの知識はリスニング力アップにもつながります。

　発音学習は、年齢に関係なくスタートできます。発音に必要な体の部位にどれだけ意識を向ける能力と集中力があるかが、発音をマスターする鍵です。年齢を理由にあきらめることなく、続けてみましょう。

　この本の出版にあたり、いろいろな方からヒントを得ました。私の研修所で生徒に発音指導をした結果をもとに、既存の発音メソッドをはるかに超えたメソッドを確立できたという実感を持って、この教本をアスク出版から出すことができたのは、多くの方々のご協力の賜物です（絶対やりぬくという意志を持てば、助けが現れるということの実証でもあります）。イギリス発音は、マルシア・ニーチェ（哲学者ニーチェの子孫）がわざわざイギリスから日本に4カ月余りも滞在し、協力してくれました。アメリカ発音の研究は、グレゴリー・ウィナーが、Illustratorを駆使して、発音の図解などのイラストを担当しながら、手助けをしてくれました。今はオーストラリアに移住した秘書の高橋真由美さんが、難解な音声学の本を辛抱強く読みくだしてくれました。また研修所のネイティヴ講師であったイギリス人のアントン・ヘスキア（動画にも出演）やバニー・ウィリアムズ、ロバート・グレイスンはイギリス発音を、アメリカ人のマシュー・ムーニー（動画にも出演）やブリットニー・ウォリッツ、リリー・アントロフィーから、アメリカ発音を教わり、日本人の発音についての率直な感想からも多くのヒントを得ました。筋肉トレーニングは、パーソナルトレーナーの枝光聖人氏に指示を仰ぎました。生徒の田中久美子さんからは「英語の息はドッグブレスですね」という表現をいただきました。その他、わたしの研修所の趣旨に賛同して来てくださった多くの生徒のいろいろな要望にこたえることで、メソッドが改良されました。さらに、アスク出版の編集担当影山洋子氏には、多大な援助をいただきました。すべての方々に、感謝の気持ちでいっぱいです。

　きれいな発音とネイティヴ並みの太い共鳴したしっかりした声、横隔膜呼吸とドッグブレスで子音・母音ともしっかり発音すれば、外国人と会ってもひるむことはなくなります。堂々と英語を話す日本人が増え、日本から世界に羽ばたくことにお役に立てれば幸いです。

2022年4月

竹内　真生子

CONTENTS

第1章　英語発音を学ぶ前に

第2章　発音のための基礎知識と筋トレ

第3章　子音

CONTENTS

第5章 音の連結

本書の使い方

●本書の構成

　本書は概要にあたる１章、英語発音のための基礎知識と息・声・筋肉のトレーニングで発音練習の準備をするための２章、子音・母音の発音練習が行える３・４章、文中での発音ルールが学べる５章に分かれています。２〜４章の練習部分は、本書に付属する動画または音声、５章の練習部分は音声を使って学習しましょう。

　１章→２章→４章の基本発音（発音番号29.〜41.）の音素部分を動画で学習してから、３章→４章の残り→５章と進むと、スムーズに学習できます。

　全部で３カ月くらいの学習を想定しています。pp. 19-20に、３カ月の「標準プラン」、時間がないかた向けの11日間「速習プラン」の説明がありますので、参照してください。

●各章の学習のしかた
＜第２章＞英語発音のための基礎知識と筋トレ

> ▶ Video のマークがあるところが、動画に収録されているエクササイズです。

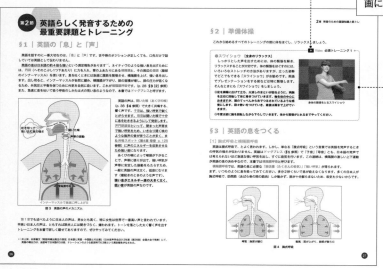

> 動画の「英語発音のための10分間エクササイズ」に収録されているエクササイズは緑の罫線で囲まれた部分です。15のエクササイズの一覧は、p. 53にあります。

＜第２章＞
＜第５章＞音の連結

> 音声は一部の例外を除き、アメリカ発音とイギリス発音でトラック番号が分かれています。巻末にトラック番号と本書のページの対応表もあります。(pp. 250〜251)

5. ドッグブレスをやってみる 🔊 track 2 🇺🇸 🔊 track 3 🇬🇧

　日本語を話すときは、息を継続して吐きながら話します。しかし、英語は開いた喉をして、ドッグブレスで吐いては吸い、を繰り返します。ただし、吐いて吸った直後には声帯を閉めて一瞬息を止め、勢いよく息を吐き、次に続く音をはっきり発音するために呼気も蓄えています。開いた喉は、ちょうど息を切って息を吸いる状態で、一瞬声帯が閉じます。この「声帯を閉じた状態」を意識しましょう。

●母音のあとに子音が続くとき

　英語の子音をはっきり発音するためには強い呼気が必要です。特に破裂音・破擦音・摩擦音は前に母音があるとき、母音の発音のために息を吐きながらドッグブレスで息を吸って、次の子音の準備をします。そのとき、一瞬息を止めますが、そのちょっとした間が、英語のイントネーションとリズムをつくります。

about	a▼bou▼t		

	aを発音	ドッグブレス	bを発音	ouを発音	ドッグブレス	tを発音*
呼吸	スタート吸気	呼気	吸気	呼気	吸気	呼気
横隔膜	下がる	上がる	下がる	上がる	下がる	上がる
声帯	開く	開く	一瞬閉まる	開く	一瞬閉まる	開く

*アメリカ発音の場合は、語末のtははっきり発音しない傾向にあり、舌はtを発音するためにかまえていますが、声を飲み込みます。

本書では、英語の発音の特徴的な呼吸法を「ドッグブレス」と呼んでいます。下記のような▼マークがついていますので、p. 28以降の説明を読み、発音練習でコツをつかみましょう。

a▼bou▼t

5章には、ほかに音の連結を表す色マーカーがありますが、見方は、p. 201の章扉を参照してください。

chimney [tʃím▼ni] 煙突

＜第3章＞子音

発音記号には番号がついており、検索や参照に便利です。子音は調音様式により分類されています。

調音器官の使い方：調音器官別にポイントがわかります。特に重要なのが赤色の部分です。

唇の写真：正面と斜めから撮影した唇の形が掲載されています。

単語の発音練習：動画に英米の発音が収録されています。太字部分を見てつづりも一緒に学びましょう。

発音の比較解説：日本語の似た発音との比較、発音の注意点が詳しく解説されています。

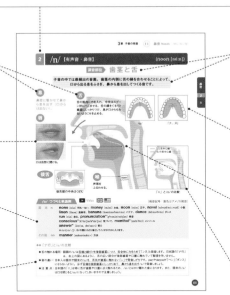

調音部位と発音のポイント：調音部位と発音の重要ポイントを理解しましょう。動画では、発音の特徴をジェスチャーで表現しています。

上歯と口蓋の舌との接触図：舌がどの位置につくかがわかります（つかないこともあります）。

顔の断面図：舌の高さや破裂・摩擦などが起こる部分、声帯をふるわせるかどうかなどが図解されています。

舌中心線の比較図：舌の中心部分の高さを日本語の似た音と比較した図です。

＜第4章＞母音

母音は舌の位置によりグループ分けされた単母音、二重母音、三重母音、アメリカ発音のみのR性母音に分かれています。p. 118 に一覧があります。

調音器官の使い方：調音器官別にポイントがわかります。特に重要なのが赤色の部分です。

唇の写真：正面と斜めから撮影した唇の形が掲載されています。

共鳴スポットと声のベクトル：それぞれの音の声のエネルギーを集めるポイント（共鳴スポット）、声の方向性（声のベクトル）を覚えておきましょう。

発音の比較解説：似た発音との音の違い、発音の注意点が解説されています。

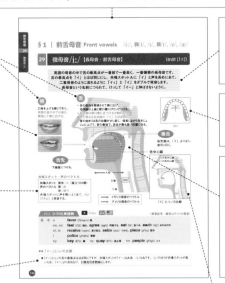

発音のポイント：発音の重要ポイントを理解しましょう。動画では、発音の特徴をジェスチャーで表現しています。

上歯と口蓋の舌との接触図：舌がどの位置につくかがわかります（つかないこともあります）。

顔の断面図：舌の高さや、共鳴スポット、声のベクトルの位置が図解されています。声のベクトルは色分けされており、どちらも同じ場合は、黒色になっています。

➡ イギリス発音のベクトル
➡ アメリカ発音のベクトル

舌中心線の比較図：舌の中心部分の高さを日本語の似た音と比較しています。

単語の発音練習：動画に英米の発音が収録されています。
太字部分を見てつづりも一緒に学びましょう。
本書ではアメリカ特有の発音を赤紫色で表示しています。
fever [fíːvə(ɚ)] 熱　　promise [prɔ́(ɑ́ː)mɪs] 約束

動画の使い方

本書の第2〜4章の内容が動画で学習できます。

次ページのURLあるいはQRコードにアクセスすると、メインメニューが表示されます。

●メインメニュー

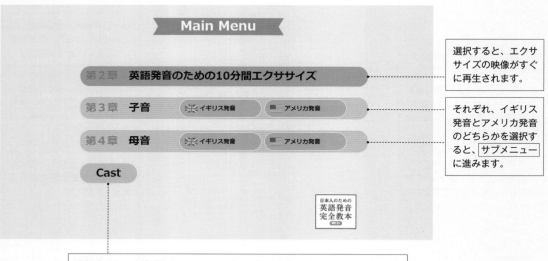

選択すると、エクササイズの映像がすぐに再生されます。

それぞれ、イギリス発音とアメリカ発音のどちらかを選択すると、サブメニューに進みます。

選択すると、出演者からのメッセージやスタッフクレジットが表示されます。

●サブメニュー

子音はイギリス発音・アメリカ発音、各3画面ずつあります。母音はイギリス発音が2画面、アメリカ発音が3画面あります。

イギリス発音の頁であることを示しています。

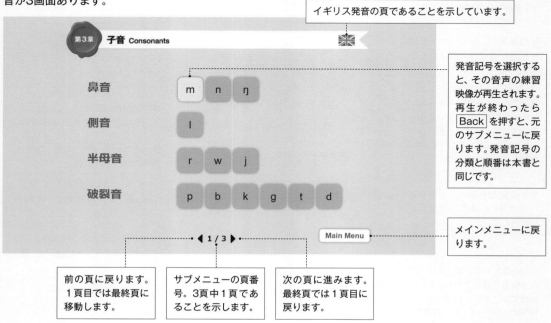

発音記号を選択すると、その音声の練習映像が再生されます。再生が終わったら Back を押すと、元のサブメニューに戻ります。発音記号の分類と順番は本書と同じです。

メインメニューに戻ります。

前の頁に戻ります。1頁目では最終頁に移動します。

サブメニューの頁番号。3頁中1頁であることを示します。

次の頁に進みます。最終頁では1頁目に戻ります。

動画のご視聴について

- ●動画は、PC（Windows / Mac）、スマートフォン（iPhone /Android）、タブレットでごらんになれます。

- ●PCの方は下記URLにアクセスしてください。
  https://www.ask-books.com/hatsuon2/v5227
  右のQRコードからもアクセスできます。

- ●動画の内容は著作権上の保護を受けております。動画の一部または全部について、権利者に無断で、複写、複製、放送、インターネットによる配信、公の上映をすることは法律により禁じられています。

音声のダウンロード

2～4章で動画に収録されていない部分と、5章の用例のmp3音声がダウンロードできます。
イギリス人男性・女性、アメリカ人男性・女性の4名がナレーションを担当しました。
2～4章では、下記のように、アメリカ発音とイギリス発音でトラックが分かれています。本文のTrack No.を見て、自分の聞きたい発音を聞いて学習しましょう。（巻末p.250にトラックNo.とページの対応表があります）

①パソコンの場合
音声は下記のウェブサイトからダウンロードできます。
https://www.ask-books.com/hatsuon2/
右のQRコードからもアクセスできます。

5章のまとめ（p.228～240）の音声も上記のウェブサイトからダウンロードできます。

🔊 01　ファイルNo. が記載されています。

②スマートフォン・タブレットの場合
Apple PodcastやSpotifyでお聞きいただけます。アプリ上で本書を検索してください。

本書に収録している全発音記号表

オレンジ字（○）はイギリスとアメリカ発音で記号は同じですが、発音は違うものです。緑字〈英〉はイギリス発音、紫字〈米〉はアメリカ発音を表しています。

子音

§1 鼻音 Nasals

1	/m/	
2	/n/	
3	/ŋ/	

§2 側音 Lateral

4	〈英〉明るい /l/ 〈英〉〈米〉暗い /l/ ※〈米〉は暗い /l/ のみ	

§3 半母音（移行音）Semivowels

5	/r/	○
6	/w/	
7	/j/	

§4 破裂音（閉鎖音）Plosives

8	/p/ 有気音 aspirated 無気音 unaspirated	
9	/b/	
10	/k/ 有気音 aspirated 無気音 unaspirated	
11	/g/	
12	/t/ 有気音 aspirated 無気音 unaspirated	
13	/d/	

§5 摩擦音 Fricatives

14	/s/	
15	/z/	
16	/f/	
17	/v/	
18	/θ/	
19	/ð/	
20	/ʃ/	
21	/ʒ/	
22	/h/	

§6 破擦音 Affricatives

23	/tʃ/	
24	/dʒ/	
25	/ts/	
26	/dz/	
27	/tr/	
28	/dr/	

母音

§1 前舌母音 Front vowels

29	/iː/ 弱母音 /i/	
30	/ɪ/ 弱母音 /ɪ/	
31	/e/	
32	/æ/	○

§2 中舌母音 Central vowels

33	/ə/	
34	〈英〉/əː/	
35	/ʌ/	○

§3 後舌母音 Back vowels

36	/uː/ 弱母音 /u/	
37	/ʊ/ 弱母音 /ʊ/	
38	/ɔː/	○
39	〈英〉/ɔ/	
40	〈米〉/ɑ/	
41	/ɑː/	

§4 二重母音 Diphthongs

42	/eɪ/	
43	/aɪ/	
44	/ɔɪ/	○
45	/aʊ/	
46	〈英〉/əʊ/	
47	〈米〉/oʊ/	
48	/juː/ 弱母音 /ju/ /jʊ/	
49	〈英〉/ɪə/ ※	
50	〈英〉/eə/	
51	〈英〉/ʊə/	

§5 三重母音 Triphthongs

52	/aɪə/	
53	/aʊə/	
54	/jʊə/	

§6 R性母音 Rhotacized vowels

55	〈米〉/ɚː/	
56	〈米〉弱母音 /ɚ/	
57	〈米〉/ɑɚ/	[二重母音]
58	〈米〉/ɔɚ/	[二重母音]
59	〈米〉/ɪɚ/	[二重母音]
60	〈米〉/eɚ/	[二重母音]
61	〈米〉/ʊɚ/	[二重母音]
62	〈米〉/aɪɚ/	[三重母音]
63	〈米〉/aʊɚ/	[三重母音]
64	〈米〉/jʊɚ/	[三重母音]

〈英〉子音28個 母音30個
〈米〉子音28個 母音37個
（弱母音含む）
※49. /ɪə/ はRを伴うものが多いため、アメリカ発音では59. /ɪɚ/ となりますが、例外として idea は /ɪə/ と発音します。

第1章

英語発音を
学ぶ前に

§1 ｜ 発音が日本の国際化を阻んでいる？？

■ 日本人の英語発音はわかりにくいことで有名です

　日本人が英語を話せないことは世界中で知られています。「当然英語を駆使している」べきトップエリート（政治家、学者、医者、海外勤務者）の多くが、英語でコミュニケーションできません。発音だけが原因ではないのかもしれませんが、正しい英語を話しているはずなのに理解されない、相手の言うことを聞き取れない、というのは多くの日本人の経験するところです。「通じればいい」という人もいますが、**実際、日本人の発音は「通じていない」**のです。

　以前、私の発音研修所の体験授業に来た、東大出の30代前半の銀行員のエピソードです。ニューヨーク勤務時代に近くのジムに行ったときに「私はランニングと泳ぎがしたい。（I want to run and swim.）」と言ったところ、通じないので、結局、腕を前後に振ってランニングのまねを、手を空中でかいてクロールのまねをして、伝えたそうです。このことを知って驚く日本人はさほどいないと思います。日本の英語は、コミュニケーションするためでなく、大学に受かるためのものだと皆、暗黙の了解をしているからです。

■ 日本の英語教育は本当に必要なことを提供してきたのでしょうか

　大学受験を目標とした私たちの勉強は、考えることより覚えることが中心でした。日本が敗戦からすぐに立ち直り、アメリカに次ぐ世界第2位の経済大国にのし上がったのは日本の教育の質がよいからにほかならない、と私は信じておりました。アメリカの教育レベルは低くて、日本の高校レベルを大学で学ぶから、大学進学率が高いのだ、と。

　しかし、実際は、アメリカの外国語教育は、日本より適切な指導をしているようです。今、日本で夏目漱石の漢文を勉強しているアメリカ人男性の例です。

　彼は、アメリカの公立中学で2年生から日本語の勉強を始めたそうですが、発音の勉強（たとえば、タチツテトのツはcatsのtsとか）から始まり、毎日2時間のラボと授業があり、宿題も山ほど出たそうです。彼は、現在、27歳にして日本語は読み書きはもちろんのこと、話すのも問題がなく、彼の日本語を聞いているとまるで日本人です。

　日本の中学校で英語を発音記号から丁寧に教える学校があるでしょうか。発音記号はせいぜい辞書の後ろに書いてあるものをざっと見るくらいで、完全に発音ができるまで、また聞き取れるまで指導する学校は今も昔もありません。英語に費やした時間だけを見たら、大学に入学した人であれば、科目の中でも一番かもしれないのに、前述のように、文系エリートサラリーマンでさえ、まったく英語が通じないのです。使えない英語を勉強させられ、社会人になっても未だに英語に苦しんでいる日本人が山ほどいます。日本の義務教育は明治に始まり、急速に普及し、学歴重視社会となりました。一流大学に入学するために多くの人が大学受験を目指して勉強してきています。しかし、その勉強内容は、何を基準に決められたものなのか、特に英語は考え直さなければならない時代がやってきています。

　2009年にハーバード大学に留学していた日本人はわずか5名で韓国の8分の1だったことが話題になりました。また、2010年に実施された**TOEFL iBTで、日本人のスコアは平均70点（リーディング、ライティング、リスニング、スピーキング　各30点　計120点満点）で、アジア30カ国中27位**[※]という成績でした。リーディングとライティングを入れてもこの成績ですから何かが間違っていると思いませんか。特に発音も関係するスピーキングは5年連続最下位です。このままでは日本に未来はありません。**発音から始める英語教育が必要です。**（※ 2019年には平均72点でアジア28カ国中26位）

■ 聞くだけでは発音はマスターできません

「聞くだけで英語が身につく」ということを標榜する英語教材がちまたで評判です。わが家にもかつて家族全員がそれぞれ買い求めた、合計35万円くらいのテープセットがありましたが、いつかやるだろうと思いながら誰一人として1巻もやりこなせませんでした。聞き取れないものを何度聞いても苦痛以外の何ものでもありません。

発音を習って、「発音記号が異なると、自分にはどのように異なって聞こえる」のかを「体で」一つ一つマスターしないで、ネイティヴのナチュラルスピードの会話についていけるはずがなかったのです。日本語と英語には発声にも違いがあり、発声方法が違うと、発音も通じないのです。

小さいうちに英語を習わせることがはやっていますが、白金のインターナショナルスクールで、2歳から12歳までの子供に英語を教えているアメリカ女性に聞いたところ、4歳になると、英語の発音は聞くだけではマスターできなくなるそうです。そんな小さいうちから日本語の発声方法の影響を受けているのです。**発音はスポーツやピアノと同じで、いくら小さい頃から始めたとしても、すぐれたメソッドと訓練がなくてはうまくなりません**。子供のときから発音のメカニズムを教えなければ、大人がCDを聞き流すのと同じくらい、無駄だと思います。

■ 使える英語は「発音」から

前にも少し触れましたが、スピーキングのためだけでなく、リスニングの向上にも発音は必要です。「私はリスニングが弱い」は、残念ながら、「私はネイティヴに通じる発音ができない」と同義でもあります。ネイティヴに通じるように「個々の発音をし分ける」ことができて、初めて、リスニングの「聞き分け」ができるようになるからです。特に「英語で自分を表現する」スピーチでは、発音が大切なことは言うまでもありません。英語のスピーチは次の要素が必要です。

---

1. ネイティヴの発音・リズムを理解すること。
2. 英文法・構文の知識を使い、話す内容を頭のなかに構築すること。
   そのとき、正しい英語発音とリズムを思い浮かべる。
3. 適切な単語・フレーズを使って、言いたいことを表す文章を構築し、それを正しいリズムで、正しく発音できること。

また、発音を学ぶと、「リーディング」、「ライティング」がより早く向上します。英語でも日本語でも読みやすい文章というのは、読んで聞かせるように書いた文章です。英語には特有の強弱リズムがあって、それを身につけないと英語はスラスラ読めません。英語の文章自体が、この強弱のリズムに乗って書かれているといえるでしょう。よって、**この強弱のリズムを理解すると、ライティングもより英語らしくなるし、リーディングのスピードも瞬く間に上げることができます**。このように、正確な発音によって、スピーキング力はもちろんのこと、リスニング力、リーディング力も飛躍的に向上させていくことができるのです。

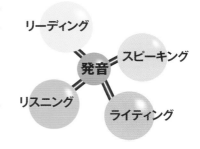

§2 ｜ 英語発音に必要な息、声、筋肉をつくる

■ 英語の息―ペラペラ話せるだけでは通じない

英語発音を学ぶにあたって、英語と日本語の呼吸法には大きな違いがあるということを認識してもらいた

いと思います。「英語がペラペラ」という表現がありますが、"ペラペラ"は日本語を形容する言葉で、英語は"キンキンキン"とか"カンカンカン"とか言う表現があたっています。私たちには流れるように聞こえる英語は、実は子音と母音をはっきり発音するために、一つ一つの音を強い呼気で発声する音のつながりなのです。強い呼気を続けるには、当然吸気しなければなりません。英語のネイティブスピーカーは無意識のうちに、一つの単語ですら、途中息つぎして正しい音を出しています。その間（ま）が英語のリズムとイントネーションを作っています。本書では、この強い息を**ドッグブレス**と称しています。犬がハーハーいいながら呼気と吸気を繰り返すのと似ているからです。

　日本語の場合はそれほど強い息を必要としない言語なので、ほぼ一定に呼気を続け、息が続かなかったところで、話の間を見て吸気します。この要領で英語を話すと、<u>子音も母音もネイティヴに比べてずっと弱く、彼らには英語の音として把握できません。</u>

　また、呼吸のしかたも英語は横隔膜呼吸で、日本語は胸式呼吸が主流であり、その差も息の強さに影響します。詳細は第2章に記載しますが、この呼吸法をマスターすることが、「通じる英語」の第一歩と断言できます。傍証にすぎませんが、ヨーロッパの他の言語は英語と同じ呼吸方法なので、彼らの英語発音は明確で、訛りがあっても通じると言われています。他方、日本にかぎらず胸式呼吸が多いアジア人の英語は、ネイティヴにとって聞きづらいと言われています。

■ 英語の声—低く、太く、強く

　次に、日本人と欧米人の声はまったく違うということを認識してください。ネイティヴは皆、映画俳優のように良い声をしていると思ったことはありませんか。ネイティヴの声は、太く響く、しっかりした声です。日本人の声は全体に甲高く、他のアジア人の声もおおむね欧米人に比べると高めです。欧米人の声は前項のドッグブレスと相互の関係があり、ドッグブレスをするために喉を開くと横隔膜呼吸になります。喉を開くと声帯も下がり、声帯を支える靭帯が緊張し、声帯が伸び、声が低くなります。また、喉が開くと口内の共鳴腔が広がるため、声がよく共鳴するようになります。そして、強い息で声帯をきちんと震わせると、太い声になります。日本人は、声帯をフルに震わせない傾向があるので、細い声の人が多いのです。

　そのうえ、背の高さと声の高さは反比例の関係にありますから、世界でも背がもっとも高い北ヨーロッパの人は、必然的に声が低くなります。日本人はアジアの中では背が高いほうですが、欧米に比べると平均身長が男女ともずっと低く（イギリス男性：平均身長176.6センチ　女性：163.1センチ　アメリカ男性：175.7センチ　女性：162.2センチ　日本男性：171.6センチ　女性：158.5センチ）、

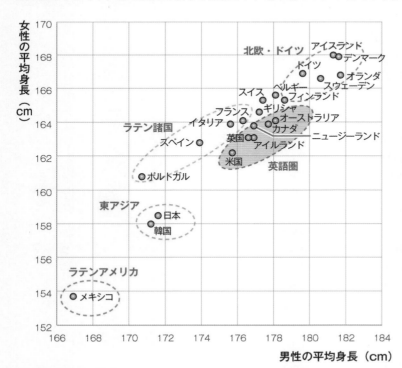

（資料）　OECD Statistics at a Glance 2009より　国別ないし国際的な健康調査（2001-2007）より
　　　　おおむね20-49歳の成人身長平均値のデータ。

物理的理由で声が高いのはやむを得ないのですが、それだけでなく、日本人は特に人前で話すときに故意に、声を高くする傾向があります。

しかし、世界的に見ると、保護を受けなくてはならない子供が大人より声が高いことと同じで、声が高い＝社会的地位が低い、と見なされることを知っておかなければなりません。声が高いのは、被支配層といった意味合いを持つのです。イギリスでも、労働者階級が話すコクニーを話す人は高い声です。サッカー選手のベッカムさんが、声が甲高いため、発声方法の訓練を受けて、低い声にしたことはよく知られていることです。発音の面だけでなく、社会性も意識して、日本人は、背がたとえ低くても、低く太い声を心掛けるべきです。

■ 日本人女性の声は世界一高い

特に日本人の女性の声は世界で一番高いとされています。アメリカ女性の声は日本人より明らかに低いですし、オランダ人がさらに低く、スウェーデンの女性が世界で一番声が低いそうです。ちなみにスウェーデンの女性の社会進出は世界一といわれています。先進7カ国の日本も、女性の社会参加や意思決定への参画率を示すGender Gap Index（ジェンダー・ギャップ指数、2021）は156カ国中、120位とかなり低く、先進国最下位です。女性の声の低さと社会進出の度合いが一致していますね。

声が低いと、えらそうで、特に女性はかわいくないといった、男尊女卑の風潮から、高学歴の女性でも高い声をあえて出すような傾向がずっとありました。今でも、その名残があり、外国人には奇異に感じられるようです。国際的に活躍したいと思ったら、特に日本人女性は、意図的に「声」を低く、良く共鳴するものに変えていく必要があります。**話す相手のネイティヴの声と高さを合わせると、英語は聞き取りやすくなります**。私も、ネイティヴの高さの声を出せるようになってから、格段に英語のリスニング力が上がりました。リスニングのためにも、声の高さを意識してみましょう。

■ 英語で使う筋肉

これまでに述べた「ドッグブレス」を支える横隔膜呼吸のためには、横隔膜を押し上げるお腹のインナーマッスルを、また、「低く良く響く声」と「太い声」のために喉を開くには、声帯を下げる筋肉（声帯をささえている靭帯）を使います。それ以外にも英語発音で、日本人が意識して使い、また、鍛えるべき筋肉があります。

28種類の子音は、日本語と同様に喉や唇、舌といった調音器官を使って発音しますが、お腹の支えや息の強さとともに、舌の筋肉と口の周りの筋肉の強さと柔軟性が必要です。

母音は、日本語ではたった5つしかないのに対し、イギリス発音で30種、アメリカ発音で37種ありますので、ネイティヴに通じる発音を身につけるのはとても大変です。これらを正確に発音し分けるために本書では、私が発見した効果的なメソッドを紹介します。声のエネルギーを、喉の内側の特定の1点（「共鳴スポット」と呼びます）に集めて発音するのです。その際、「声のベクトル（＝声の向き）」を前方あるいは後方に向けて声のエネルギーの方向を定めます（p. 128 参照）。本書に付属する動画に映ったネイティヴの首が、発音時に波打っていることに注目してみてください。いわば、**声のエネルギーが太鼓のばちで、喉と首の筋肉が太鼓の表面**と考えてくださるとわかりやすいでしょう。しっかり発声されるためには、太鼓の皮をぴんと張らなければなりません。そのために、喉と首の筋肉を養成しなければなりません。日本語を話していて、この種の動きがあることはまずありません。

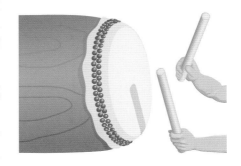

英語発音のための筋トレをすると、ダンベルを使って体の筋肉に加重を与えるのと同じで、ただ英文を読むよりも早く筋肉が養われます。大変に思えるかもしれませんが、発音のための体づくりに確実に効果があります。本書に簡単に続けられるエクササイズを掲載しましたので、やってみてください。

§3 ｜ 発音の知識を身につけよう

　私たちは日本人の発声法や発音の特徴を踏まえたうえで、「ネイティヴに通じる発音」を体系的に学ぶ機会に恵まれていませんでした。大学では音声学を学べますが、音声学自体が、欧米人の呼吸法と発声法を前提として構築されていますので、その知識だけでは、日本人やほとんどのアジアの人が欧米人に「通じる」発音、そして発音を聞き取る力を身につけることはできないのです。前項で説明した「息」と「声」、それに英語の発音のための「英語の筋肉の使われ方」についてはほとんど触れていないからです。

　もちろん、音声学上の子音の調音器官と調音様式や、母音の舌の一番高いところを示す母音図は参考になりますが、それでも、母音に関しては、舌の高さと口の形の違いを表しているだけなので、母音図を見てまねをしても、ネイティヴの英語と同じ発音をするのはまず不可能に近いのです。前に述べた、「呼吸法」や「発声法」を基にした、喉や舌奥の動きがあって初めて正しい発音ができるのであって、口の形だけをまねてもなかなか同じ音にはなりません。

■ 正しい発音の知識を身につける

　本書は、**音声学では達成できないネイティヴ発音を、呼吸方法と発声方法を踏まえて研究した結果をまとめ、そのトレーニング方法を提供**しています。私はこの研究に約10年の年月を費やしました。まずは、イギリス人の友人を日本に呼びよせ、4カ月間毎日発音の研究をし、口などを撮影して動画を作成しました。それを市販することはありませんでしたが、彼女が帰国してからも、大事な研究材料になりました。その後、アメリカ人を招いて、アメリカ英語の発音の研究をし、それらを分析しまとめました。その後、研修所で実際に生徒を教えながら、メソッドを作っていきました。

　本書の目標は、横隔膜呼吸とドッグブレスを基本としたうえで、**「発音記号を見て正しく発音できる」**ことです。**ただネイティヴの音声を聞くだけでなく、どうしたらその音が出るかを、図解も含め、詳細に解説**してあります。本書に付属する動画では、子音は調音器官や発音のしかたの特徴を表したジェスチャーつきで、母音は共鳴スポットとベクトルを示しながらネイティヴが実演しています。一緒に体を動かし、発音をまねしながら学べます。

　発音の知識が増えると、ネイティヴの声が驚くほどとらえられるようになってきます。今まで覚えた単語も正しく発音できれば、すぐネイティヴとの会話に使えますし、聞き取れるようになります。一度でも会話のラリーが続いて、ネイティヴに「上手いですね～っ」とほめられる経験をすれば、もう、楽しくてしかたがなくなります。

　また、地力がつくとはありがたいもので、英語を聞いて発音記号を思い浮かべるまで上達すると、知らない単語でも、本書で音とつづりの関係を学べば、だいたいのスペルを推測して、辞書でその単語を引くこともできるようになりますよ。

■ 知識があるから意識できる。意識を無意識にするのはあなたの努力

　発音の知識を理解し、本書の指示通りにトレーニングを行っていくと、だんだん自分の体を使って正しく発音できるようになってきます。そうすると、ある音を発音しようとするときにいつも、**学んだ方法で発音しようという意識**ができてきます。それをずっと続けていくと、**無意識に正しく発音できる**ようになります。そのうちに、自身の舌の筋肉が動かなかったり、口周りの硬さが気になったりすると思います。また、正しい英語の息ができていない、喉が開いていないと感じられることもあると思います。そう感じられるということは、すでにそれぞれの音のメカニズムを習得していることにほかならないのです。

　そんなときは、動画の10分間エクササイズや、本書の2章にあるそのほかのエクササイズで、自分が足りないと思う筋肉トレーニングを行うことです。1日最低10分のトレーニングを励行してください。早く上達したい方は、1日1時間でも結構です。トレーニング前とあとで、ご自身の声を録音して聞き比べてみ

てください。口の動きが滑らかになるなど、違いがわかると思います。無意識になるまで続けることを目標にしましょう。その前に、リスニング力が大幅にアップしているのがわかると思います。私の研修所の生徒は、6歳から73歳までの範囲にわたりますので年齢も関係ありません。**発音に必要な体の部位に意識を集中し、トレーニングを続けていければ、必ず発音は上達します。**

　知っている単語でも聞き取れない場合は、第5章で取り上げた、語の連結や母音の弱母音化や脱落が行われていることがほとんどです。ネイティヴのナチュラルスピードの会話についていくには、第5章をマスターすることが不可欠ですが、ドッグブレスと語の連結の関係を論理的に解説しており、それは本書の音声を聞いて練習してみれば納得がいくと思います。そのような練習が、映画を見て音声をしっかり聞き取る、実際にネイティヴと会話するという実践につながります。

§4 │ 本書の構成と学習の進め方

ここで本書の効果的な学び方を説明します。

1．第2章：発音のための基礎知識と筋トレ

　英語の「息」「声」「筋肉」を得るための理論とトレーニング方法をまとめました。これからの発音の学習を始める前に、意識しておかなければならないことばかりです。英語発音のために毎日行ってもらいたい筋トレが載っていますので、動画を見ながら毎日欠かさず行いましょう。

2．第3章：子音

　28個の子音を「息」「声」「筋肉」を使って学びます。単語の発音練習では、母音も出てくるため、3章の学習をする前に、4章の中から、13の基本母音（発音番号29〜41）の音素（/i:/など）の部分（動画では、単語が出てくる前の部分）までを先に学習し、共鳴スポットと声のベクトルを頭に入れておくことをお勧めします。

　それから子音の学習に戻り、初めから順番に1頁ずつ教本の解説を頭に入れ、それぞれの子音の音素から単語発音まで、動画を見ながらネイティヴのまねをします。自分の声を録音し、ネイティヴのお手本と比べてみてもよいでしょう。発音記号を見たら、その発音方法がすぐ口に現れるくらい練習してください。ドッグブレスと開いた喉を維持してネイティヴヴォイスを身につけていきましょう。

3．第4章：母音

　教本で共鳴スポットと声のベクトル、そのほか発音の特徴を覚え、動画でネイティヴの発音をまねして発音練習をします。自分の声を録音し、発音記号を見たら、その発音方法がすぐ口に現れるくらい練習してください。母音もドッグブレスと開いた喉を忘れずに。

4．第5章：語の連結

　子音連結や子音の添加・脱落、2語の連結の勉強で、より英語らしい発音をマスターします。文章レベルのスピーチに必要な句末法則など、ドッグブレスとともに英語のイントネーションを決める学習もあります。リスニング力を上げるのにも重要な学習です。音声を聞きながら、ドッグブレスを強調する読み方とナチュラルスピードの両方で練習してみてください。また、章末の子音と母音のまとめは、短い例文にポイントとなる発音が含まれるだけでなく、ナチュラルスピードで読まれた場合の聞き取りに必要なすべての要素が盛り込まれていますから、丁寧に練習してみましょう。

●おすすめの学習プラン

　本書の内容をすべて学習した場合（標準プラン）、1日20分、修了まで3カ月を目処にしてください。

〈標準プラン〉3カ月で全内容を学習するプランです。

> [2章]　1週間　本＋動画＋音声（ひととおり学んだあとも、毎日トレーニングの前に動画を見ながら行う）
> ↓
> [4章の基本母音、音素部分]　2週間　本＋動画　29〜41
> ↓
> [3章]　3週間　本＋動画（一部音声）
> ↓
> [4章]　4週間　本＋動画（一部音声）
> ↓
> [5章]　2週間　本＋動画
> （全部学習し終えたら、5章第4節の母音のまとめ、子音のまとめも、やってみましょう）

〈速習プラン〉時間の余裕がない場合、急いで習得しなければならない場合に、学習事項をしぼって動画を中心に11日間で学習します。その後、やり残したところも少しずつ続けていきましょう。

> [2章]　1日間　動画で10分間エクササイズ　（覚えたら毎日行う）
> 少なくとも、ドッグブレス（pp. 28〜33）、あくびの喉（pp. 38〜39）、口周りの緊張をとる（pp. 48〜49）部分を行う。
> ↓
> [4章の基本母音　音素部分]　1日間　29〜41を音素（単語の前まで）のみ動画を見て練習する。
> ↓
> [3章]　3日間　下記の日本人が間違えやすい子音のみを学習する
> ①最頻出子音2. /n/、12. /t/、13. /d/　②側音4. /l/　③半母音5. /r/、6. /w/、7. /j/
> ④日本人が知らない発音　有気音の8. /p/ 10. /k/ 12. /t/　⑤案外間違えている発音22. /h/
> 24. /dʒ/
>
> [4章　基本母音＋二重母音]　3日間　基本母音は音素だけでなく、単語の部分も学習する。
> [4章　三重母音、R性二重母音]　3日間　R性二重母音はアメリカ発音のみ。
> （時間があったら、音声を聞きながら5章を学習し、第4節の母音のまとめ、子音のまとめもやってみましょう）

§5 ｜ イギリス英語とアメリカ英語

■ イギリス発音とアメリカ発音のどちらを学びますか？

　英語は国際的な言語です。世界で20億人いるといわれる英語話者のうち、ネイティブスピーカーは3億人くらいしかいません。それでも、第二言語あるいは、外国語として英語を使用している国では、アメリカ英語、イギリス英語のどちらかを使用したり、大きく影響を受けたりしています。日本や韓国は現在、アメリカ英語を主に使用しますが、アジアでも国によって違っています。

　海外と仕事をするビジネスパーソンや留学を希望する人は、相手国によって、どちらかの発音を学んでおくと役に立つかもしれません。本書では両方の発音を収録していますので、学習したいほうを選んで学習を開始してください。音声はセクションごとにアメリカ、イギリスの順で収録されています。3章、4章の終わりに収録されている「聞き取りにくい子音」「同 母音」を聞くと、違いがわかりやすいでしょう。

●**イギリス英語を話したり学んだりしている地域**　▨部分
イギリス、イギリス連邦（オーストラリア、ニュージーランド、南アフリカ連邦など54カ国）、マレーシア・シンガポールなどの
東南アジア、香港、インド、EU諸国

●**アメリカ英語を話したり学んだりしている地域**　▨部分
アメリカ合衆国を含む北アメリカ*、南アメリカ、東ヨーロッパ（ロシア含む）、極東（日本、韓国、台湾）、リベリア
*カナダはイギリス、アメリカの両方の要素を含む。

　日本も、第二次世界大戦前はイギリス英語が主流でした。tomatoをトマト、vitaminをビタミン、というのはイギリス発音で、アメリカならトメイトゥ、ヴァイタミンです。英語由来のカタカナの言葉は、アメリカ、イギリス発音が明らかに混在しているということは覚えておきましょう。

　日本の学校教育ではアメリカ英語を学ぶことが多いのですが、アメリカ発音は後述するRの発音のほか、日本人の苦手な音の連結や脱落が多い発音です。どちらかというとイギリス発音のほうが短期間でマスターでき、国際的にもクリアに聞こえるとされているので、これから発音を学ぶ方にお勧めしたいと思います。

■ イギリス発音とアメリカ発音の標準語

　イギリス英語の標準語は、**RP**（Received Pronunciation 容認英語）、または、**BBC英語**とも言われています。RPはイングランド南部の発音で、政治・経済・教育・文化など各方面の指導層の人たちによって話されてきましたが、英国国民のわずか3％しか話さないと言われています。イギリス英語は、地域や階級による方言が多く、アメリカ英語との違いよりも、国内での方言同士の違いのほうが大きいとも言われています。スコットランド、ウェールズといった地方だけでなく、ロンドン市内でも、コクニーと呼ばれる庶民階層の方言（映画にもなったミュージカル『マイフェアレディー』に出てきます）があり、RPとコクニーの中間に位置する、無階層的な河口域英語（Estuary English）という方言もあります。故ダイアナ妃はEstuary を話していたと言われています。本書では、RPの発音で発音記号を解説し、動画と音声もRP英語で録音しています。RPの英語は、気取った印象を受けますが、正確に一つ一つの音を発音し、脱落や2語の連結が少ないので、日本人には学びやすいといえるでしょう。

　アメリカ英語の標準語は、**GA**（General American 標準英語）と呼ばれます。アメリカ英語の方言には、イギリス国内ほどの差はありません。アメリカ英語の標準語は、イギリスのRPがエリートの英語であるのに対し、単にテレビの普及に伴い、全国放送に適していて、視聴者に好まれる、地域性のない、合衆国でも広範囲にわたって過半数を超える人々に話されているものです。母音＋RのRが必ず発音され、/t/, /d/がたたき音（子音 p. 89 参照）になる音です。本書の動画と音声も、GAで録音しています。

Rの発音

　イギリス発音とアメリカ発音で特に違いが大きいのがつづりがRの発音です（発音記号は、語頭では/r/、語末では、イギリス発音で/ə:/、アメリカ発音で/ɚ/と表記されます）。

　イギリス英語とアメリカ英語の大きな違いは、母音の次にRがきたとき、Rを発音するか否かです。イギリス英語はこのRを発音しません。本書では、語末にRがきた場合の母音をR性母音としてまとめて学習します。R性母音があるため、アメリカ発音のほうが母音の数が多く、イギリス発音では30個に対し、アメリカ英語は37個になります。また、両者のRの発音のしかたにも、下表のように違いがあります（詳しくは、第3章と第4章を参照してください）。

イギリス発音とアメリカ発音の/r/の違い

	イギリス発音	アメリカ発音
舌先	そり舌	もり上がり舌・そり舌
喉の筋肉の収縮場所	喉頭	咽頭
後舌部の位置	やや後ろ（舌奥ふちが奥歯に触れる）	かなり後ろ（舌奥ふちが奥歯の肉部分に触れる）
共通点	1. 舌先は口蓋に触れない。 2. 舌全体の筋肉が収縮する。 3. 舌中央がくぼみ、呼気がストレートに口外に出る。	

　Rの発音練習は動画の10分間エクササイズにも収録しておりますので、ぜひやってみてください。

　一般にアメリカのRのほうが、日本人にとっては発音が難しく、実際、私の研修所でも、アメリカ発音の習得のほうが30%以上多く、時間がかかります。

文中での発音

　ナチュラルスピードでは、文中で音の連結（第5章 参照）が起こりますが、アメリカ英語の方が、一般に音の省略や変化が多く、そのルールを覚えるだけでも、イギリス英語より時間がかかります。

例）**Where do you go to school?**

　　🇬🇧　wéː▾du ju▾góʊ▾tə▾s▾kúːᵊl
　　※ 1. do /duː/が/du/、2. you /juː/が/ju/と発音されます。

　　🇺🇸　wéɚ▾djə▾góʊ▾də▾s▾kúːᵊl
　　※ 1. do /duː/が/d/、2. you /juː/が/jə/となり、連結して「ドゥヤ」と発音されます。3. to のtはたたき音/d/になります。

第**2**章

発音のための
基礎知識と
筋トレ

Basic requirement for pronunciation
and how to develop
the muscles for pronunciation

第1節 声に関する体の器官の名称と基礎知識

§1 | 調音器官

　発音をする際、呼気の通過に対して音声器官がさまざまな位置をとったり、動きをしたりして音をつくることを調音といい、声門（右ページ参照）より上の器官を調音器官（Articulatory Organs）と呼びます。下図のようにいろいろな調音器官がありますが、発音を勉強するときに、特に覚えておかなくてはならないのは、歯茎から口蓋（口内の天井部）にかけてと、舌の部分の名称です。

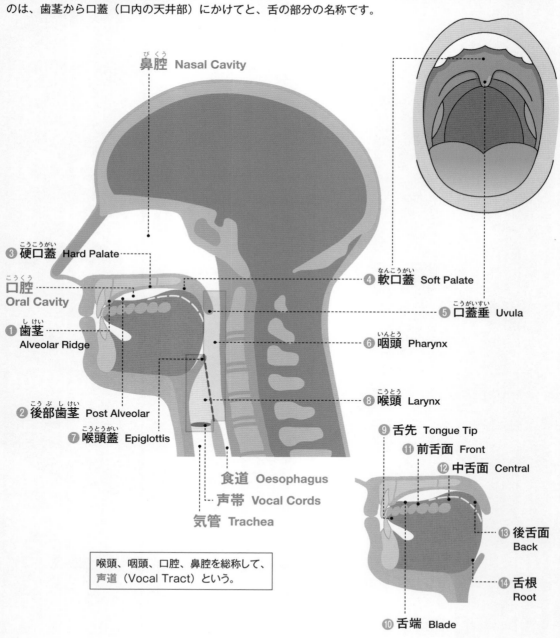

鼻腔 Nasal Cavity

❸ 硬口蓋 Hard Palate

口腔 Oral Cavity

❶ 歯茎 Alveolar Ridge

❷ 後部歯茎 Post Alveolar

❼ 喉頭蓋 Epiglottis

❹ 軟口蓋 Soft Palate

❺ 口蓋垂 Uvula

❻ 咽頭 Pharynx

❽ 喉頭 Larynx

❾ 舌先 Tongue Tip

⓫ 前舌面 Front

⓬ 中舌面 Central

⓭ 後舌面 Back

⓮ 舌根 Root

❿ 舌端 Blade

食道 Oesophagus
声帯 Vocal Cords
気管 Trachea

喉頭、咽頭、口腔、鼻腔を総称して、声道（Vocal Tract）という。

図1　顔の断面図と調音器官の名称

❶ **歯茎**（Alveolar Ridge）	前歯のつけ根から、その後ろの盛り上がった部分の頂点までの表面。歯ぐきのこと。
❷ **後部歯茎**（Post Alveolar）	歯茎の頂点のすぐ後ろから少し下がった部分
❸ **硬口蓋**（Hard Palate）	後部歯茎の奥に続く硬い部分
❹ **軟口蓋**（Soft Palate）	硬口蓋の後ろにある軟らかい部分
❺ **口蓋垂**（Uvula）	軟口蓋の最後部に垂れ下がっている部分
❻ **咽頭**（Pharynx）	上方は鼻腔に、下方は食道の上端に位置するろうと状の部分。空気と食物の通り道となっている。
❼ **喉頭蓋**（Epiglottis）	飲食物が気管の中に入らないように、嚥下（えんげ）時には後方に倒れる。気管の入り口の蓋になる（━━━部分が物を食べたときに、喉頭蓋が下がって器官をふさぐときの先端の動線）。
❽ **喉頭**（Larynx）	頸部中央に位置する器官で、咽頭と気管の狭間、舌骨より下、気管より上にある軟骨に囲まれていて、皮膚の上からは喉仏として触れることができ、嚥下時には上前方に移動する。
❾ **舌先**（Tongue Tip）	舌の最先端の赤みが少し濃い部分。舌尖ともいう。
❿ **舌端**（Blade）	自然に口を閉じている状態で、舌を上に持っていったときに歯茎にあたる2〜3cmぐらいの幅の部分
⓫ **前舌面**（Front）	舌端に続く、自然に口を閉じているときに硬口蓋に面している部分
⓬ **中舌面**（Central）	前舌面と後舌面の境界付近
⓭ **後舌面**（Back）	中舌面より後ろ寄りの軟口蓋に面している部分から舌根までの部分
⓮ **舌根**（Root）	舌の最後部。ここを下げると喉頭蓋が上がり、喉が開く。

前舌面、中舌面、後舌面の分類は特に母音の発音の際に重要です。前舌面という名前のせいか、この部分を舌先や舌端と間違えやすいのですが、この部分は舌先や舌端より奥の部分です。

§2 ｜ 有声音と無声音

　声帯（Vocal Cords）は、あごと喉の中間くらい、喉仏のところにあり、弾力的な組織からなる2枚のひだでできています。その2つの声帯の間に生じる隙間を、**声門**（Glottis）といいます。
　声門がほとんど閉じた状態で、呼気が声門を通過するときに声帯が振動して、声を伴うものを**有声音**（Voiced Sound）といいます。有声音は発音するとき、喉に手をあてると声帯のふるえが感じられます。ところが、声門が開いた状態では呼気が声門を通過するとき、ほとんど摩擦の音を生じず、息だけで音がつくられます。その音を**無声音**（Voiceless Sound）と呼び、無声音を発音するとき、喉に手をあててもふるえません。英語の子音/p/、/t/、/k/、/θ/、/f/、/s/、/ʃ/、/tʃ/、/ts/、/tr/、/h/が無声音です。有声音は母音全部と上記の無声音でない子音です。

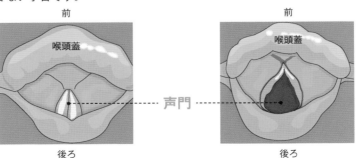

| 図 2-1　閉じた声門（有声音） | 図 2-2　開いた声門（無声音） |

英語らしく発音するための最重要課題とトレーニング

§1 | 英語の「息」と「声」

　英語を話すのに一番大切なのは、「息」と「声」です。舌や唇のポジションが正しくても、口先だけで話していては英語として伝わりません。

　英語の息は日本語の約4倍も強いという測定報告があります[*]。ネイティヴのような強い息を出すためには、丹田（へそのこぶし1つ下あたり）に力を入れ、胃の上あたりにある横隔膜と、その周辺の腹筋（腹部のインナーマッスル）を使います。息を吐くときには急速に腹筋を緊張させ、横隔膜を上げ、強い息を出します。出し切ると、インナーマッスルが自然に緩み、横隔膜が下がり、肺の容積が増し、肺の圧力が低くなるため、外気圧と平衡を保つために外気を自然に吸います。これが横隔膜呼吸です。（p. 28 §3 [2] 参照）また、急速に息を吐いて吸う呼吸のしかたは犬の荒い息のようなので、本書ではドッグブレスと呼びます。

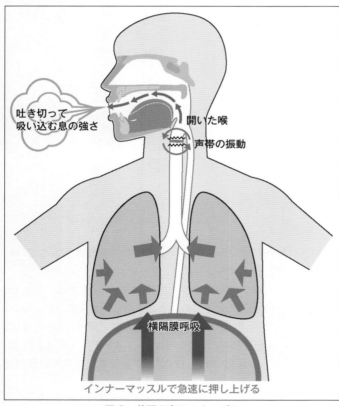

吐き切って
吸い込む息の強さ

開いた喉

声帯の振動

横隔膜呼吸

インナーマッスルで急速に押し上げる

図3　英語の声のメカニズム

　英語の声は、開いた喉（あくびの喉）（p. 38 §4 参照）で大きく共鳴する、響く声です。子音は、強い呼気で鋭くとがらせます。母音は開いた喉で十分に息を吐ききるようにして発音します。声門閉鎖音といって、閉まった声帯まで強い呼気をため、いきなり開く咳のような無声の音が伴うことが多く、また共鳴スポット（第4章 母音 p. 128 参照）に声のエネルギーを収束させるため強い音になります。

　あくびの喉によって喉頭が下がることで、声帯に張りが出て、強い呼気が声帯に安定した振動をもたらすため、一般に英語の声は太く、低音になります（寝起きのときのような声です）。**強い息がエネルギー源の大きく太く、低い音が英語の声なのです。**

　第1章でも述べたように日本人の声は、男女とも高く、特に女性は世界で一番高い声と言われています。甲高い日本人の声は、ともすれば欧米人には聞きづらく、嫌われます。トーンを落とした太く響く声を出すトレーニングを本書で詳しく載せてありますので、ぜひやってみてください。

[*] 井上栄、杉原義文『発話時噴出風圧の測定: 日本語と英語・中国語との比較』（日本音声学会2012年度（第26回）全国大会で発表）にて、英語の噴出力は、会話時で日本語の3.8倍、ナレーションのような叙述時で6.3倍という測定報告がなされた。

§2 | 準備体操

これから始めるすべてのトレーニングの前に体をほぐし、リラックスしましょう。

▶ Video 必須トレーニング1 ●

●**スワイショウ** 　[**全身のリラックス**]

　しっかりとした声を出すためには、体の緊張を解き、リラックスすることが大切です。体の緊張をほぐすのには、いろいろなストレッチの方法がありますが、立った姿勢でどこでもできる「スワイショウ」がお勧めです。英語でプレゼンテーションをする前などは特に緊張します。そんなときにも「スワイショウ」をしましょう。

身体の緊張をとるスワイショウ

❶**足を肩幅に広げて立ち、火消しのまといが回るように、両腕を左右に回転して体に巻きつけていきます。軸を体の中心におきますが、頭のてっぺんから糸でつるされているような感覚にします。段々勢いをつけていき、最後は肩まで上げていきます。**

❷**今度は逆に腕を回転しながら下ろしていきます。体から緊張がとれるまでやってください。**

§3 | 英語の息をつくる

[1] 胸式呼吸と横隔膜呼吸

　英語は腹式呼吸で、とよく言われます。しかし、単なる「腹式呼吸」という言葉では英語を発声するときの呼気の強さが伝わりません。英語は**ドッグブレス**（**§1**参照）で「子音」「母音」とも、日本語の発声では考えられないほど急速な強い呼気を出し、すぐに吸気を行います。この連続は、横隔膜の激しい上下運動が英語の息の決め手なので、本書では**横隔膜呼吸**と呼びます。

　横隔膜呼吸では、英語の息に必要な「肺活量（たくさんの吸気）」「強い呼気」が得られます。

まず、いつものように息を吸ってみてください。多分2秒くらいで息が吸えなくなります。多くの日本人が胸式呼吸で、肋間筋（あばら骨の間の筋肉）しか動かず、肺が十分膨らまないため、吸気も少ないからです。

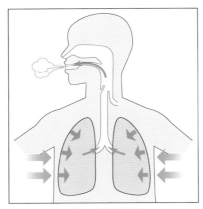

呼気：胸郭が緩む

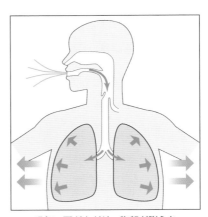

吸気：肩が上がり、胸郭が膨らむ

図4　胸式呼吸

今度は、腕を右図のように組んで息を吸ってみてください。10秒以上息が吸えると思います。なぜでしょうか。腕を組むと胸を押さえるために、吸った空気は肺の後部に流れて、肺が大きく下に広がりますから、肺がより膨らみ、胸式呼吸より多くの空気が入るためです。この際、横隔膜が緊張し、お腹のインナーマッスルが緩むのを感じてください。これが横隔膜呼吸の吸気です。

深い吸気のための腕組みポーズ

※横隔膜は、吸気して腹を膨らませたとき、みぞおちを両手の指で押して、咳をしてみると、響くところです。また、腰骨と肋骨の間の軟らかい部分、体の真横から背中寄りの部分に手の平をあてて、そこが膨らむのを感じれば、横隔膜が水平に下がった、横隔膜呼吸をしていることになります。

●横隔膜と肺の使い方

　右の図を見てください。横隔膜呼吸の呼気では、お腹のインナーマッスルが緊張して横隔膜が弛緩し、上がります。これが勢いよく行われ、呼気が口外に押し出されます。

　吸気の際には、横隔膜が緊張し、下がります。このとき胸郭も膨らみます。このように、英語の呼吸では、胸式と横隔膜の両方を使っていますが、横隔膜呼吸のほうが優勢でないと、正確な発音はできません。ネイティヴが話をするとき、体を前に動かしたり、腕を広げたりといったジェスチャーをするのは、横隔膜が上下するのにつれて、体が動くからなのです。

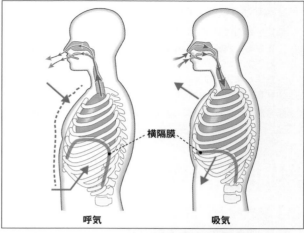

図5　英語の呼吸（横隔膜と肺の使い方）

　次に、英語の発音のための横隔膜呼吸と「ドッグブレス」のやり方について説明し、ドッグブレスに効果のあるトレーニングを紹介します。

［2］英語の息を身につける

1. 英語の息の基本は、横隔膜呼吸のドッグブレス

　ドッグブレスは、ヴォーカルトレーニングでよく使われる用語です。犬の荒い息「ハー、ハー」をイメージしてください。歌を歌うときは普段よりも豊かな声を出すので、強い息が必要です。そのため、意図的に、シラブルごとにスタッカートするように、インナーマッスルを緊張・弛緩させながら息を吐いては吸う発音練習を行うのです。

　英語の息の強さは、日本語の3.8倍から6.3倍と言われています。ネイティブは強い子音や母音を発音するため、日常の会話でもタ、タ、タ、タと脈拍を刻むようにシラブルの前でかすかにポーズして圧力をため、力強く発声しています。ドッグブレスで息を吐いたときと同じように、タ、タ、タ、タの途中にも自然に空気が入り、強い息が保たれるのです。（詳細は p. 30 参照）。これが、英語のリズムを作ります。日本語は、ほぼ一息で、流れるように1つの単語を発音しますから、その調子で英語を発音すると、一つ一つの音素が鮮明に発音されません。だから、ネイティヴは、日本人の英語が理解できないのです。

　1つの単語のドッグブレス箇所の例です。

individual
in▽di▽vi▽du▽al　[ɪn▽də▽ví▽dʒu▽ʷəl]
（▽が単語内のドッグブレス箇所）

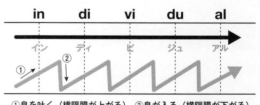

①息を吐く（横隔膜が上がる）　②息が入る（横隔膜が下がる）

●横隔膜呼吸時のインナーマッスルと横隔膜の関係

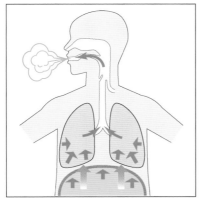 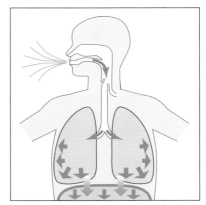

呼気：インナーマッスルは緊張　　　　　　吸気：インナーマッスルは弛緩
　　　横隔膜は弛緩　　　　　　　　　　　　　横隔膜は緊張

図6　横隔膜呼吸

2. ドッグブレスの呼気のポイント

強い呼気のためには、横隔膜を押し上げるインナーマッスルの力が必要です。

・犬の荒い息をイメージし、みぞおち下のインナーマッスルを急に引っ込めて（緊張させて）、横隔膜を押し上げる（横隔膜は弛緩）。口からどっと呼気が出るように喉を開いて、全部の息を肺からストレートに出す。吐き切ると自然に吸気が始まる。

・軟口蓋を高くし、舌根を下げて喉奥の空間を広くする、喉の開いた状態にする（p. 38 **§4 英語の声をつくる ［1］喉を開ける** 参照）。→喉奥にヒヤッとした空気の流れが感じられる。

・声は、口から前に出るようにする（日本人は咽頭に声がこもる人が多いので注意）。

・丹田に力を入れ、そこからの力で息を吐いている感覚で、呼気を出す。

　※丹田とは、人間の体の中心で、おへそから握りこぶし1つ下の部分。丹田に力を入れて呼吸すると、血のめぐりがよくなり、健康にもよいと言われています。

3. ドッグブレスの吸気のポイント

強い呼気のためには、たくさんの吸気が必要です。

・腕組みのポーズ（p. 28）のときと同様、吸気がうなじを通って肺の後部に流れるようにする。

・胸を硬くしない（力まない）。

・丹田に手をあて、力を入れずにへこます。

・臀部は、下げて前に持っていくようにする（肺の後ろを広げる感じ）。

・背中を広げて、肺の後ろに空気を入れることを意識する。（肩を楽にして、腕を曲げ、肘を体の横から前に持っていくと、肺の前側に空気が入るのを妨げられます）

・腹部は、へそから上が膨らむようにする。

・横隔膜は緊張させ、水平に下がるように意識する。

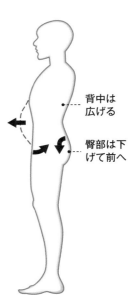

背中は
広げる

臀部は下
げて前へ

参考：ドッグブレスの詳しい映像解説があります。
（著者のサイト）https://www.ace-schools.co.jp/feature#dog_breath
（アスクブックス）https://www.ask-books.com/hatsuon2/

図7　横隔膜呼吸の吸気

4. 開いた喉：呼気と吸気を同時に行う

英語の発声は、開いた喉で行われているために、ドッグブレスによる横隔膜の強い上下運動がなくても、息を吐きながら同時に息を吸っています。それは、英語を話すときは、喉奥を開けているため、息の出入り口である声帯まで外気が接近していて、声帯を開くと、肺の中の気圧が外気圧より低くなり、外気が声帯を通って肺に入り込むからです。

これができているかどうかは、「アー」と言ってみて、喉の奥にヒャッとした空気を感じられるかどうかでわかります。外気は体温より低いので、喉が開いていれば、この感覚が感じられます。

このように、英語の発声では、声を出している間も、喉が開いていることによって、安定した息の補充をしています。これを、不随意吸気と呼んでいます。

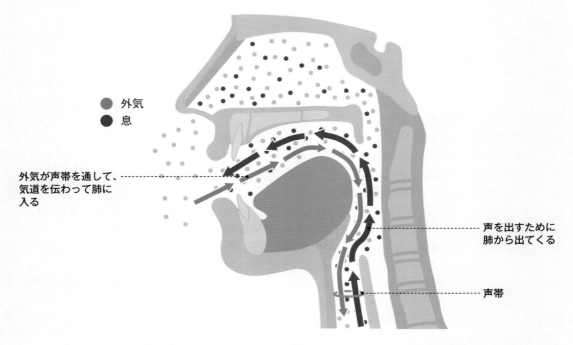

● 外気
● 息

外気が声帯を通して、
気道を伝わって肺に
入る

声を出すために
肺から出てくる

声帯

図8　欧米型発声：息を吐いたと同時に外気を吸うことを表す息の流れ

このほか、英語を話し始めるときには、大きく吸気します。これをスタート吸気と呼びます。
英語の息
   1．スタート吸気
   2．ドッグブレス（横隔膜の急激な上下運動）
   3．不随意吸気

ネイティヴが英語を話すときは、この3つの方法で吸気し、強い呼気で強い音を出しているのです。2語の連結（第5章　第2節　参照）を除けば、語と語の間は必ずドッグブレスによって吸気が行われています。

ドッグブレスは、ナチュラルスピードでは小刻みに行われていて、犬の荒い息は聞こえません。ただ、横隔膜の激しい上下運動が水面下で行われています。開いた喉で、横隔膜が急速に上下するために、息がたくさん吸えるのです。ドッグブレスが定着するまでは、英語の文章を読むときには次の**5.**の法則によって強い呼気、ドッグブレスで練習しましょう。（p. 50　**§6**　には、文を読む練習があります。）

5. ドッグブレスをやってみる　◉ track 2 🇺🇸　◉ track 3 🇬🇧

　日本語を話すときは、息を継続して吐きながら話します。しかし、英語は開いた喉をして、ドッグブレスで吐いては吸い、を繰り返します。ただし、吐いて吸った直後には声帯を閉めて一瞬息を止め、勢いよく息を吐き、次に続く音をはっきり発音するために呼気を蓄えています。開いた喉は、ちょうど息を吐き切って息を吸い込む状態で、一瞬声帯が閉じます。この「声帯を閉じた状態」を意識しましょう。

●母音のあとに子音が続くとき

　英語の子音をはっきり発音するためには強い呼気が必要です。特に破裂音・破擦音・摩擦音は前に母音があるとき、母音の発音のために息を吐きながらドッグブレスで息を吸って、次の子音の準備をします。そのとき、一瞬息を止めますが、そのちょっとした間が、英語のイントネーションとリズムをつくります。

about　　a▼bou▼t

		aを発音	ドッグブレス	**b**を発音	**ou**を発音	ドッグブレス	**t**を発音※
呼吸	スタート吸気	呼気	吸気	呼気	呼気	吸気	呼気
横隔膜	下がる	上がる	下がる	上がる	上がる	下がる	上がる
声帯	開く	開く	一瞬閉まる	開く	開く	一瞬閉まる	開く

※アメリカ発音の場合は、語末のtをはっきり発音しない傾向にあり、舌はtを発音するためにかまえていますが、声を飲み込みます。

washing　　wa▼shing

		waを発音	ドッグブレス	**shing**を発音
呼吸	スタート吸気	呼気	吸気	呼気
横隔膜	下がる	上がる	下がる	上がる
声帯	開く	開く	一瞬閉まる	開く

〈米〉color　　co▼lor　　〈英〉colour　　co▼lour

		coを発音	ドッグブレス	**lo(u)r**を発音
呼吸	スタート吸気	呼気	吸気	呼気
横隔膜	下がる	上がる	下がる	上がる
声帯	開く	開く	一瞬閉まる	開く

very　　ve▼ry

		veを発音	ドッグブレス	**ry**を発音
呼吸	スタート吸気	呼気	吸気	呼気
横隔膜	下がる	上がる	下がる	上がる
声帯	開く	開く	一瞬閉まる	開く

office　o▼ffi▼ce

		oを発音	ドッグブレス	ffiを発音	ドッグブレス	ceを発音
呼吸	スタート吸気	呼気	吸気	呼気	吸気	呼気
横隔膜	下がる	上がる	下がる	上がる	下がる	上がる
声帯	開く	開く	一瞬閉まる	開く	一瞬閉まる	開く

bridge　bri▼dge

		briを発音	ドッグブレス	dgeを発音
呼吸	スタート吸気	呼気	吸気	呼気
横隔膜	下がる	上がる	下がる	上がる
声帯	開く	開く	一瞬閉まる	開く

cooperation　co▼o▼pe▼ra▼tion

		coを発音	ドッグブレス	oを発音	ドッグブレス	peを発音	ドッグブレス	raを発音	ドッグブレス	tionを発音
呼吸	スタート吸気	呼気	吸気	呼気	吸気	呼気	吸気	呼気	吸気	呼気
横隔膜	下がる	上がる	下がる	上がる	下がる	上がる	下がる	上がる	下がる	上がる
声帯	開く	開く	一瞬閉まる	開く	一瞬閉まる	開く	一瞬閉まる	開く	一瞬閉まる	開く

●子音連結のとき（詳細は第5章　第1節　§1 参照）

palms　palm▼s

		palmを発音	ドッグブレス	sを発音
呼吸	スタート吸気	呼気	吸気	呼気
横隔膜	下がる	上がる	下がる	上がる
声帯	開く	開く	一瞬閉まる	開く

question　ques▼tion

		quesを発音	ドッグブレス	tionを発音
呼吸	スタート吸気	呼気	吸気	呼気
横隔膜	下がる	上がる	下がる	上がる
声帯	開く	開く	一瞬閉まる	開く

salt　sal▾t

		salを発音	ドッグブレス	**t**を発音
呼吸	スタート吸気	呼気	吸気	呼気
横隔膜	下がる	上がる	下がる	上がる
声帯	開く	開く	一瞬閉まる	開く

obtain　o▾btain

		oを発音	ドッグブレス	**btain**を発音
呼吸	スタート吸気	呼気	吸気	呼気
横隔膜	下がる	上がる	下がる	上がる
声帯	開く	開く	一瞬閉まる	開く

●声門閉鎖音

　語頭の母音や強母音を発音するとき、ドッグブレスをする前に、声帯を閉めた状態から、声帯下の圧力を一気に放出します。そのとき、有声の声門閉鎖音Ughという音が出ます。声帯下まで呼気を押し上げてため、声帯を閉じた状態から、急に声帯を開いて、一気に息を放出する際の、短い強い音です。咳払いのときに聞かれる音です（驚いたときの「ア」に似ています）。声門閉鎖はドッグブレスとともに行われ、次に自然に吸気が始まります。語中の赤色で表示した母音は、この声門閉鎖音をともないます。appleのaは声門閉鎖音をともない、次のようになります。

apple　a▾pple

		aを発音	ドッグブレス	**pple**を発音
呼吸	スタート吸気	呼気+**声門閉鎖音**	吸気	呼気
横隔膜	下がる	上がる	下がる	上がる
声帯	開く	開く	一瞬閉まる	開く

[3] 英語のリズム、イントネーションと息（＝ドッグブレス）の関係

1. 英語は強勢拍リズム

　英語のリズムのもとは強勢（強く発音する）部分にあります。強と弱が交互に現れる、波のうねり（強弱のうねり）のようであり、緩急の差をはっきりさせることが英語らしさにつながります。英語のリズムは「強勢拍リズム」と呼ばれます。

　英語を日本語のように平たんに読むと、ネイティヴには途切れがなく聞こえ、どこがポイントなのかとらえられずに通じない英語になってしまいます。日本語のリズムのもとは音節（母音を中心としたひとまとまりの音声と意識される最小単位）です。日本語のカナは原則１文字１音節（母音または、子音＋母音）で、音節がほぼ同じ長さ、強さ、明瞭さで発音されます。日本語のリズムは「音節拍リズム（モーラリズム）」と呼ばれます。

　たとえば、次の英文を日本語風に読んで見ます。

The fat cat sat on the mat.

ザ　　ファ-トォ　キャ-トォ　サッ-トォ　オン　ザ　　マッ-トォ

| 日本語風 | ● ● ● ● ● ● ● ● ● ● |

　日本語は子音＋母音が１音節になっているため、子音で終わる語尾に母音を加え、英語で１音節のものを２音節で読んでしまいます。また、息もほぼ一定の強さで、息が苦しくなるまで吐いてから吸います。

　上記の文を英語のリズムで読んでみましょう。　⊚ track 4　🇺🇸　⊚ track 5　🇬🇧

英語のリズム　● が強勢で ● が弱勢です。

The　　fat　　cat　　sat on the　　mat.

| 英　語 | ● ● ● ● ● ● ● |

|---------------|---------------|---------------|---------------|---------------|
（上記 |---| は、ほぼ同じ時間間隔で読まれます。）

　英語では、冠詞や前置詞のような機能語は弱勢、名詞や動詞のような内容語（第5章 p. 211 参照）は強勢リズムになります。強勢を受けた音節（強勢音節）は、強く、長く、はっきり発音します。弱い音節（弱音節）は、弱く、短く、あいまいに発音します。（英語でも多くの場合、強い音節は高く発音されますが、低くても強いことも多く、強さ＝高さの等式は成り立ちません。）

　この英語のリズムを支えるのが、ドッグブレスです。

> 　以降、ドッグブレスの位置を（▽）もしくは（▽）で表します。（▽）は、特定の場所を示すときに使い、それ以外は（▽）で表します。語間のドッグブレスを（▽）で表します。

The fat cat sat on the mat.

🇬🇧 ðə ▽fæ ▽t kæ ▽t sæ ▽t^h▽ɔn ▽ðə ▽mæt

🇺🇸 ðə ▽fæ ▽t kæ ▽t sæ ▽d▽ɑn ▽ðə ▽mæ▽t

※「子音＋母音で１語になる」（第5章 第2節 §4 2語の子音連結）参照

　上記の英文が、ナチュラルスピードで読まれた場合でも、軽くドッグブレスは行われています。だから、ほぼ均等に強い子音と強い母音が発声されます。

　日本語的な英語で発音した場合、ほぼ一息の呼気で発音されるため、途中、苦しくなります。英語は句末原則（第5章 p. 222参照）で最後にくる内容語が強調されますが、左頁の例なら、核となる最後の語matの手前で力がつきてしまいます。呼吸がほぼ胸式呼吸だと、インナーマッスルの動きが乏しく横隔膜の上下運動もありません。（p. 27　図4 参照）

　英語の正しい発音では、インナーマッスルの動きが感じられます。右図のように、みぞおちとへその真ん中に手をあて、横隔膜呼吸で英語を読んでみれば、インナーマッスルの急速な動きが感じられるはずです。英語は、お腹のインナーマッスルを口だとイメージして話すことです。

インナーマッスルの動きを感じる

［4］ドッグブレスに効果のあるトレーニング

1. 横隔膜を柔軟にする＋摩擦音のための筋肉を養成する

▶ Video　必須トレーニング2 ●

●**S音を続ける**（子音14　p. 93 参照）[横隔膜呼吸・摩擦音]
❶ 腕を前に組み、息を吸います。吸気は背中のほうから入るようにして、肺に流します。（右の写真参照）
❷ 無声音のS音を出すように息を漏らしていきます。体はリラックスした状態で、どこも緊張しないようにします。緊張すると声帯に負担がかかります。特に首、あご、肩、胸、ひざなどに余計な緊張をかけないことが大切です。
❸ S音は声帯を使わないので声を出す前のウォームアップに最適です。両脇腹に手をあてて、膨らむのを感じてください（横隔膜を水平に動かした横隔膜呼吸をしている証拠です）。できるだけ呼気を強め、途中息つぎしてもよいので、30秒間続けます。
❹ 3回行います。
　※ほかの摩擦音/z, f, v, θ, ð, ʃ, ʒ, h/に置き換えて練習すれば、これらの音に必要な息の強さが得られます。

2. ドッグブレスに必要なインナーマッスルを鍛える

▶ Video　必須トレーニング3 ●

●**S音から「Sa」**[横隔膜下の筋トレ・出だし音]
❶ SSSSSSSと4秒くらい丹田から息を出して、いきなり「Sa」と言います。「Sa」を言う際に、最初のS音は摩擦をきちんとつけます。
　※みぞおちの下に手をあてて、筋肉が大きく動くのが感じられればうまくいっています。
　※寝ながら行うと、お腹全体に振動が感じられ、もっと効果的です。
❷ 1セット10回、慣れたら10セット行います。

●プップ体操

破裂音のための筋肉養成に役立つエクササイズです。

❶ 唇を内側に丸めて口を閉じます。思いっ切り「プッ」「プ」と言って息を吐き出します。息を吐いたときに、みぞおちと丹田に手をあてて、みぞおちが出っ張り、丹田が引っ込めば横隔膜呼吸ができています。

❷ 10回続けます。

※この息の出し方を身につけていると、つねに横隔膜呼吸で英語を発音できることになります。

※口の周りの筋肉（口輪筋）も同時に鍛えることができます。

プッ　　　　　　　　　　　　プ

3. ドッグブレスの呼気を丹田から出す力を養成する

▶ Video 必須トレーニング４ ●

●Z音を続ける（子音15 p. 95 参照）[丹田から声を出す]

有声音のZ音を発声すると、歯やあごから体全体が振動し、丹田から音を出す意識がもてます。S音同様に横隔膜呼吸で行います。Z音は、有声子音ですが前歯、あごなどもふるえるため、声帯への負担が少ない音です。

❶ S音と同じように、姿勢をよくして息を吸い、Z音を30秒続けます。

胸上部に手をあててると、そこが振動しているのがわかります。英語を話すときはつねにここを振動させることを忘れないようにすると、声帯も十分に振動し、後述する §4 英語の声をつくる [2] 声帯を安定してふるわせる の練習にもなります。

❷ できるだけ呼気を強め、途中息つぎしても30秒間続けます。首、肩、胸、ひざなどに余計な緊張をかけないことが大切です。3回行います。

[5] 英語の息のための筋トレ

1. 肺を広げる筋トレ

肺にたくさんの空気を入れるために肋間筋を柔軟にし、肺を広げることが大切です。吸気筋である、**外肋間筋と内肋間筋（最内肋間筋・肋軟骨間筋）**を鍛えます。

① 両手を合わせて息を吐きながら、胸の前に5秒間伸ばします。このとき、背中を丸めます。

② ①で前に伸ばした両手を、息を吸いながら後ろに引きます。このとき、左右の肩甲骨を合わせます。

5秒間静止します。

1日10回程度行いましょう。

2. 脊柱起立筋の筋トレ

　脊柱を支える脊柱起立筋（脊柱の両側を縦に走る筋肉）を鍛えることは、脊髄神経を敏感にするので、手足の運動や**発声に必要な舌や横隔膜の運動に密接に連携**しています。

①いすに片足のひざと同じ側の手を置き、顔を上げて、反対の手にダンベルを持って息を吸いながら腕を下げていきます。

②息を吐きながら、ダンベルを腰骨の横を通って思いっ切り上げていきます。その際、背骨の脇の筋肉が盛り上がっているのを感じてください。
　次にこれを反対の腕も同じように**各10回繰り返します。**

3. ドッグブレスを支える横隔膜を強くする筋トレ

①足を肩幅よりやや広めに広げ、足先を外に向けます。両手を合わせて頭の上にかざします。その際、肘は前に出さないで頭の横に置いてください。上体をまっすぐにしたまま、ひざが90度くらいになるまで、息を口から吐きながら腰を下げます。

②次に、手はそのままにして、鼻から息を吸いながら元に戻ります。
　普通のスクワットはひざを曲げる際に息を吸いますが、このエクササイズは吐きますから注意してください。
　1日10回程度行いましょう。

§4 │ 英語の声をつくる

　通じる英語を話すために、次に英語のための声をつくりましょう。太くて軽やかな流れのある声が英語の魅力でもあります。英語の声に一番大切なポイントは、「喉を開ける」ことです。

[1] 喉を開ける（英語のスタートポジション）

1. あくびの喉

　だれでもする「あくび」が英語の発声の秘密を握っています。
あくびをすると頭部には次のような変化が起こります。
　①首の前側の筋肉を使う
　②下あごが下に移動する
　③首後部の筋肉を使う
　下あごが下に移動することで、舌が動きやすくなります。
また、あくびをすると、以下の変化が口内で起こります。
　①口蓋垂が上がる
　②舌根が下がり、喉頭蓋が上がる
　③後舌部がくぼむ

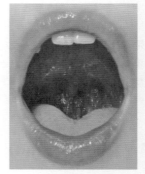

あくびの口内部

　「あくびの喉」は口内の空洞を広くし、声の共鳴を促します。また、喉頭が下がり、声帯を支える靭帯がある程度緊張するため、声帯が安定します。喉奥は、息を吐き切った状態から息を吸おうとする状態になります。この状態は、声帯がきちんと閉じた状態であり、声を出す（＝肺からの息が外に出る）と同時に外気が声帯を通して肺に入り込む状態になります。そして、呼気が声帯を通るとき、安定した振動が得られます。また、上記のすべての変化が、声を出すときに、胸からではなく、お腹の筋肉を使って横隔膜を持ち上げて呼吸する横隔膜呼吸を促します。

　実際に英語を話すときは、あくびの喉のために口を大きく開け続けることはできません。あくびの喉を保つために口角を上げてみましょう。身体はどこかを緊張させると、連動して別な場所が開いたり緩んだりします。
　口角を引き締めると喉が開きます。特に、Rの発音では、舌を緊張しつつ喉を開くために、横から見るとジョーカーのように口角がきゅっと上がるのがわかります。

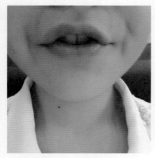

Rを発音するときの口

●**あくびのポーズ** ［喉を開ける］

❶ 口を大きく開け、あくびをするように息を深く吸いましょう。「ア〜」と声を出しながら、舌のつけ根が下がり、喉の奥が広くなっている状態を5秒間保ちます。

❷ うがいをするように顔を上げると喉の奥がよく開きます。

　上記のトレーニングで喉が開いたかどうかを知るには、前頁の「あくびの口内部」の写真のように、後舌部の中央がくぼんで、口蓋垂が上がっているのを確認してください。なかには、舌の形状によっ

て、舌先まで、一筋の線が現れてくぼむ人もいます。鏡とペンライトを持って、口を開けて喉奥を見てみてください。声帯を下げる意識でやってみましょう。息を吐いたときに、喉奥が同時に入ってくる外気のために、ヒヤッとします。英語を話すときに、この喉を維持しましょう。

2. 首を伸ばす

　ネイティヴは、首を長く伸ばして話すことが多く、この状態をあくびの喉にプラスすると、肺からの呼気がストレートに口外に出ます。

　口を軽く開いて、喉を楽な状態にして首を伸ばしてみてください。

　あくびの喉でかまえて、さらに首を伸ばすと、喉を開く体勢が盤石にできあがります。

3. 英語と日本語の発声器官の違い

喉を開く欧米型と、喉を開かない日本型（東洋型）の違いを図に表しました。

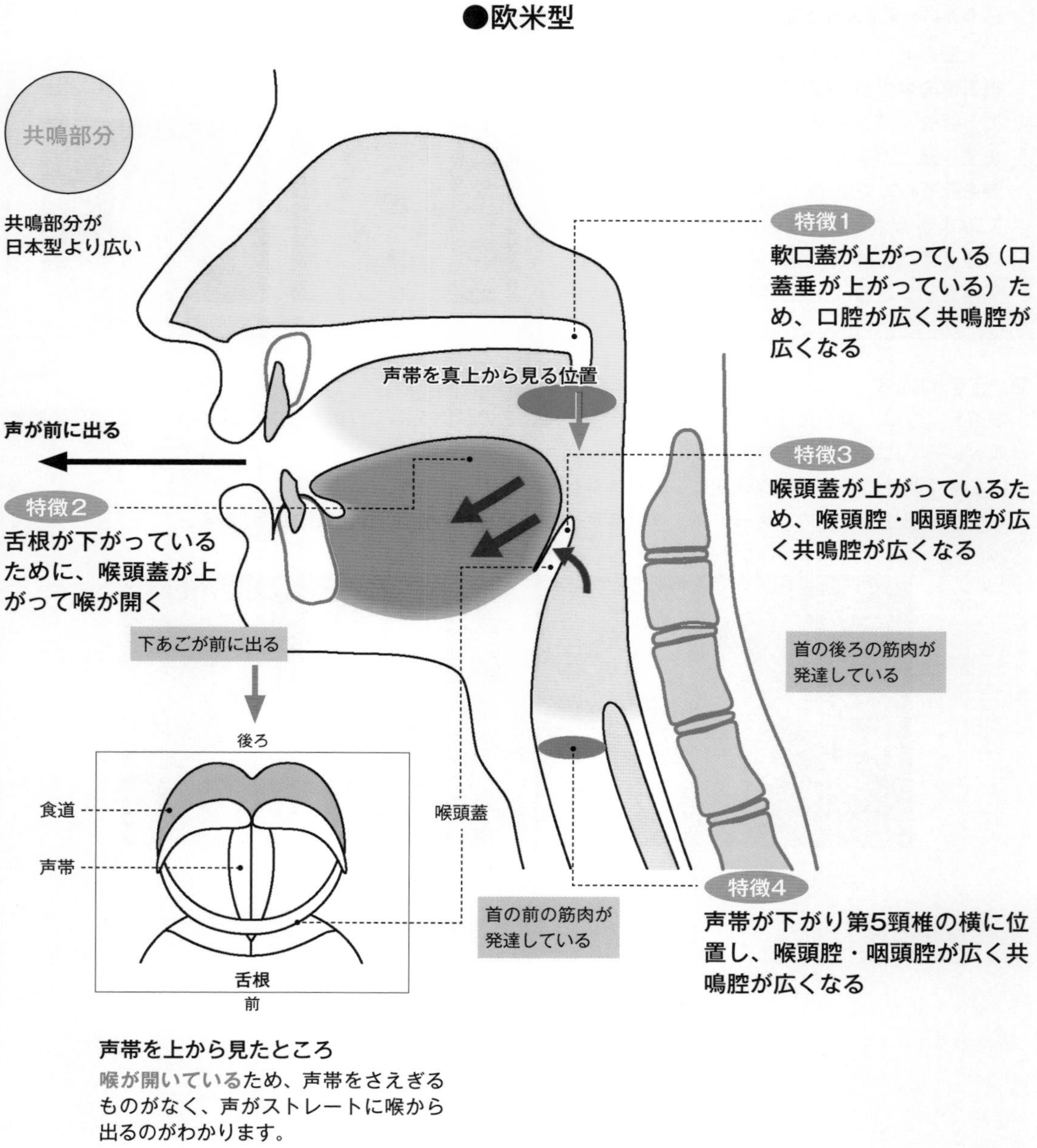

●欧米型

共鳴部分

共鳴部分が
日本型より広い

声が前に出る

特徴1
軟口蓋が上がっている（口
蓋垂が上がっている）た
め、口腔が広く共鳴腔が
広くなる

声帯を真上から見る位置

特徴3
喉頭蓋が上がっているた
め、喉頭腔・咽頭腔が広
く共鳴腔が広くなる

特徴2
舌根が下がっている
ために、喉頭蓋が上
がって喉が開く

下あごが前に出る

首の後ろの筋肉が
発達している

後ろ

食道

声帯

喉頭蓋

舌根

前

首の前の筋肉が
発達している

特徴4
声帯が下がり第5頸椎の横に位
置し、喉頭腔・咽頭腔が広く共
鳴腔が広くなる

声帯を上から見たところ
喉が開いているため、声帯をさえぎる
ものがなく、声がストレートに喉から
出るのがわかります。

図9　欧米型発声の開いた喉

●日本型

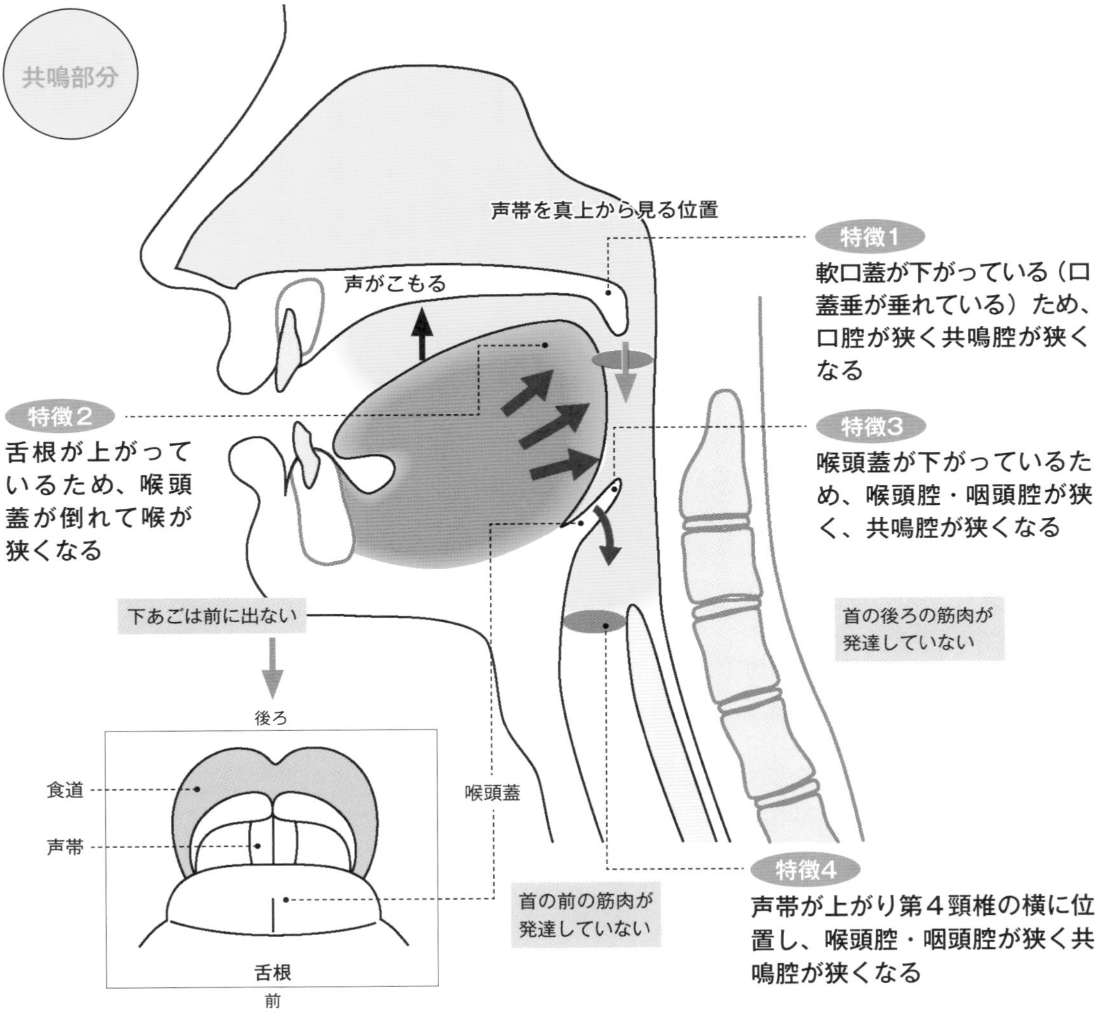

共鳴部分

声帯を真上から見る位置

声がこもる

特徴1
軟口蓋が下がっている（口蓋垂が垂れている）ため、口腔が狭く共鳴腔が狭くなる

特徴2
舌根が上がっているため、喉頭蓋が倒れて喉が狭くなる

特徴3
喉頭蓋が下がっているため、喉頭腔・咽頭腔が狭く、共鳴腔が狭くなる

首の後ろの筋肉が発達していない

下あごは前に出ない

後ろ

食道

声帯

喉頭蓋

首の前の筋肉が発達していない

特徴4
声帯が上がり第4頸椎の横に位置し、喉頭腔・咽頭腔が狭く共鳴腔が狭くなる

舌根

前

声帯を上から見たところ
声帯が隠れており、声がこもることがわかります。

図10　日本型発声の閉じた喉

4. 開いた喉なら、英語のさまざまな母音も楽に発音できる

　英語の母音は、二重母音、三重母音、弱母音も含めるとイギリス発音で30個、アメリカ発音で37個あります。また、舌の位置は下歯の後ろにつき、日本語よりも舌の動く範囲が広くなります。

　開いた喉は、下あごが前に移動するため、舌が動きやすくなります。下図は母音図（詳細は第4章 母音 p. 121）といって、それぞれの音の舌中心線が一番高い所をプロットしたものです。基本母音で、赤い字の部分、日本語の5つの母音「ア、イ、ウ、エ、オ」の舌の位置を見てみましょう。たとえば、「ア」は日本語の中で一番舌の高さが低いのですが、イギリス発音では、/ɑ:/、/ɔ/がさらに低くなっています。それらの発音では後舌が「ア」より後ろに引かれますが、舌根を下げた、開いた喉の状態だと楽々発音できるのです。

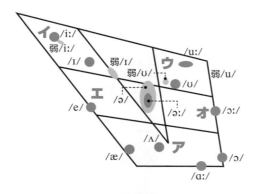

母音図：イギリス発音の短母音・長母音

5. 喉を開くための筋肉の養成

❶声帯や胸の筋肉を鍛えるアイソメトリックス

　あくびのポーズで両手を胸の前で合わせて、両手を押し合ってみましょう。10秒くらい数えます。この運動は、声帯や、咽喉の内部の筋肉を鍛えるとともに、首から肋骨にかけて吸気時に胸郭を持ち上げる斜角筋や、首の前側にある胸鎖乳突筋、肋骨の間にあって肋骨を広げる肋間筋を鍛えることができます。

❷首の筋肉の養成

　舌根を下げ、また後舌を後ろに引きやすくするための運動です。胴体を固定し、あごを前に押し出し、次に後ろに引きます。首からあごができるだけ遠くに離れる気持ちでやってください。きつつきか、にわとりが首を突き出すようなイメージです。

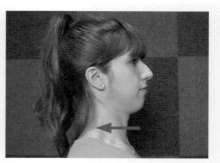

❸うがいのポーズ

うがいをするときのように、顔を上げて、口を大きく開いてください。重力の法則で舌根が後ろに下がり、呼吸のために気道をさえぎらないように喉頭蓋が上がります。また、後舌を引く筋肉も養成できます。できるだけ首の前を伸ばし、**喉を開く**ようにしてください。

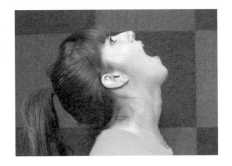

❹鼻をつまんで英語を話す

鼻をつまんで、英語を話してみると、苦しいので口から息を吸おうとして喉が開きます。

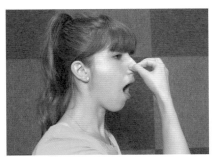

上記のトレーニングを行ったあとで、喉が開いたかどうかを確かめるために、p. 39の「あくびのポーズ」を行ってみましょう。

[2] 声帯を安定してふるわせる──太い声

英語の声を出すには、**声帯がきちんと閉まった状態で安定してふるわせ、太い声を出します**。また、開いた喉で、声をよく共鳴させます。声帯がきちんと閉まっていないと、息もれしたり、かすれたりしてはっきり発音できません。横隔膜呼吸から声帯をふるわせるために有効なエクササイズを行いましょう。

▶ Video　必須トレーニング６ ●

1. ハミングから声へ　［横隔膜呼吸〜共鳴］

ハミングは、横隔膜呼吸と開いた喉で行わないとうまくできません。ハミングを練習して、英語の声の準備をしましょう。ハミングをしているときには声帯が安定してふるえていますので、それを声につなげていきます。

❶あくびの喉から、アーと言ってから口を閉じます。「ム〜」と口をつぐんでハミングをして、横隔膜を押し上げ、呼気を鼻から出します。

❷口を閉じてハミングしながら「鼻」に響かせ、口を開いて/ɑː/（「ム〜ア〜」）と発音してから、同じように声帯をふるわせて、/iː/（「イ〜」）と発声します。次に /uː e ɔː/と基本母音を発音してみます。

注意点

1. 喉奥にヒヤッとした空気が気管に入ってくるのを感じてください。
2. 声帯をふるわせ、鼻だけでなく、胸に音が響くように練習し、英語を話すときはつねにその状態を保てるように訓練してください。

2. 声帯を閉めて強い母音（声門閉鎖音）　[強い母音の発声]

❶ スタッカートのように、声帯を閉じてから、一気に声帯を開いて、短く/ɑ/、/ɪ/、/ʊ/、/e/、/ɔ/と発声します。

❷ 発音する際には、それぞれの母音で、共鳴させる喉の部分と声の方向性があります。第４章のp. 128を参照し、共鳴スポットと声のベクトルを守って、日本語の「ア、イ、ウ、エ、オ」にならないように。

❸ 5～10回行います。

アメリカ発音　B: 声帯のあたり　C：首下つけ根

	/ɑ/	/ɪ/	/ʊ/	/e/	/ɔ/
共鳴スポット	C	B	C	Bの下	C
声のベクトル	後ろ→	後ろ→	後ろ→	後ろ→	後ろ→

イギリス発音　B: 声帯のあたり　C：首下つけ根

	/ɑ/	/ɪ/	/ʊ/	/e/	/ɔ/
共鳴スポット	C	B	C	Bの下	C
声のベクトル	後ろ→	前←	後ろ→	前←	後ろ→

　練習時に喉が開いていないと、喉を痛めます。ハミングで開いた喉、横隔膜呼吸で丹田から声を出すことを維持して練習しましょう。

3. 声帯を意識して強い息を吐く　（/h/→/ɑː/へ）　[息に声を乗せる]

❶ 丹田から息を出している気持ちで、/h/（第３章 子音 22.）を発音して息を吐き切ります。

❷ 喉を開いて横隔膜呼吸で/ɑː/（第４章 母音 41. 英米共通 共鳴スポット：C 声のベクトル：後ろ）を発音し、深く息を吐きます。

※/h/は、声門を摩擦させる無声子音で、/h/を発音すると声帯を意識できます。そのあとで、母音/ɑː/を発音すると、しっかりと声帯を意識して、声帯を十分にふるわせることができ、英語の力強い声が出ます。

※/h/は日本語の「ハ行」に似ているため、日本人は「ハ行」で置き換えて言いがちです。しかし、「ヒ」と「フ」は声帯の摩擦による音ではないので、要注意です。

❸ 5回行います。

§5 ｜ 舌と顔の筋肉を鍛える

　英語の息と声の次に、英語の発音をネイティヴ並みにするのに必要なのは、舌の筋肉と口輪筋（口の周りの筋肉）などの顔の筋肉を鍛えることです。日本語は英語に比べ、舌の筋肉や顔の筋肉を使わないので、日本人の英語はなめらかになりません。

［1］舌筋を使う

1. 舌筋を使う発音

　歯茎音（舌と歯茎が調音器官）の/n/、/l/、/d/、/t/、/dʒ/、/tʃ/、/dz/、/ts/、/dr/、/tr/は舌先を歯茎に押しつけて発声するため、舌筋を大いに使います。また、/z/、/s/、/ʃ/、/ʒ/も、舌を口蓋に押しつけ、/r/は後舌をぐっと引いて発音します。/g/、/k/は、中舌を軟口蓋に押しつけます。すべての母音で舌根を下げ、後舌を後ろに引きます。日本語の発声では舌筋を使うことはありません。<u>ネイティヴは日本人の舌は「死んでいる」とよく言います。</u>

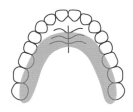

/n/の舌が口蓋につく範囲

2. 舌筋のための筋トレ—舌筋および舌を支える筋肉の養成

　クリアな英語の発音をするために大切なのは舌の動きです。「死んでいる」舌をよみがえらせるために舌筋を鍛えます。この筋トレは米国歯科医師が歯の矯正のために考えた方法です（舌が正しい位置につくことが、言語と歯並びなどに影響していきます）。

2-1 **ポッピング** ［舌を上に持ち上げる力を養成］

❶舌全体を上あごに吸いつけ、口を大きく開けて舌の下のヒモを伸ばします。このとき、舌の先がスポットポジション（右図の赤い部分）にあること、舌の前のほうだけでなく後ろも吸いついていること、舌が上の歯を覆わず上の歯列の内側に収まること、左右対称に吸いつけることが必要です。
　また、口を開けるときは、下あごが前に出たり、横にズレたりしないように、まっすぐ開けます。

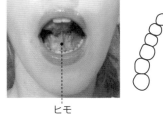

ヒモ

❷次に、舌を下ろして、「ポン」と音を立てます。舌全体が吸いついていないと軽い音がしてしまいます。これを5回繰り返します。やり過ぎはよくありません。ゆっくり5秒数えて、ポン! くらいの速さで行いましょう（速くやったのではあまり練習になりません）。

　舌を吸いつけることのできない人は、まず何でもいいから「ポン」と音を出すことから始めましょう。音の出る直前は舌の一部が吸いついているはずです。じょじょに舌全体が吸いつくようにし、そしてだんだんヒモを伸ばせるようにしていきます。

2-2 オープンアンドクローズ ［舌全体の筋肉の養成］（1日30回）

❶ホッピングの状態（舌を上あごに吸いつける）で、口を大きく開き、5秒維持します。

❷舌を下ろし、歯をかみ合わせます。かんだときも、唇は開いています。

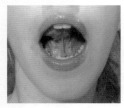 

2-3 舌の急速上下運動 ［舌の動きをよくする筋トレ］

歯茎音（l, n, t, d）から母音に移るときの舌の動きをなめらかにします。

英語の母音は、すべて舌先が下の歯茎につきますが、日本語の母音は「ア」以外全部、舌先が下歯より上にあります（第4章 p. 122 参照）。そのため、特に舌を上の歯茎につける歯茎音から下歯への舌の移動は距離があって難しいので、その克服のためのエクササイズです。

口を開けて、口の中で舌をはじき、母音の発音は舌先を下歯の裏につけます。

下記/əʊ/はイギリス発音で、アメリカ発音では/oʊ/になります。

/l/ : la la la la la	lɪ lɪ lɪ lɪ lɪ	lʊ lʊ lʊ lʊ lʊ	le le le le le	loʊ loʊ loʊ loʊ loʊ
/n/ : na na na na na	nɪ nɪ nɪ nɪ nɪ	nʊ nʊ nʊ nʊ nʊ	ne ne ne ne ne	nəʊ nəʊ nəʊ nəʊ nəʊ
/t/ : ta ta ta ta ta	tɪ tɪ tɪ tɪ tɪ	tʊ tʊ tʊ tʊ tʊ	te te te te te	toʊ toʊ toʊ toʊ toʊ
/d/ : da da da da da	dɪ dɪ dɪ dɪ dɪ	dʊ dʊ dʊ dʊ dʊ	de de de de de	dəʊ dəʊ dəʊ dəʊ dəʊ

各発音の解説は第3章 子音、第4章 母音の各項を参照ください。

舌が上歯茎から下歯茎に移動することが重要なので、初心者は日本語の「ア、エ、イ、オ、ウ」でもかまいません。各1回ずつ行います。

2-4 舌の急速上下運動変化形 ［舌の動きをさらになめらかにする］

歯茎音に加え、摩擦音や破擦音と母音の組み合わせも練習します。

イギリス発音

la	le	lɪ	ləʊ	lʊ	ləʊ	la	ləʊ
ta	te	tɪ	təʊ	tʊ	təʊ	ta	təʊ
da	de	dɪ	dəʊ	dʊ	dəʊ	da	dəʊ
na	ne	nɪ	nəʊ	nʊ	nəʊ	na	nəʊ
θa	θe	θɪ	θəʊ	θʊ	θəʊ	θa	θəʊ
ða	ðe	ðɪ	ðəʊ	ðʊ	ðəʊ	ða	ðəʊ
tʃa	tʃe	tʃɪ	tʃəʊ	tʃʊ	tʃəʊ	tʃa	tʃəʊ
dʒa	dʒe	dʒɪ	dʒəʊ	dʒʊ	dʒəʊ	dʒa	dʒəʊ
tra	tre	trɪ	trəʊ	trʊ	trəʊ	tra	trəʊ
dra	dre	drɪ	drəʊ	drʊ	drəʊ	dra	drəʊ

アメリカ発音

la	le	lɪ	loʊ	lʊ	loʊ	la	loʊ
ta	te	tɪ	toʊ	tʊ	toʊ	ta	toʊ
da	de	dɪ	doʊ	dʊ	doʊ	da	doʊ
na	ne	nɪ	noʊ	nʊ	noʊ	na	noʊ
θa	θe	θɪ	θoʊ	θʊ	θoʊ	θa	θoʊ
ða	ðe	ðɪ	ðoʊ	ðʊ	ðoʊ	ða	ðoʊ
tʃa	tʃe	tʃɪ	tʃoʊ	tʃʊ	tʃoʊ	tʃa	tʃoʊ
dʒa	dʒe	dʒɪ	dʒoʊ	dʒʊ	dʒoʊ	dʒa	dʒoʊ
tra	tre	trɪ	troʊ	trʊ	troʊ	tra	troʊ
dra	dre	drɪ	droʊ	drʊ	droʊ	dra	droʊ

3. Rの発音のための筋トレ

つづり字rの発音は日本語にないので、通じにくい音の1つです。イギリス発音では喉頭（声帯の下あたり）、アメリカ発音ではもう少し上の咽頭（首上部のつけ根あたり）の筋肉を収縮させます。（p.72 子音 5. /r/ 参照）

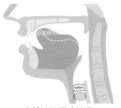

イギリス発音のR　　　アメリカ発音のR

▶ Video　必須トレーニング11 ●

● **Rの喉・舌・唇の筋トレ**　［舌根・喉の内側・口周りの筋肉養成］

/r/の発音は開いた喉で行うことが大切です。

❶ 犬がうなり声を上げるような音が原点です。口角に力を入れ（p.73 参照）、唇をとがらせます。イギリス発音は声帯の上あたりに手をあて、舌先を上げて喉をしぼります。アメリカ発音は右の図のように、首上部のつけ根あたりに手をあて、舌先を下げて喉をしぼり、唇をとがらせ、「ウー」とうなります。

❷ 息の通り道が閉まってしまいますので、首は縮めないよう伸ばすことに注意してください。

❸ 唇を緊張させ、尖らせます。紙1枚でもよいから、必ず歯茎から唇を離します。そうでないと、/w/の音が出てしまうので、要注意です。

Rの喉（アメリカ発音）

※アメリカ発音は、「母音＋R」のRを発音する（ɚ）ので、Rの音がイギリス英語より多くなります。アメリカ発音で話したい人は、特にこの練習を行ってください。

4. 英語を話すための閉口時の舌の位置

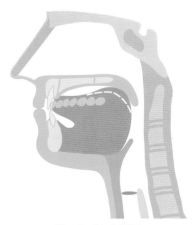

閉口時の顔の断面図

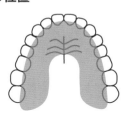

上歯と口蓋の舌との接触図

口蓋のスポットポジション

英語でも日本語でも、閉口時の舌の位置が正しいポジションであることが大切です。正しいポジションでは、いずれも、舌の両脇は、上の歯の奥歯に接しています。舌の奥に力を入れてしっかりと上奥歯に舌が触れており、舌先は、上歯茎の先端中央に接触しています。歯のかみ合わせや舌の正しい動きのためにも、舌のポジションは正しく保たなくてはなりません。

最近の日本人には口を閉じているとき、舌がまったく口蓋に触れない人もいます。これでは、正しい英語が話せませんので、矯正するトレーニングを行ってください。

口を閉じているとき、舌先がスポットポジションについていることが大切です。上の前歯の後ろのプクッとした膨らみ（神経が集まっているので触ると敏感）のすぐ後ろです。

適正な舌の位置　　舌が下がっている

口を閉じたときの舌の位置

スポットポジションに舌がついていない人は、次のエクササイズを行ってください。

●あいうべ体操　[スタートポジション]

　普段何もしていないときやつばを飲み込むときに、舌の先が触れていなければならないスポットの位置を舌先に覚えこませます（口呼吸を治すため、歯科でも用いられている方法で、健康にもよいです）。

　日本語の「あ」「い」「う」「べ」を思いっきり、大きく長く言ってみます。

あー　　　　　　　　いー　　　　　　　　うー　　　　　　　　べー

・あいうべ体操は英語のすべての発音に必要な**口輪筋・舌筋・頬筋**を鍛えられます。

・「あ」はあくびのポーズですから、**舌根を下げて喉を開く**訓練になります。

・「い」は**口輪筋**を鍛えます。「い」と言うとき、口角を斜め上に上げると、首に負担がかかりません。

・「う」は**口輪筋と頬筋**を鍛えます。

・「べ」は舌を思いっ切り出して言ってみましょう。**舌筋**が鍛えられます。

・1セット10回、3セット〜10セット行ってください。

[2] 表情筋（口輪筋・頬筋）を使う

1. 表情筋を使う発音

　英語の長母音/iː/は口角を思いっ切り横に引き、長母音/uː/は唇をすぼめて前に突き引き出します。日本語の母音「イ」や「ウ」はそれほど横に引いたり、唇をすぼめたり、突き出したりしない、口角を緩めて話す言語です。英語の子音においても、/m, p, b/は唇を強く閉じ、/r, w, ʃ, ʒ, tʃ, dʒ, juː/などは唇を突き出します。唇を突き出したり丸めたりするためには、**口輪筋や頬筋などの表情筋**を強く使います。

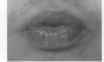

/w/の口

2. 表情筋を鍛える

　ネイティヴは話しているときも話していないときも表情が豊かです。英語を話すときは、まずは口角を引き締めますし、発音のとき、唇をとがらせたり、ぴたっと合わせたり、口を横に引いたり、口を大きく開くことがあります。つまり、英語は日本人が使わない表情筋をたくさん使いますので、英語の発音には表情筋を鍛えることが大切です。日本人にあまり表情がないのは、日本語の発音は無表情で発声ができることも関係しているでしょう。次の筋トレは相互に関連し合っているので、すべてを通して練習すると効果的です。

❶口周りのストレッチ

▶ Video　必須トレーニング12 ●

2-1　顔たたき　[口周りの筋肉のストレッチ]

　英語を話す前に顔の筋肉の緊張をほぐす効果があります。

　両手の指を使って、頬と口周りを中心に顔をたたいてください。口がよく動くようになります。英語を話す前に、すぐにできるストレッチですので、必ずやってみてください。

顔色がよくなり、美容にも役立ちます。

▶ Video　必須トレーニング 13 ●

2-2 唇ブルブル体操　[唇と喉の筋肉のリラックス]

　英語を話す前に唇の硬さや喉の中の筋肉をほぐす効果があります。英語を話す前に行うと滑らかに英語が話せます。また、声帯のマッサージにもなり、楽に英語が話せるようになります。

❶ 唇を上下合わせて、少し突き出し、お腹から息を強く吐きながら、「ブルブルブル」と唇をふるわせます。英語を話す前に行うとなめらかに英語が話せます。

❷ 途中で息つぎをしてもかまわないので、10秒間続けてみましょう。

※できるだけ長く続くように、上下の唇の合わせ具合を調整します。

❷顔全体のストレッチ

▶ Video　必須トレーニング 14 ●

● 顔のストレッチ　[表情筋のリラックス]

　顔の筋肉の硬い日本人のための柔軟体操です。顔全体の筋肉をほぐし、英語の発音準備をしましょう。

　まず、顔の筋肉を横に広げます。

❶ 両手を顔の横に開いてかまえます。

❷ 両手を顔の前に合わせながら、顔の皮膚と筋肉を中心に集めます。

❸ 両手を広げ、顔の皮膚と筋肉を外にもっていきます。

　次に、顔の筋肉を縦に広げます。

❶ 両手を顔の縦に開いてかまえます。

❷ 両手を顔の前に合わせながら、顔の皮膚と筋肉を中心に集めます。

❸ 両手を広げ、顔の皮膚と筋肉を外にもっていきます。

　各10回行います。

§6 ｜ 英語の息と声　究極のトレーニング法

　これまで行ってきたすべてのトレーニングを生かした、英語発声のためのトレーニング最終項目です。ここでは、仕上げとして、「英語の文を相手に伝わるように話す」練習をしましょう。

　このトレーニングで一番大切なのは、英語の息と声です。3章以降を読んでいなくてもこのトレーニングはできるだけ早く始めてください。細かいところは、おいおいで結構です。

1. トレーニングを始める前に

　ここまでも述べてきましたが、英語は表情筋をよく使う言語です。日本人の硬い表情では英語はうまくしゃべれません。**§5 [2]** の表情筋を使うストレッチを行ってリラックスした表情で練習を始めましょう。また、ネイティヴがよくやる「腕を広げる」動作をすると、横隔膜がよく動きます（p. 28 参照）

日本人　　　　　　　　　　　　ネイティヴ

2. トレーニングの方法

❶子音の前や、単語の間でドッグブレスを行い、思い切り息を吐き切って読みます。

　p. 31〜33の規則によって、呼気を思い切り吐いて、自然に吸気する練習です。英語の子音ははっきりと（節末の子音もはっきりと）、母音は声のベクトルを意識しながら、共鳴スポットあたりの喉の筋肉に声のエネルギーを強く収束させます。そのため、ネイティヴは意識していませんが、話しながら呼気吸気をたえず行っています。ですから安定した強い子音と母音が発音できます。日本人が一番苦手なのがこの呼吸で、それを早くから習得するためのトレーニングです。英語のための開いた喉、安定してふるえる声帯で共鳴した低い太い英語の声を出すことにも気をつけてください。また、このシラブルごとの発音は、英語のリズムとイントネーションをマスターするのに大変役立ちます。

❷次に同じ文を、ナチュラルスピードで続けて読んでみましょう。

　このトレーニングの目標
1. 横隔膜呼吸とドッグブレスの達成―強い息と呼気からすぐに吸気に移動する
2. 開いた喉で声帯を安定してふるわせる英語の声を達成
3. 強い子音を達成
4. 強い母音を達成―共鳴スポットと声のベクトルを覚える
5. 英語のリズムとイントネーションを達成

　子音、母音の発音については、3章と4章で詳しく学習します。最初は、ネイティヴの発音を耳で聞いてまねるだけでもかまいません。母音の共鳴スポットやベクトルについては、4章に詳しく書いてあります。

　4章の学習が済んだら、母音の共鳴スポットやベクトルなどにも注意しながら、練習してください。

息と声のトレーニング　アメリカ発音 🇺🇸

①子音の前で思いっ切り息を吐き切って読みます。母音は、声門閉鎖音（p. 33）を意識しましょう。

▼▼：ドッグブレスの位置 （▼は単語間のブレス、▽は単語内のブレスです。破裂音は音節内でもブレスします。）

The capi-ta-list cap-tain's cash

母音	ə	æ	ɪ	ə	ɪ	æ		æ
参照番号	33	32	30	33	30	32		32
共鳴スポット	B	B-C	B	B	B	B-C		B-C
声のベクトル	←	∈	→	←	→	∈		∈
子音	ð	kʰ	pʰ	d	l st	kʰ	p t	nz	kʰ	ʃ
参照番号	19	10	8	12	4 14-12	10	8	12	2-15	10	20

舌を前に出して摩擦　有気音で破裂を強く　舌をしっかり歯茎につける　破裂を強く　舌をスプーン状にして鼻から息　しっかり摩擦
破裂を強く　破裂を強く　摩擦を強く―破裂を強く　破裂を強く　摩擦を強く　有気音で破裂を強く
有気音で破裂を強く

and ca-me-ra were cap-tured

母音	ə	æ	ə	ɚ	æ	ɚ
参照番号	33	32	33	56	32	55
共鳴スポット	B	B-C	B	A	B-C	A
声のベクトル	←	∈	←	←	∈	→
子音	nd	kʰ	m	r	w	kʰ	p tʃ	d
参照番号	2-13	10	1	5	6	10	8	23	13

舌をスプーン状にして鼻から息　口をつぐんで鼻から息　唇を合わせて摩擦　有気音で破裂を強く　唇をとがらす　しっかり破裂
しっかり破裂　　　　　喉頭を締める　　　　　　　　　　　しっかり破裂
有気音で破裂を強く

by the Cam-bo-di-an cat.

母音	aɪ	ə	æ	oʊ	i	ə	æ
参照番号	43	33	32	47	29	33	32
共鳴スポット	C	B	B-C	B	A	B	B-C
声のベクトル	→	←	∈	→	→	←	∈
子音	b	ð	kʰ	m	b	d	n	kʰ	t
参照番号	9	19	10	1	9	13	2	10	12

しっかり破裂　舌を前に出して摩擦　口をつぐんで鼻から息　しっかり破裂　有気音で破裂を強く　飲み込む
有気音で破裂を強く　　　　しっかり破裂　　舌をスプーン状にして鼻から息

②単語ごとに、息を吐き切っては自然に吸気する練習をしてください。
③最後に、次の大きな●に強勢、小さな●は弱勢でリズムとイントネーションをつけて読んでみましょう。

The capitalist captain's cash and camera were captured by the Cambodian cat.

ðə kʰǽpʰɪtlɪst kʰæptᵊnz kʰǽʃ ənd kʰǽmrə wɚ kʰǽptʃɚd baɪ ðə kʰæmbóʊdiən kʰǽt

● ●●●●● ●●● ●● ● ●●● ● ●●● ● ● ●●●● ●

息と声のトレーニング　イギリス発音 🇬🇧

①子音の前で思いっ切り息を吐き切って読みます。母音は、声門閉鎖音（p. 33）を意識しましょう。

▼▼：ドッグブレスの位置（▼は単語間のブレス、▼は単語内のブレスです。破裂音は音節内でもブレスします。）

The capi-ta-list cap-tain's cash

母音	ə	æ	ɪ	ə	ɪ	æ	ə	æ
参照番号	33	32	30	33	30	32	33	32
共鳴スポット	B	C	B	B	B	C	B	C
声のベクトル	←	∋	←	←	←	∋	←	∋
子音	ð	kʰ pʰ	t	l st	kʰ	p	t	nz	kʰ	ʃ
参照番号	19	10 8	12	4 14-12	10	8	12	2-15	10	20

舌を前に出して摩擦 有気音で破裂を強く 舌をしっかり歯茎につける 破裂を強く 舌をスプーン状にして鼻から息 しっかり摩擦
破裂を強く 破裂を強く 摩擦を強く─破裂を強く 破裂を強く 摩擦を強く 有気音で破裂を強く
有気音で破裂を強く

and ca-me-ra were cap-tured

母音	ə	æ	ə	ə	æ	ə
参照番号	33	32	33	33	32	33
共鳴スポット	B	C	B	B	C	B
声のベクトル	←	∋	←	←	∋	←
子音	nd	kʰ	m	r	w	kʰ	p	tʃ	d
参照番号	2-13	10	1	5	6	10	8	23	13

舌をスプーン状にして鼻から息 口をつぐんで鼻から息 唇を合わせて摩擦 有気音で破裂を強く 唇をとがらす しっかり破裂
しっかり破裂 喉頭を縮める しっかり破裂
有気音で破裂を強く

by the Cam-bo-di-an cat.

母音	aɪ	ə	æ	əʊ	i	ə	æ
参照番号	43	33	32	46	29	33	32
共鳴スポット	C	B	C	B-C	A	B	C
声のベクトル	→←→	←	∋	←→	←	←	∋
子音	b	ð	kʰ	m	b	d	n	kʰ	t
参照番号	9	19	10	1	9	13	2	10	12

しっかり破裂 舌を前に出して摩擦 口をつぐんで鼻から息 しっかり破裂 有気音で破裂を強く しっかり破裂
有気音で破裂を強く しっかり破裂 舌をスプーン状にして鼻から息

②単語ごとに、息を吐き切っては自然に吸気する練習をしてください。

③最後に、次の大きな●に強勢、小さな●は弱勢でイントネーションをつけて読んでみましょう。

The capitalist captain's cash and camera were captured by the Cambodian cat.

ðə kʰæpʰɪtəlɪst kʰæptˀnz kʰæʃ ənd kʰæmrə wə kʰæptʃəd báɪ ðə kʰæmbə́ʊdɪən kʰæt

● ●●●● ● ● ● ● ● ● ● ● ●● ●

英語発音のための10分間エクササイズ ▶ Video

これまでに出てきた練習の中から、「必須トレーニング」を集めた10分間エクササイズが、動画で続けて行えます。発音練習の前に必ず行うと効果的です。

1 全身のリラックス：**スワイショウ** ……………………………………………… p.27
肩の力を抜き、両腕を左右に回転して体に巻きつけます。全身をリラックスしましょう。

▼

横隔膜・息

2 横隔膜呼吸のウォームアップ（1）：**S音を続ける** …………………………… p.35
横隔膜を柔軟にし、横隔膜呼吸で声を出すためのウォームアップ・エクササイズです。

3 横隔膜呼吸のウォームアップ（2）：**S音から「Sa」** ………………………… p.35
横隔膜の下にある筋肉を鍛えます。子音の出だし音・強い母音を発声するためのエクササイズです。

4 丹田から声を出すウォームアップ：**Z音を続ける** …………………………… p.36
丹田から力強い英語の声と安定してふるえる声帯、胸に響く英語の共鳴、横隔膜呼吸のためのエクササイズです。

▼

声と息

5 喉を開ける：**あくびのポーズ** ………………………………………………… p.39
喉の奥をよく開き、英語のスタートポジションをつくりましょう。

6 横隔膜呼吸〜共鳴：**ハミングから声へ** ……………………………………… p.43
ハミングで鼻に響かせてから「ムア〜、イ〜、ウ〜、エ〜、オ〜」に移行。横隔膜呼吸で息を出し、開いた喉で声帯を十分ふるわせて声に乗せるエクササイズです。

7 強い母音の発声：**声帯を閉めて強い母音** …………………………………… p.44
あくびの喉で声帯を閉めておいて、母音を発声する際に共鳴スポットに声のベクトルを意識して呼気を収束させる、強い英語の母音のためのエクササイズです。喉が開いていないと声帯を痛めますから、必ずあくびの喉で行いましょう。

▼

8 息に声を乗せる：**声帯を意識して強い息を吐く** …………………………… p.44
英語は息に声を乗せる言語です。横隔膜呼吸で声を出さない（声帯がふるえない）子音 /h/ を長く出したあとで、同じ要領で /ɑ:/ の音を声帯をふるわせて、息が吐き切るまで続けます。

舌

9 舌の筋トレ：**舌のオープンアンドクローズ** ………………………………… p.46
舌筋の養成のためのエクササイズです。舌を上に持ち上げる力を鍛えます。

10 舌の動きをなめらかにする：**舌の急速上下運動** **10'** **舌の急速上下運動変化形** ………… p.46
なめらかな発音のために舌筋の敏速性を養うエクササイズです。

11 舌根・喉・口周りの筋肉養成：**Rの喉・舌・唇の筋トレ** ………………… p.47
/r/ の発音に使う舌根および喉の内側の筋トレです。特に、アメリカ発音を目指す人はたくさんやってください。

▼

表情筋

12 口周りの筋肉のストレッチ：**顔たたき** ……………………………………… p.48
頬と口周りの筋肉を軽くたたき、緊張をほぐします。

13 唇と喉の筋肉のリラックス：**唇ブルブル体操** ……………………………… p.49
口周りの力を抜き、声帯をリラックスさせ、自然に発音できるためのエクササイズです。

14 表情筋のリラックス：**顔のストレッチ** ……………………………………… p.49
顔全体の筋肉をほぐして、英語の発音の準備です。顔の筋肉が硬いとうまく英語が話せません。

▼

総合

15 英語の息と声のトレーニング ……………………………………………… p.51〜52
強い息、開いた喉、十分にふるえる声帯で「英語の文を相手に伝わるように話す」ためのトレーニングです。一音節ずつ、思い切り息を吐き切って読む練習を行います。

第3章

子音
Consonants

子音の基礎知識

　子音とは、発音するとき、肺から出た息が、何らかの調音器官で妨害を受けて口の外へ出る音です。調音器官は、唇、舌、歯、口蓋、声門のいずれかか、その組み合わせになります。インナーマッスルを使って横隔膜を押し上げて、勢いよく肺から息を押し出し、調音器官の妨害を破ります。子音は、息の強さが弱いと聞き取りづらい音になってしまいます。

　日本語は子音が17個ですが、英語は28個あります。

図11　調音部位と調音様式による子音の分類　（下表数字は、本書の発音記号番号です）

調音部位／調音様式	両唇音 Bilabial 上下の唇でつくる音	唇歯音 Labiodental 唇と歯でつくる音	歯（舌）音 Dental 歯と舌でつくる音	歯茎音 Alveolar 歯茎と舌でつくる音
§1 鼻音 Nasals 唇や舌によって口の中をふさぎ、鼻から息を出して発音する音	1. m 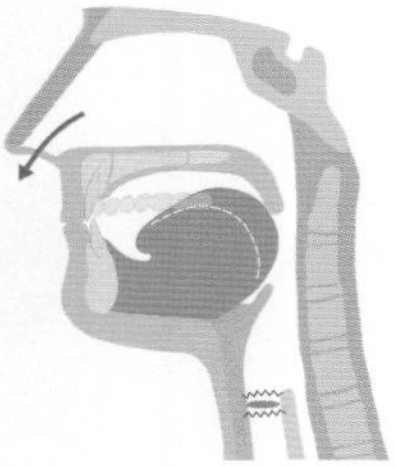			2. n 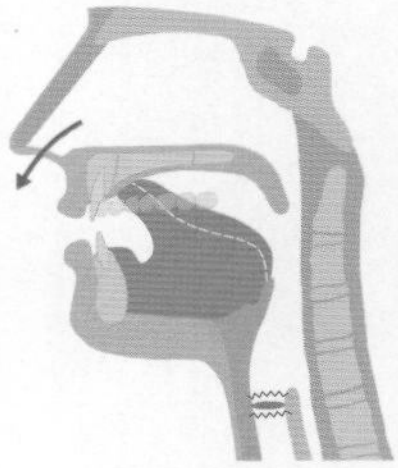
§2 側音 Lateral 舌の中央からではなく、両側から息を口の外に出してつくる音				4. l 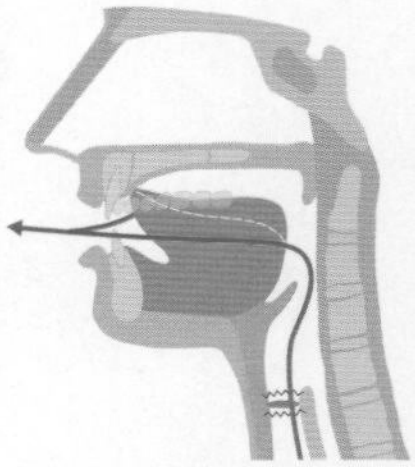
§3 半母音 Semivowels 母音に近い音で、調音する位置を、ある位置から別の位置に移行する際に発音される音。移行音(Glide)ともいう。				

§1 | 子音の分類

調音様式と調音部位による分類

　それぞれの子音を発音するときに、必要となる調音器官を基準としたものを調音部位といい、下の表のように9種類に分類されます。またその調音器官の使い方を調音様式といい、6種類に分類されます。たとえば/m/の音を発音する場合は、調音部位として両唇を使い、調音様式は息を鼻から出すので鼻音になります。

硬口蓋歯茎音 **Palatalavelor** 硬口蓋と歯茎で つくる音	後部歯茎音 **Postalveolar** 歯茎の後部と舌で つくる音	軟口蓋音 **Velar** 後舌部と軟口蓋で つくる音	両唇・軟口蓋音 **Bilabial & Velar** 上下の唇と軟口蓋で つくる音	声門音 **Glottal** 声門に息を通して つくる音
		3. ŋ		
7. j	5. r 〈英〉そり舌		6. w	

調音部位 / 調音様式	両唇音 **Bilabial** 上下の唇でつくる音	唇歯音 **Labiodental** 唇と歯でつくる音	歯(舌)音 **Dental** 歯と舌でつくる音	歯茎音 **Alveolar** 歯茎と舌でつくる音
§4 破裂音 **Plosives** 息の通る道を完全に閉鎖したあと、そこを急に開放し、破裂させて発音する音。閉鎖音(Stop)ともいう。	8. p 9. b /b/			12. t 13. d /d/
§5 摩擦音 **Fricatives** 息の通る空間を狭くし、息をその狭いところから出すことによって発音する音		16. f 17. v /f/	18. θ 19. ð /θ/	14. s 15. z /s/
§6 破擦音 **Affricatives** 破裂音で始まり、そのあとすぐに摩擦音が続く音				25. ts 26. dz /ts/ 27. tr 28. dr /dr/

硬口蓋歯茎音 Palatalavelor 硬口蓋と歯茎で つくる音	後部歯茎音 Postalveolar 歯茎の後部と舌で つくる音	軟口蓋音 Velar 後舌部と軟口蓋で つくる音	両唇・軟口蓋音 Bilabial & Velar 上下の唇と軟口蓋で つくる音	声門音 Glottal 声門に息を通して つくる音
		10. k 11. g 有気音の /k/		
20. ʃ 21. ʒ /ʃ/				22. h
23. tʃ 24. dʒ /tʃ/				

§2 ｜ 無声音と有声音

　2章でも述べましたが、子音には調音部位と調音様式が同じ、無声音と有声音のペアがあります（例 pとb）。ペアにならない子音は、/h/以外は全部<u>有声音</u>です。

1. 鼻音

有声音	1. m	2. n	3. ŋ

2. 側音

有声音	4. l

3. 半母音

有声音	5. r	6. w	7. j

4. 破裂音

無声音	8. p	10. k	12. t
有声音	9. b	11. g	13. d

5. 摩擦音

無声音	14. s	16. f	18. θ	20. ʃ	22. h
有声音	15. z	17. v	19. ð	21. ʒ	

6. 破擦音

無声音	23. tʃ	25. ts	27. tr
有声音	24. dʒ	26. dz	28. dr

§3 ｜ 有気音と無気音

　辞書の発音記号では区別されませんが、破裂音の<u>無声音</u>/p，k，t/のみ、有気音と無気音があります。この２つをしっかり区別すれば、語頭の/p/と/b/を聞き間違えられることはありません。

　<u>有気音</u>は、破裂音とともに、h音を伴う強い息が出る音のことです。主に強勢がある母音が続くときに、調音器官で発音されたあと、開いたままの声門を無声で摩擦なしに息が通り、22. /h/の音が出ます。後ろに続く母音にこの音が伴い、強い音に聞こえます（/pl/のように子音が続いても有気音になる）。

　<u>無気音</u>は、語末にあるとき、弱母音が続くとき、語頭にｓがつくときの音で、<u>強い息を伴わず、上述の</u><u>/h/の音は聞こえません</u>。/p，k，t/の有気音以外は、英語の音はすべて無気音です。

単語例　🔘 track 6　🇺🇸　🔘 track 7　🇬🇧

	有気音	無気音
/p/	pocket, pot	top, triple, sport
/k/	kitchen, cat	back, picture, skate
/t/	talk, tell	bat, little, stake

有気音の/pʰ/の息

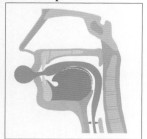

無気音の/p/の息

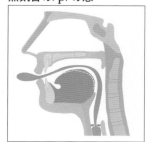

（p. 81 参照）

§4 | 子音の無声化

特定の有声音が語頭や語末など、位置によって部分的に無声化することがあります。

1. 有声音の破裂音/b, g, d/、摩擦音/z, v, ð, ʒ/、破擦音/dʒ, dz/では、語頭と語末で次のように無声化が起こります。無声化が行われても、あくまでも軟音*で、無声音とは違います。無声化の発音記号は/ ˳/と表します。

   ※硬音と軟音
   　硬音：呼気の勢いが強くて、声道（p. 24参照）が緊張して狭めが強い音。無声音はすべて硬音です。
   　軟音：呼気の勢いが弱くて、声道の緊張や狭めが比較的弱い音。

   (1) 語頭の破裂音/b, g, d/、摩擦音/z, v, ð, ʒ/、破擦音/dʒ, dz/
   　　各音の前半（出だし部分）が無声で後半（語末）が有声になります。

   前半の/b˳/　　　　後半の/b/

   声帯がふるえない　　声帯がふるえる　　　　　　　　（発音記号、紫色はアメリカ発音）

   bag [b˳bǽg] 袋、**guitar** [g˳gɪtɑ́ː(ɑ́ɚ)] ギター、**dog** [d˳dɔ́ːg] 犬、**zero** [z˳zíːrəʊ(oʊ)] ゼロ
   violin [v˳vàɪəlín)] バイオリン、**though** [ð˳ðóʊ(óʊ)] しかし、**gym** [dʒ˳dʒím)] ジム

   (2) 語末の破裂音/b, g, d/、摩擦音/z, v, ð, ʒ/、破擦音/dʒ, dz/
   　　各音の前半が有声で後半が無声になります。

   前半の/g/　　　　後半の/g˳/

   声帯がふるえる　　　　声帯がふるえない

   bag [bǽgg˳] 袋、**plod** [plɔ́(ɑ́)dd˳] 重い足取り、**advise** [ədváɪzz˳] 助言する
   dove [dʌ́vv˳] 鳩、**bathe** [béɪðð˳] 入浴する、**massage** [məsɑ́ːʒʒ˳] マッサージ
   change [tʃéɪndʒdʒ˳] 変える、**cards** [kɑ́ː(ɑ́ɚ)dzdz˳] カード（複数形）

   　語末の有声音でも/dʒ/など、人によっては、まったく声帯をふるわせないで発音する人もいますが、母音の長さが、有声音の前のほうが無声子音より長いことで、ネイティヴは聞き分けます。（母音 p. 131 参照）また、声帯がふるえなくてもあくまで軟音であり、無声音の/tʃ/のほうが摩擦が強くしっかり発音されます。

2. 破擦音の/tr/ /dr/の/r/は前半が無声化します。

   前半の/r˳/　　　　後半の/r/

   treat [tr˳íːt] 取り扱う、**country** [kʌ́ntr˳i] 国、**Patric** [pǽtr˳ɪk] パトリック（人名）
   dream [dr˳íːm] 夢、**cathedral** [kəθíːdr˳əl] 大聖堂

3. 有声破裂音と次に続く他の子音の連結で、前の有声破裂音が無声化します。
   obtain [əbb˳tʰéɪn] 得る、**grab tightly** [grǽbb˳tʰáɪtli] きつく握る
   and that [əndd˳ðət] しかも、**made these** [meɪdd˳ðíːz] これらを作った
   absorb water [əbsɔ́ː(ɔ́ɚ)bb˳wɔ́ːtə(ɚ)] 水を吸収する、**big jar** [bígg˳dʒɑ́ː(ɑ́ɚ)] 大きなびん

4. その他、語中の無声破裂音のあとの/r/、/l/の前半が無声化します。
   please [pl˳íːz] どうぞ、**cry** [kr˳áɪ] 叫ぶ

§5 ｜ 子音の出現頻度

　下記の統計によると、/n/、/t/、/d/の出現頻度が高いことがわかります。これらの音は特に日本語との違いに注意して練習してみてください。

/n/：7.85%	/ð/：3.56%	/z/：2.46%	/h/：1.46%	/dʒ/：0.60%
/t/：6.42%	/r/：3.51%	/v/：2.00%	/ŋ/：1.15%	/tʃ/：0.41%
/d/：5.14%	/m/：3.22%	/b/：1.97%	/g/：1.05%	/θ/：0.37%
/s/：4.18%	/k/：3.09%	/f/：1.79%	/ʃ/：0.96%	/ʒ/：0.10%
/l/：3.66%	/w/：2.81%	/p/：1.78%	/j/：0.88%	

（"An introduction to the pronunciation of English" A. C. Gimson著より）

§6 ｜ 子音の発音で留意すべき点

　実際に発音練習をする前に、以下のことをおさえておきましょう。

1. 子音を正しく発音するために必要なこと（第2章より）
   - スタート時には舌根を下げ、口角を引き締める。
   - お腹のインナーマッスルを使って強く息を吐き、子音をきちんと発音する。（cf. p. 35）
   - 日ごろから舌筋と口輪筋（口の周りの筋肉）を鍛える。（cf. 第2章　pp. 45～49）
2. 口や舌の形を覚える。
   後舌部の中央がくぼむ音素が多い。（舌根を下げ、喉頭蓋を上げて喉を開くため）
3. 調音部位と調音様式を意識して発音する。
4. 子音間や語末に母音を入れない。（×blue ブゥルー　and アンドォ）

1. スタートポジションの口

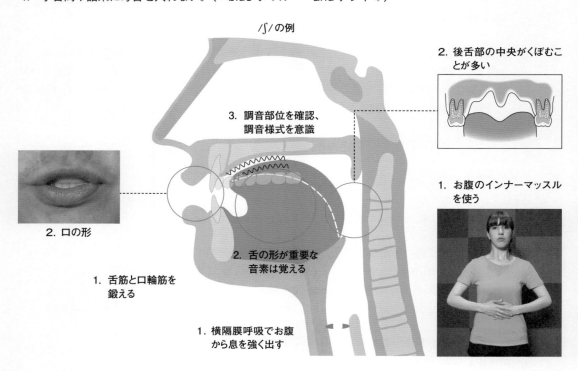

/ʃ/の例

2. 後舌部の中央がくぼむことが多い

3. 調音部位を確認、調音様式を意識

1. お腹のインナーマッスルを使う

2. 口の形

2. 舌の形が重要な音素は覚える

1. 舌筋と口輪筋を鍛える

1. 横隔膜呼吸でお腹から息を強く出す

子音§1 **鼻音**

Consonants § 1 **Nasals**

- -

1 /m/

2 /n/

3 /ŋ/

唇や舌によって口の中をふさぎ、
鼻から息を出して発音する音です。

§1 | 鼻音 Nasals /m/, /n/, /ŋ/

1 | /m/ 【有声音・鼻音】 (me [míː])

調音部位 ▶ 両唇

両唇を合わせて口から出る息をふさぎ、鼻から息を出してつくる音です。

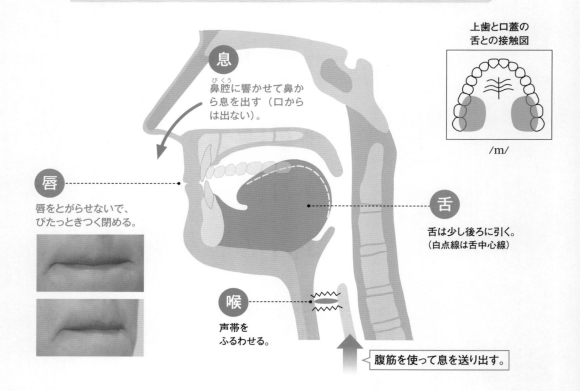

息
鼻腔（びくう）に響かせて鼻から息を出す（口からは出ない）。

唇
唇をとがらせないで、ぴたっときつく閉める。

舌
舌は少し後ろに引く。（白点線は舌中心線）

喉
声帯をふるわせる。

◀ 腹筋を使って息を送り出す。

上歯と口蓋の舌との接触図

/m/

/m/ つづりと単語例 ▶ Video 🇬🇧 🇺🇸　　　　　　　　（発音記号：紫色はアメリカ発音）

基本	m	**me** [míː] 私を(に)、**mum** (英) [mʌ́m] / **mom** (米) [mɑ́m] ママ、**moon** [múːn] 月
		tomato [təmáːtəʊ/təméɪtoʊ] トマト、**tomorrow** [təmɔ́rəʊ/təmáː(ː)roʊ] 明日
		room [rúːm] 部屋、**warm** [wɔ́ːm/wɔ́ːᵊm] 暖かい、**comfort**※ [kʰʌ́mᵖfət/kʰʌ́mᵖfəᵗt] なぐさみ
		※/m/と/f/の間にわたり音として/p/がかすかに入ります。辞書には書いてありません。
その他	mm	**mummy** (英) [mʌ́mi] / **mommy** (米) [mɑ́mi] ママ、**summer** [sʌ́mə/sʌ́məᵊ] 夏

◆◆ 「マ行」と/m/の比較

◆音の違い：/m/は日本語の「マ行」子音を強めに発音した音です。日本人の/m/は短く、弱く、聞こえがちです。口を閉じて鼻から息を出すことを意識してください。

◆注意点：Tomのように語末に/m/がくる場合、母音をつけて「ム」のように発音しないようにしましょう。語末の/m/を強調するときは、口を閉じた状態を長めに保ち、鼻から息を出します。

2 /n/ 【有声音・鼻音】　(noon [núːn])

調音部位　歯茎と舌

子音の中では最頻出の音素。歯茎の内側に舌の縁を合わせることによって、
口から出る息をふさぎ、鼻から息を出してつくる音です。

 息

鼻腔に響かせて鼻から息を出す（口からは出ない）。

 舌

舌の筋肉に力を入れ、中央はスプーン状にへこませる。舌の縁をぐるりと歯茎にしっかりつけ、息が口からもれないようにせき止める。

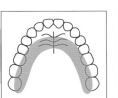

/n/

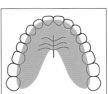

「ナ、ヌ」

唇

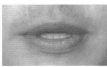

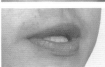

口は自然に開ける。

---- 「ニ」舌中心線
—— /n/の舌中心線

後舌

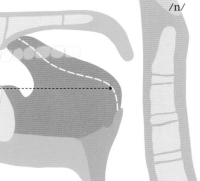

後舌部の中央はくぼむ

喉

声帯をふるわせる。

「ニ」と/n/の比較

/n/ つづりと単語例　▶ Video 🇬🇧 🇺🇸　（発音記号：紫色はアメリカ発音）

基本	n	none [nʌ́n] 何も…ない、money [mʌ́ni] お金、noon [núːn] 正午、novel [nɔ́v(ə)l/nɑ́(ː)v(ə)l] 小説
		linen [línən] 亜麻布、banana [bənáːnə/bənǽnə] バナナ、dance [dάːns/dǽns] ダンス
		run [rʌ́n] 走る、pronunciation※ [pʰrənʌ̀nˈsiéɪʃən] 発音
		conscious※ [kʰɔ́nˈʃəs/kʰɑ́nˈʃəs] 気づいて、menthol※ [ménˈθɔːl] メンソール
		answer※ [ɑ́ːnsə, ǽnsə(ɚ)] 答え
		※/n/と/s/ /ʃ/ /θ/の間にわたり音として/t/がかすかに入ります。
その他	nn	manner [mǽnə/mǽnɚ] 方法

◆◆「ナ行」と/n/の比較

◆舌の触れる場所：語頭の/n/は舌端と縁だけを後部歯茎につけ、舌全体に力をためて「ンヌ」と発音します。日本語の「ナ行」は、右上の図にあるように、舌の広い部分が後部歯茎や口蓋に触れていて緊張を伴いません。

◆音の違い：日本人は語中や語末の/n/を、舌先が歯茎に触れない「ン」で発音しがちです。penやdanceが「ペン」「ダンス」にならないように。必ず舌端を後部歯茎にしっかりあて、鼻から息を出す/n/で発音しましょう。

◆注意点：日本語の「ニ」は特に舌が歯茎や口蓋に広く触れるため、/níː/とはかけ離れた音になります。また、語末の/n/は口を閉じると/m/になってしまいますので注意しましょう。

調音部位 軟口蓋と舌

後舌部を軟口蓋にぴたりとあてることによって、口から出る息をふさぎ、
鼻から息を出してつくる音です。

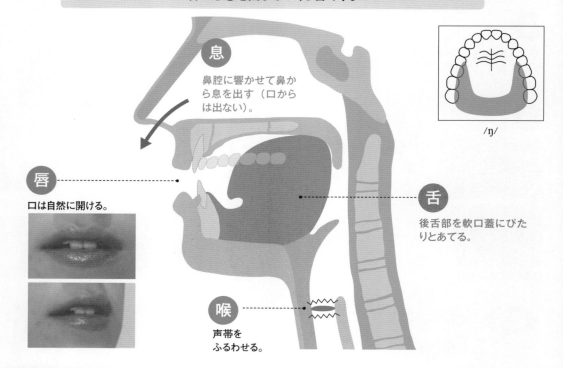

息

鼻腔に響かせて鼻か
ら息を出す（口から
は出ない）。

/ŋ/

唇

口は自然に開ける。

舌

後舌部を軟口蓋にぴた
りとあてる。

喉

声帯を
ふるわせる。

/ŋ/ つづりと単語例 ▶ Video 🇬🇧🇺🇸

（発音記号：紫色はアメリカ発音）

基 本 **ng** **king** [kʰíŋ] 王、**ring** [ríŋ] 指輪、**long** [lɔ́ŋ/lɔ́ːŋ] 長い、**young** [jʌ́ŋ] 若い
singing [síŋɪŋ] sing(歌う)の現在分詞形、**strengthen**※ [stréŋᵏθən] 強める

その他 **n** **anchor** [ǽŋkɚ(ɚ)] いかり、**angry** [ǽŋgri] 怒った、**donkey** [dóŋki/dá(ː)ŋki] ろば
pink [pʰíŋk] ピンク色、**uncle** [ʌ́ŋkl] おじ、**longer** [lóŋgɚ/lɔ́ːŋgɚ] long(長い)の比較級
hunger [hʌ́ŋgɚ(ɚ)] 飢え

※/ŋ/と/θ/の間にわたり音として/k/がかすかに入ります。

◆◆ 「ング」と/ŋ/の比較

◆音の違い：/ŋ/は「リンゴ」という際に「リン」で止めたときの「ン」の音を強めに発音した音です。

◆注意点：ring、king、singのような語末の-ngには「ング」のように「グ」をつけないように注意しましょう。

◇◇ 語中と語末の-ngの発音の違い

• hunger、angryなどの語中の-ngと、形容詞の比較級・最上級に含まれる-ngは/ŋg/と、/g/をつけて発音します。
例）longは/ŋ/ですが、比較級・最上級longer-longestは/ŋg/。 youngも同様。

• 例外：動詞の進行形の-ngや、-erが語末についた場合は、-ngが語中であっても、発音は/ŋ/です。
例）**sing-singing-singer** ring、swingも同様。

子音§2　**側音**

Consonants §2　**Lateral**

4 /1/

舌の中央をふさぎ、その両側から出す音です。
/1/の発音には、下記の2種類があります。

「明るい /1/（clear/1/）」と「暗い /1/（dark/1/）」の使い分け

位置	例	イギリス発音	アメリカ発音
強母音の前	leaf	明るい /1/	暗い /1/
語末※	all	暗い /1/	
子音、弱母音の前	help		

※語末の /1/ でも、次に母音から始まる語が続くときは明るい /1/ になります。

feel it　　all over　　will you

§2 | 側音 Lateral /l/

4 /l/ 【有声音・側音】 (love [lʌv])

調音部位 ▶ 歯茎と舌

舌先を前歯茎にしっかりあて、息を舌の両側から出すことによってつくる音です。
イギリス発音の /l/ には「イ」のような音色の明るい /l/ と「ウ」のような音色の
暗い /l/ があります。アメリカ発音では、一般に暗い /l/ を使います。

4-1 イギリス発音 明るい /l/

「イ」（正確には母音 30. /ɪ/）と同じように後舌部を下げた舌のかまえから、
舌先を伸ばし、歯茎にしっかりつけます。明るい /l/ は /ɪ/ と似た音質をもちます。

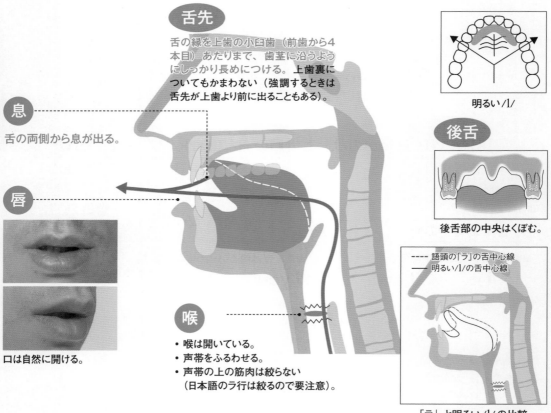

舌先
舌の縁を上歯の小臼歯（前歯から4本目）あたりまで、歯茎に沿うようにしっかり長めにつける。上歯裏についてもかまわない（強調するときは舌先が上歯より前に出ることもある）。

明るい /l/

後舌
後舌部の中央はくぼむ。

- - - - 語頭の「ラ」の舌中心線
——— 明るい /l/ の舌中心線

「ラ」と明るい /l/ の比較

息
舌の両側から息が出る。

唇

口は自然に開ける。

喉
- 喉は開いている。
- 声帯をふるわせる。
- 声帯の上の筋肉は絞らない（日本語のラ行は絞るので要注意）。

明るい /l/ つづりと単語例 ▶ Video 🇬🇧 のみ

基 本	I	lung [lʌŋ] 肺、lamb [lém] 子羊、land [lénd] 陸(地)、leaf [líːf] 葉、live [lív] 住む
		love [lʌv] 愛、learn [lɚ́ːn] 学ぶ、lose [lúːz] 失う
その他	II	collect [kəlékt] 集める、allow [əláʊ] 許す

4-2 英米共通 暗い /l/

「ウ」（正確には母音 **37.** /ʊ/）と同じように後舌部を上げた舌のかまえから、
舌先を伸ばし、歯茎につけます。暗い /l/ は /ʊ/ と似た音質をもちます。

舌先

- 舌の縁を上歯の側切歯（前歯から2本目）あたりまで歯茎に沿うように長めにつける。
- 明るい /l/ に比べて舌先の位置が多少歯茎の後方にずれる。

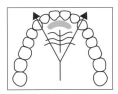

暗い /l/

> イギリス発音では、舌の奥両脇が軟口蓋に接触したあたりを震わせる。

息

舌の両側から息が出る。

後舌

- 後舌部を少し持ち上げる。**37.** /ʊ/ の舌のかまえとほぼ同じにする。
- 後舌部の中央はくぼむ。

唇

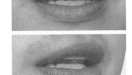

口は自然に開ける。

喉

- 喉は開いている。
- 声帯をふるわせる。
- 声帯の上の筋肉は絞らない（日本語のラ行は絞るので要注意）。

> アメリカ発音では、共鳴スポットCのあたりを震わせる。

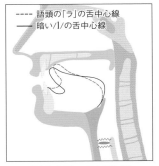

---- 語頭の「ラ」の舌中心線
—— 暗い /l/ の舌中心線

「ラ」と暗い /l/ の比較

暗い /l/-1 つづりと単語例 ▶ Video 🇬🇧 🇺🇸	（発音記号：紫色はアメリカ発音）

基　本 I	**colour** (英)/**color** (米) [kʰʌ́lə(ɚ)] 色、**early** [ə́ː(ɚː)li] 早い、**culture** [kʰʌ́ltʃə(ɚ)] 教養
	soul [sóʊl/sóʊl] 魂、**world** [wə́ː(ɚː)ld] 世界、**little** [lítl] 小さい
その他 II	**all** [ɔ́ːl] すべての、**will** [wíl] 〜でしょう、**tell** [tʰél] 話す

暗い /l/-2 つづりと単語例 ▶ Video 🇺🇸 のみ	

基　本 I	**lung** [lʌ́ŋ] 肺、**lamb** [lǽm] 子羊、**land** [lǽnd] 陸(地)、**leaf** [líːf] 葉、**live** [lív] 住む
	love [lʌ́v] 愛、**learn** [lɚ́ːn] 学ぶ、**lose** [lúːz] 失う
その他 II	**collect** [kəlékt] 集める、**allow** [əláʊ] 許す

◆◆「ラ行」と/l/の比較

◆舌の触れる場所：/l/は、舌先を歯茎につけて発音します。日本語の「ラ行」は、舌の緊張がないために、歯茎より1センチ ぐらい奥に舌先が口蓋に触れます。
◆音の響く場所：/l/は、喉を開け、肺からの空気が歯茎に触れた舌先にたまる感じになります。「ラ行」は、声帯の上の筋 肉を少し絞るため、声帯の上に音が集まります。
◆注意点：日本語の「ラ行」は、すぐに舌先をたたいて離します。英語の/l/は、音を出している間、息が舌の両脇から流 れるのを感じるまで歯茎にしっかりあてます。

●舌先を歯茎につけない/l/の発音
　アメリカ発音やロンドン近郊の河口域英語(Estuary English)では母音のあとにくる暗い/l/は舌先が歯茎に触 れず、後舌母音のように発音することが多いため、日本人には「ウ」や「オ」のように聞こえます。たとえば、milk bottle[mílk bɔ́tl]が、[míok bóto]になります。

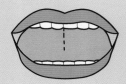

明るい/l/の舌　　　　　暗い/l/の舌

　また、always, already, almostのような/ɔː/の後の/l/は、ナチュラルスピードの会話では、英米とも舌先を 前歯茎につけないで、/ɔː/の後に、/l/の音を、イギリス英語は軟口蓋とした後部両脇、アメリカ英語は首の下つ け根あたりを絞って発音します。下記の緊張母音＋/l/の/l/もナチュラルスピードでは舌先を歯茎につけません。

●緊張母音＋/l/
　下記のように、発音時に唇の緊張を伴う母音(緊張母音)の後に/l/が続くとき、間にあいまい母音/ə/を入れる と発音しやすくなります。これは、緊張母音の緊張が取れたときに、あいまい母音/ə/が現れる(vowel breaking) からです。
　長母音　　/əː/ /iː/ /uː/ /ɔː/ /ɑː/
　二重母音　/eɪ/ /ɔɪ/ /aɪ/ /aʊ/ /əʊ/ /oʊ/ /juː/ /ɛː/
　R性母音　/ɑʴ/ /ɪəʴ/ /ɔʴ/ /eəʴ/ /ʊəʴ/ /əːʴ/

> 例)
> girl(英)[gə́ːˀl] 女の子　feel[fíːˀl] 感じる　hole[hóʊ(óʊ)ˀl] 穴　all[ɔ́ːˀl] すべて　snarl(英)[snɑ́ːˀl] うなる
> hail[héɪˀl] あられ　boil[bɔ́ɪˀl] 煮る　isle[áɪˀl] 島　owl[áʊˀl] フクロウ　pool[púːˀl] プール

※ あいまい母音/ə/の代わりに半母音を入れても同様に発音できます。(第5章　1節　§4参照)
　口を丸める母音/uː/、/ʊ/、/aʊ/、/əʊ(oʊ)/)の次に母音や/l/が続く時、間に半母音/w/が入る。
　緊張母音/iː/、/ɪ/、/eɪ/、/aɪ/、/ɔɪ/の次に母音または/l/が続くとき、間に半母音/j/が入る。

◆◆ 音節主音的子音　Syllabic Consonants

◆鼻音/m/ /n/ /ŋ/ 側音/l/の前の/ə/は、省略されて、次の鼻音・側音が長く発音されて音節化することがあります。 それをケンブリッジ大学では/ə/で表します。
　-tion[ʃən]→[ʃ ̩n]，-ment[mənt]→[m ̩nt]
　rhythm[rí ð m̩] リズム　eaten[íː t n̩] eatの過去分詞　even[íː v n̩] さらに
　people[píː p l̩] 人々　awful[ɔ́ː f l̩] 恐ろしい　important[ɪm pɔ́ː t n̩ t] 重要な

半母音

Consonants § 3　**Semivowels**

5　/r/

6　/w/

7　/j/

半母音といわれるわけ

　/r/ /w/ /j/と側音/l/は、母音と子音の摩擦音の中間にある近接音（approximant）という分類があります。

　母音は、ストレートに肺から息が出る音で、子音は調音器官を通るため、何らかの妨げがあって、息が口から出ます。/r/、/w/、/j/と側音/l/は、母音と子音の摩擦音の間にあるので、母音と違って、調音器官によるすれすれの摩擦があります。

　/r/イギリス発音では喉頭と舌根、アメリカ発音では咽頭と後舌

　/w/両唇

　/j/舌の両脇と口蓋

で摩擦が起きます。

　また、必ず次には母音が続き、次の母音の構えにすぐに移行するので、移行音（Glide）とも呼ばれます。

5　/r/【有声音・半母音】　　　　　　　　　　　　(rich [rítʃ])

調音部位　喉・舌・後部歯茎

/r/ には、舌先を上げて発音する「そり舌」（イギリス、一部アメリカ）と
舌の中心をもり上げる「もり上がり舌」（アメリカ）の2種類があります。

5-1　イギリス発音 そり舌 /r/

腹筋を緊張させ、舌奥両端を奥歯につけ、声帯の下（喉頭）の筋肉を絞ることで、
舌中央部が喉奥に引っ張られてくぼみ、舌先が上がってつくられる音です。
「ウ」と「ル」の間のような音で、後ろにくる母音によって舌のかまえが変化します。
首前の声帯下部を触ると振動が伝わります。

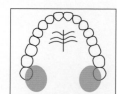

そり舌 /r/

舌

- 喉頭の筋肉が収縮するために、舌中央部が
  引っ張られ、くぼむ。
- 舌先が持ち上がり、歯茎後部または硬口
  蓋に近づくが、どこにも触れない。そのため、
  息は何の障害もなしに舌中央を通る。
- 舌全体が緊張している。

後舌

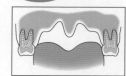

- 後舌部の両脇が上の
  奥歯に思いっ切り触れ、
  空間を狭くする。
- 後舌部の中央はくぼむ。

唇

口輪筋を緊張させることに
よって、唇がとがります。
上唇は、必ず歯茎から、紙
一枚でも離れていなければ
なりません。

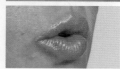

頬から下あごに緊張があ
り、唇を突き出す動きを
固定する感じ。

喉

- 声帯の下あたりの、喉の筋
  肉を軽く絞り、振動させる。
- 声帯をふるわせる。

 つづりと単語例は、p. 74 にあります。

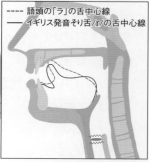

----- 語頭の「ラ」の舌中心線
―― イギリス発音そり舌/r/の舌中心線

「ラ」とイギリス発音そり舌 /r/ の比較

◆◆「ラ行」と/r/の比較

◆ 舌の触れる場所：/r/は口蓋に舌先が触れませんが、日本語の語頭の「ラ」では舌先が歯茎後部に軽く触れます。語中の「ラ」
は舌先が歯茎に軽く短く触れ、はじいて離れます。12. /t/ 13. /d/ の説明にある「たたき音」に近い音
です（p. 89 参照）。

半母音

5

r

米

アメリカ発音の /r/ にはもり上がり舌とそり舌がありますが、音に違いはありません。

5-2 アメリカ発音 もり上がり舌 /r/

腹筋を緊張させ、後舌部を奥歯よりも後ろの歯肉にあて、首上つけ根の喉（咽頭）の筋肉を縮めることで、
舌中央部が喉奥に引っ張られてくぼみ、舌先が下がってつくられる音です。
「ウ」と「ル」の間のような音で、後ろにくる母音によって舌のかまえが変化します。

 舌
- 後舌部が後ろに引かれ、舌中心部がスプーン状に低くなるように舌は縮む。
- 舌中央部が持ち上がり、歯茎後部または硬口蓋に近づくが、触れない。そのため、息は何の障害もなしに舌中央を通る。
- 舌全体が緊張している。

もり上がり舌 /r/

後舌

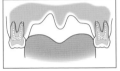

- 舌根を後ろにぐっと引いて、咽頭を圧迫（咽頭化）することによって、音が響くようになる。
- 後舌部の両脇は上の奥歯の後ろ（上顎結節）に思いっ切り触れる。
- 後舌部の中央はくぼむ。

 唇

口輪筋を緊張させることによって、唇がとがります。上唇は、必ず歯茎から、紙一枚でも離れていなければなりません。

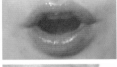
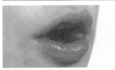

頬から下あごに緊張があり、唇を突き出す動きを固定する感じ。

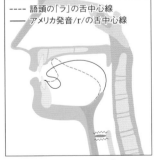

---- 語頭の「ラ」の舌中心線
——— アメリカ発音/r/の舌中心線

「ラ」とアメリカ発音
もり上がり舌 /r/ の比較

舌先

舌先を下げて後ろに引っ込める。

/r/ の発音はアメリカ母音の 55. /ɚ:/ 56. /ɚ/ とまったく同じメカニズムです。

 喉

- 舌根から声帯上部（咽頭）の筋肉を少し絞る。
- 声帯をふるわせる。

つづりと単語例は、p. 74にあります。

半母音

5

r

5-3 アメリカ発音 そり舌 /r/

腹筋を緊張させ、首上つけ根の喉（咽頭）の筋肉を縮めることで、舌中央部が喉奥に
引っ張られてくぼみ、舌先が上がってつくられる音です。唇は自動的に丸くなります。
「ウ」と「ル」の間のような音で、後ろにくる母音によって舌のかまえが変化します。
首前の声帯上部を触ると振動が伝わります。

 舌
- 舌の中央部を低くし、スプーン状になるように舌を縮める。
- 舌先が持ち上がり、歯茎後部または硬口蓋に近づくが、触れない。
- 息は何の障害もなしに舌中央を通る。

アメリカ発音 そり舌 /r/

 唇

口輪筋を緊張させることによって、唇がとがります。
上唇は、必ず歯茎から、紙一枚でも離れていなければなりません。

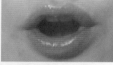

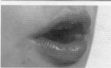

頬から下あごに緊張があり、唇を突き出す動きを固定する感じ。

 後舌

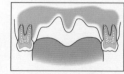

- 舌根をぐっと引いて、咽頭を圧迫（咽頭化）することによって、音が響くようになる。
- 後舌部の両脇は上の奥歯に思いっ切り触れる。
- 後舌部の中央はくぼむ。

 喉
- 舌根から声帯上部（咽頭）の筋肉を少し絞る。
- 声帯をふるわせる。

---- 語頭の「ラ」の舌中心線
—— アメリカ発音そり舌/r/の舌中心線

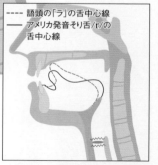

「ラ」とアメリカ発音そり舌/r/の比較

/r/の発音はアメリカ母音の55. /ɚː/ 56. /ɚ/
とまったく同じメカニズムです。

半母音

5

r

| /r/ つづりと単語例 | ▶ Video 🇬🇧 🇺🇸 | （発音記号：紫色はアメリカ発音） |

基本 r　**ring**[ríŋ] 指輪、**run**[rʌ́n] 走る、**rule**[rúːl] 規則、**reach** [ríːtʃ] 着く、**rich** [rítʃ] 金持ち（の）
　　　　red [réd] 赤色（の）、**rocket** [rɔ́kɪt/rɑ́(ː)kɪt] ロケット、**brother** [brʌ́ðə(ɚ)] 兄弟、**brew** [brúː] 醸造する
　　　　grass [grɑ́ːs/grǽs] 草（地）、**abroad** [əbrɔ́ːd] 外国へ

その他　**rr, rh, wr**　**marry** [mǽri] 結婚する、**rhythm** [ríðm] リズム、**wrap** [rǽp] 包む

イギリス発音とアメリカ発音/r/の比較

1.「母音＋r」はアメリカ発音だけ。

　アメリカ発音では母音の前(red)、母音間(separate)、母音のあと(car)の r がすべて発音されますが、イギリス発音では母音の前、母音間のみで、母音のあとのrは発音されません。アメリカ発音にある「母音＋r」(/ɑɚ/、/ɪɚ/、/ʊɚ/、/eɚ/、/ɔɚ/)はイギリス発音では、/ɑː/、/ɪə/、/ʊə/、/eə/、/ɔː/になります。

2.舌を巻く(そり舌)かどうか。

　アメリカ発音の/r/の音は、/ɚː/と音声的に同じ性質をもちます。/ɚ/と同じく、大きく分けるともり上がり舌(5-2)とそり舌(5-3)の2つの発音のしかたがありますが、もり上がり舌で発音する人が多いようです。

　イギリス発音ではそり舌が使われます。アメリカ発音のそり舌では舌根が咽頭壁に引っ張られて、咽頭が圧迫される咽頭化が起こるため、音が響いて聞こえますが、イギリス発音では咽頭が圧迫されません(5-1)。そのため、イギリス発音は喉の奥深く、声帯のすぐ上あたりの喉の筋肉が収縮し、アメリカ発音では舌根から声帯上部の筋肉が収縮します。

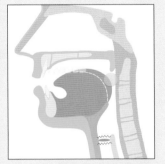

アメリカ発音のもり上がり舌

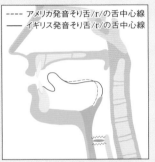

---- アメリカ発音そり舌/r/の舌中心線
── イギリス発音そり舌/r/の舌中心線

アメリカ発音とイギリス発音の比較

● なぜ日本人にとって/r/と/l/の聞き分けは永遠のテーマなのでしょうか。

　日本語の「ラ行」の存在が原因です。ネイティヴが「ラ行」を聞くと、/r/にも/l/にも聞こえるそうです。舌先を口蓋につけるので、/l/に聞こえると思われがちですが、「ラ行」は、声帯の上を絞るために/r/に聞こえ、舌先が口蓋につく分が/l/に聞こえるわけです。私たちは、「ラ行」を言っている際、/r/と/l/の両方の音を発音しているわけです。それがまた、日本人にとって、/r/と/l/の聞き分けが難しい理由になっています。聞き分けのポイントとしては、音が口の前のほうから聞こえるのが/l/、喉奥でこもって聞こえるのが/r/です。このことを踏まえて、何度も発音し、また聞き取ってみて体得することです。

● 最初に「ウ」をつけないようにしましょう。

　英語圏の幼児にとっても/r/の発音は難しいようで、完全に発音できるまで/w/で代用するそうです。日本人も「ゥライト」(right)と/r/の前に「ウ」をつけて発音する人がいますが、ネイティヴには未熟な幼児語に聞こえるので避けましょう。「ウ」のように聞こえる音は、喉奥(イギリス発音は喉頭、アメリカ発音は咽頭)を収縮して出すうなる音です。(第2章 p. 47「Rの発音のための筋トレ」参照)また、舌中央がくぼむことも大変重要です。舌根を下げて喉を開くあくびのポーズを維持して、にごらない/r/の音を目指してください。ただ、後舌部を後ろに引くだけでは、ネイティヴの澄んだ/r/にはなりません。

半母音

5

r

調音部位▶ 唇と舌

腹筋を緊張させ、後舌部を後ろにぐっと引くことによって口がすぼまり、舌の引きが戻るときに、すぼんだ口が緩みながら次の母音のかまえに急速に移行します。「ワ行」の母音が抜けた音です。

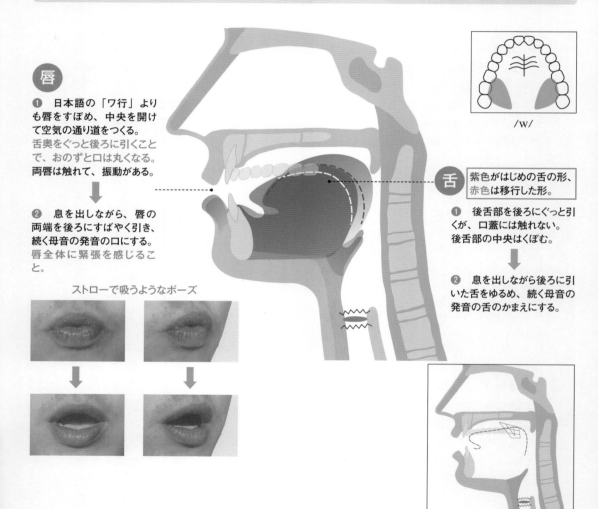

/w/

唇

❶ 日本語の「ワ行」よりも唇をすぼめ、中央を開けて空気の通り道をつくる。
舌奥をぐっと後ろに引くことで、おのずと口は丸くなる。両唇は触れて、振動がある。

❷ 息を出しながら、唇の両端を後ろにすばやく引き、続く母音の発音の口にする。唇全体に緊張を感じること。

ストローで吸うようなポーズ

舌　紫色がはじめの舌の形、赤色は移行した形。

❶ 後舌部を後ろにぐっと引くが、口蓋には触れない。後舌部の中央はくぼむ。

❷ 息を出しながら後ろに引いた舌をゆるめ、続く母音の発音の舌のかまえにする。

「ウ」の舌中心線

半母音

6

w

/w/ つづりと単語例　▶ Video 🇬🇧🇺🇸

（発音記号：紫色はアメリカ発音）

基　本　**w**　**wall** [wɔ́ːl] 壁、**walk** [wɔ́ːk] 歩く、**woo** [wúː] 求愛する、**will** [wíl] 〜でしょう、**wool** [wúl] ウール
　　　　　　wood [wúd] 木材、**sweet**※ [swíːt] 甘い

その他　**u**　**quiet**※ [kʰwáɪət] 静かな、**language**※ [lǽŋgwɪdʒ] 言語、**distinguish**※ [dɪstíŋgwɪʃ] 区別する
　　　　　　persuade※ [pə(ə˞)swéɪd] 説得する、**suite**※ [swíːt]（ホテルなどの）続き部屋

例　外　**wh**　**what** [wɔ́t/w(ɑ́(ː)、ʌ)t] 何　　　**o** **once** [wʌ́ns] 一度

※の太字部分の前の子音は、口の形に注意。後続の/w/の影響で前の音が/w/の口の形をとります。

◆◆ 「ウ」「ワ」と/w/の比較

◆音の響く場所：子音の/w/と母音の「ウ」と/ʊ/を混同しないようにしましょう。母音は、息が口の中で妨害を受けることなく、口の中央を通って外へ出て、声帯をふるわせる音です。/w/は子音であり、<u>唇をとがらせ、空気の通り道</u>を狭めてから、唇両端を引くことによって出る音だということを覚えておきましょう。

◆注意点：日本語の「ワ」は、/w/に比べて唇と頬の緊張が緩く、次に口角を引くこともありませんので、/w/の代用にはまったくなりません。日本語のワ行 (wa wi wu we wo) の今はなくなった、ワゥ(wu)にあたる音です。

難しい単語の発音　1

1. /w/ + /uː/　**woo** [wúː]　　　**2.** /w/ + /ʊ/　**woman** [wúmən]、**wood** [wúd]

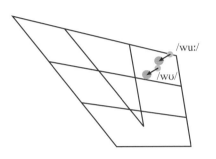

　　/w/の舌の高さは、次に続く母音によって変化します。/uː/、/ʊ/は舌の位置が高い後舌母音ですが、/uː/、/ʊ/があとに続く/w/は、さらに舌の高さが高く、奥に引き上げる感じになります。/uː/、/ʊ/はそれぞれ狭い円唇、やや狭い円唇ですが、/w/は/uː/、/ʊ/の前では、さらに円唇にしてとがらせます。

　　下の写真を参照してください。/w/から/uː/で、唇のとがらせ方がゆるやかになり、開いた感じになります。/ʊ/も同様に、/w/より少し開き気味になります。

注意：/w/は両唇が触れているので、指をあてると振動があります。母音の/uː/、/ʊ/は唇が触れていないため振動がありません。練習として唇のふるえを意識して/w/を長めに発音し、次に唇を開いて母音を発音してみます。慣れたら/w/を短めにしてください。

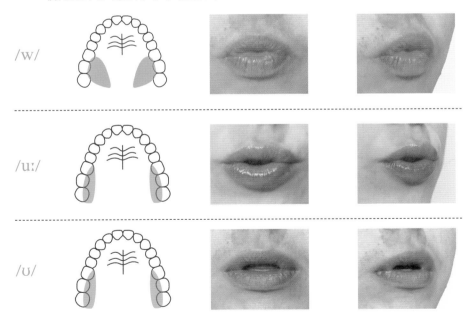

/w/の発音には、口輪筋の養成が不可欠です。次の早口言葉（tongue twister）を何度も練習しましょう。

🔘 track 8　🇺🇸　　🔘 track 9　🇬🇧

How much wood would a woodchuck chuck if a woodchuck could chuck wood?
háʊ　mʌ́tʃ　wúd　wúd　ə　wúdtʃʌk　tʃʌ́kʰ　ɪf　ə　wúdtʃʌk　kʰúd　tʃʌ́k　wúd

調音部位 硬口蓋と舌

舌の中央をへこませ、両脇を上歯の内側につけたあと、すぐに舌を下げて、次の母音のかまえに急速に移行することによってつくられる音です。頬の筋肉の緊張と、首つけ根の振動を感じましょう。口蓋と舌の両脇の間を摩擦する「イ」に似た音が聞こえます。

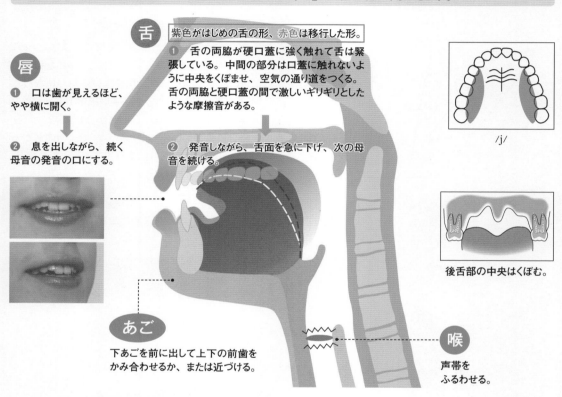

舌 紫色がはじめの舌の形、赤色は移行した形。

❶ 舌の両脇が硬口蓋に強く触れて舌は緊張している。中間の部分は口蓋に触れないように中央をくぼませ、空気の通り道をつくる。舌の両脇と硬口蓋の間で激しいギリギリとしたような摩擦音がある。

唇

❶ 口は歯が見えるほど、やや横に開く。

❷ 息を出しながら、続く母音の発音の口にする。

❷ 発音しながら、舌面を急に下げ、次の母音を続ける。

/j/

後舌部の中央はくぼむ。

あご

下あごを前に出して上下の前歯をかみ合わせるか、または近づける。

喉

声帯をふるわせる。

◎ /j/ の発音を正しくすると頬の筋肉が緊張します。

/j/ つづりと単語例 ▶ Video 🇬🇧 🇺🇸

(発音記号：紫色はアメリカ発音)

| 基　本 | **y** | **yen** [jén] 円、**yes** [jés] はい、**Yin** [jín] 陰、**year** [jíə(ɹ)] 年、**young** [jʌ́ŋ] 若い **canyon** [kʰǽnjən] 峡谷 |
| その他 | **i** | **million** [míljən] 100万、**opinion** [əpínjən] 意見、**onion** [ʌ́njən] 玉ねぎ |

◆◆「ヤ行」と/j/の比較

◆音の違い：日本語のヤ行（ya yi yu ye yo）で今は使われなくなった2番目のyiにあたります。ちなみに「ゑびす」のゑはyeの音です。

◆舌の触れる場所：/jɪ/、/je/の音は日本語にないため、日本人には特に困難な音です。/j/の舌は次に続く前舌母音/ɪ/、/e/の舌の位置より高くなるので、普通の/j/の位置よりさらに舌を硬口蓋に接近させて発音してから後続の母音を発音します。日本人は、year[jíə]を[íjɑ]、yes[jes]を[íes]のように/j/を抜かして発音する傾向があるので要注意です。

◆音の響く場所：唇を横に開いて力を入れると、左右のあごのつけ根のあたりがきりきりと締まるのがわかります。

難しい単語の発音　2

year と ear の違い

　/j/ の舌の高さは、次に続く母音によって変化します。/iː/、/ɪ/ は舌の位置が高い前舌母音で、/j/ は、/iː/、/ɪ/ が後続するときは、舌の位置をさらに高く引き上げます。このため、/j/ の摩擦音が聞こえることがあります。

　year の発音記号 [j í ə(ɚ)] は3つの発音記号で構成され、それぞれ違った音を発音しなくてはなりません。
　ear の発音記号 [í ə(ɚ)] は2つの発音記号で構成されています。year の /j/ を除いた発音記号です。
　母音図を使って表すと、次のような違いがあります。緑の矢印が year で、黄色の矢印が ear です。

注意：/j/ は後舌部両脇と口蓋奥がぴたりとあたっているので、指を首の上つけ根にあてると振動があります。母音の /i/、/ɪ/ は後舌部両脇と口蓋奥は軽く触れているだけで、呼気による振動がありません。練習として唇のふるえを意識して /j/ を長めに発音し、次に唇を開いて母音を発音してみます。慣れたら /j/ を短めに発音します。

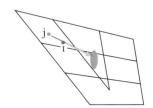

　上歯と舌の接触面の図を使うと次のようになります。

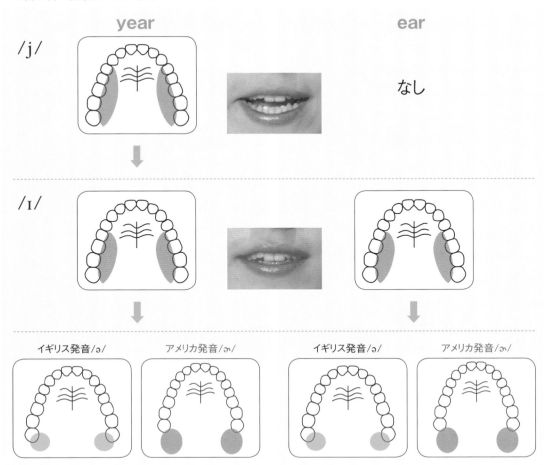

その他：**yeast** [jíːst] 酵母 —**east** [íːst] 東、**Yin** [jɪn] (陰陽の)陰 —**in** [ɪn] 中に

子音 §4　破裂音

Consonants § 4　**Plosives**

【無声音】	【有声音】
8 /p/	9 /b/
10 /k/	11 /g/
12 /t/	13 /d/

息の通る道を閉鎖したあと、急に開放し、破裂させて発音するため、
「閉鎖音（Stop）」ともいわれます。
それぞれどの部分を閉鎖するのかに注目しましょう。

§4 | 破裂音 Plosives /p/, /b/, /k/, /g/, /t/, /d/

| 8 | /p/ 【無声音・破裂音】 有声音は /b/ | (**p**o**p** [pʰɔ́p pʰáp]) |

調音部位 ▶ 両唇

両唇で息の通る道を完全に閉鎖したあと、息で急に開放し、唇で破裂させてつくる音です。
腹筋を使って、肺から息をはじく感じで送り出します。
/p/ には有気音と無気音の2種類があります。（cf. p. 60）

有気音の /pʰ/（aspirated p）

/p/, /p/＋半母音，/p/＋子音のあとに第1あるいは第2アクセントを受けた強い母音が続くとき

　/p/ の発音のために唇をはじいた直後（声帯は開いた状態）、声帯がすぐに閉じずに、/h/ に似た強い息の音が肺から一気に声帯を通って聞こえます。

無気音の /p/（unaspirated p）

/p/ が語末にあるとき、弱母音が続くとき、前に s がつくとき

　/p/ の発音のために唇をはじいた直後（声帯は閉じた状態）、有気音の /p/ のように /h/ に似た音は伴いません。

◆**有気音、無気音の対比** /p/

有気音		無気音	
pin	—	s**p**in	（s が /p/ の前につくときは無気音）
peak	—	s**p**eak	（s が /p/ の前につくときは無気音）
port	—	s**p**ort	（s が /p/ の前につくときは無気音）
su**pp**óse	—	sú**pp**er	（弱母音が続くので無気音）

唇

❶ 唇の両端を締め、ぴたりと合わせ、肺から送られた息を、唇でせき止めてためる。

❷ 息を出すときに、唇を強くはじいて**離す**。

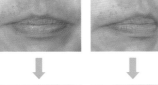

有気音の /pʰ/

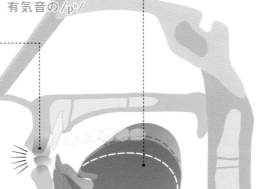

舌

❶ 舌に力が入りもり上がるが口蓋には触れない。

❷ 息を出すときに、舌はゆるみ、下がる。

無気音の /p/

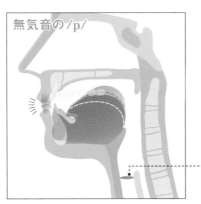

紫色がはじめの舌の形、赤色は移行した形。

/p/ が発音されたあと、すぐに声帯が閉じるので、/h/ に似た強い息の音が続かない。

喉

/p/ が発音されたあと、すぐに声帯が閉じずに、/h/ に似た強い息の音が肺から一気に声帯を通って続く。

| /p/ つづりと単語例　▶ Video 🇬🇧 🇺🇸 | （発音記号：紫色はアメリカ発音） |

〈有気音〉

基　本　**p**　　**pin** [pʰn] ピン、**pot** [pʰót/pʰát] ポット、**peal** [pʰíːl] はがす、**pan** [pʰǽn] 鍋

　　　　　　　party [pʰáː(áːɚ)ti] パーティー、**peak** [pʰíːk] 山頂、**pool** [pʰúːl] プール

　　　　　　　please [pʰlíːz] 喜ばす、**problem** [pʰrɑ́bləm/pʰrɑ́bləm] 問題

その他　**pp**　**suppose** [səpʰóuz/səpʰóuz] 思う

〈無気音〉

基　本　**p**　　**top** [tʰóp/tʰáp] 頂上、**map** [mǽp] 地図、**rope** [róu(óu)p] ロープ、**paper** [pʰéɪpə(ɚ)] 紙

　　　　　　　cup [kʰʌ́p] カップ、**sport** [spɔ́ː(ɚ)t] スポーツ

その他　**pp**　**supper** [sʌ́pə(ɚ)] 夕食

◆◆「パ行」と/p/の比較

◆音の違い：語頭の/p/は有気音で、唇をはじいたあと、声門を通って出る/h/のような強い息を生じる音です。日本語の「パ行」にはそのような音がなく、語頭でも無気音の/p/になるため、同じ無気音の/b/と誤解されることがあります。

◆音の響く場所：日本語の「パ行」より両唇をきつめに合わせ、舌と頬で口の中の空気を圧縮させ、勢いよくはじいてください。有気音のときは、喉から「ハ」と息を出すことを意識します。無気音では、「パ行」より少し強めに発音し、語末の/p/は「プ」のように母音が入らないように。また、前に母音がくる場合、happyを「ハッピー」のように、促音の「ッ」を入れて発音しないようにしましょう。

　/p/ /b/の発音には、口輪筋とお腹のインナーマッスルの養成が不可欠です。次のエクササイズを行いましょう。

1. /s/音から/sa/という練習を行います。（第2章 p. 35 参照）

2. 次のtongue twisterを練習しましょう。　⭕ track 10 🇺🇸　　⭕ track 11 🇬🇧

　　1回目はゆっくり読まれますので、一緒に発音してみましょう。2回目はナチュラルスピードで読まれますので、ポーズの間にリピートしてみましょう。

p

Peter　Piper　picked a peck of pickled peppers.

pʰíːtə(dɚ) pʰáɪpə(ɚ) pʰíkt(d) ə pʰék əv   pʰíkəld pʰépə(ɚ)z

How many pickled peppers did Peter　Piper　pick?

hɑʊ　méni　pʰíkld　pʰépə(ɚ)z　dɪd　pʰíːtə(dɚ) pʰáɪpə(ɚ)　pʰík

If Peter　　Piper picked a peck of pickled peppers, where's the peck of

ɪf pʰíːtə(dɚ)　pʰáɪpə(ɚ) pʰíkt(d) ə pʰék əv pʰíkld　pʰépə(ɚ)z wéː(eɚ)z　ðə　pʰékʰ əv

pickled　　peppers Peter　Piper　picked?

 pʰíkəld　　pʰépə(ɚ)z　pʰíːtə(dɚ) pʰáɪpə(ɚ)　pʰíkt

b

Betty bought a bit of bitter butter and made a bitter batter,

bét(d)i bɔ́ːt(d)　ə bít(d) əv bítə(dɚ) bʌ́tə(dɚ) ənd　méɪd ə bítə(dɚ) bǽtə(dɚ)

　so Betty bought a bit of better butter and made a better batter.

səʊ(oʊ) bét(d)i bɔ́ːt(d)　ə bít(d) əv bétə(dɚ) bʌ́tə(dɚ) ənd　méɪd ə bétə(dɚ) bǽtə(dɚ)

※アメリカ発音では、/t/がたたき音となり、有声化します。（p. 89参照）

9 **/b/** 【有声音・破裂音】 無声音は /p/ (**b**usy [bízi])

調音部位 ▶ **両唇**

両唇で息の通る道を完全に閉鎖したあと、息で急に開放し、唇で破裂させてつくる音です。
腹筋を使って、肺から息をはじく感じで送り出します。口先だけで発音すると
息が弱くなるので、インナーマッスルを使って送り出した息で、
声帯を十分ふるわせないと正しく発音できません。

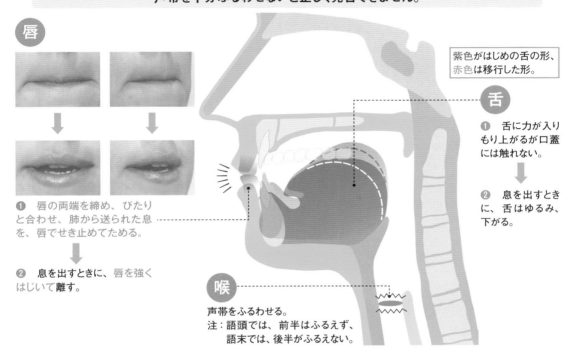

唇

❶ 唇の両端を締め、ぴたり
と合わせ、肺から送られた息
を、唇でせき止めてためる。

❷ 息を出すときに、唇を強く
はじいて離す。

紫色がはじめの舌の形、
赤色は移行した形。

舌

❶ 舌に力が入り
もり上がるが口蓋
には触れない。

❷ 息を出すとき
に、舌はゆるみ、
下がる。

喉

声帯をふるわせる。
注：語頭では、前半はふるえず、
　　語末では、後半がふるえない。

/b/ つづりと単語例 ▶ Video 🇬🇧 🇺🇸 （発音記号：紫色はアメリカ発音）

基本 b	beat [bíːt] 打つ、Bob [bɔ́b/báb] ボブ、bomb [bɔ́m/bɑ́m] 爆弾、bring [bríŋ] 持って来る
	brought [brɔ́ːt] bring (持ってくる) の過去・過去分詞形、busy [bízi] 忙しい、book [búk] 本
	abroad [əbrɔ́ːd] 外国へ、robot [rɔ́ʊbɔt/róʊbɑ(ː)t] ロボット、globe※ [glɔ́ʊb/glóʊb] 地球
	bulb※ [bʌ́lb] 電球
基本 bb	hobby [hɔ́bi/há(ː)bi] 趣味

※語末の/b/は、後半が無声化し/p/に近い音になりますが、あくまでも軟音で/p/とは違います。（p. 61 §4 子音の無声化 参照）

/b/と/p/の口内圧力

/b/は/p/の有声音ですが、/b/の呼気圧は/p/の3分の1というデータ（『英語の発音 研究と指導』鳥居次好・兼子尚道著）
があります。呼気圧を高くするために/p/は/b/より舌の高さを高くして口腔の容積を小さくする必要があります。

◆◆「バ行」と/p/の比較

「バ行」はすぐに母音に移り、/b/より弱い音です。/b/を発音する際は、呼気を強めることを意識しましょう。

破裂音
9
b

調音部位 ▶ 軟口蓋と舌

後舌部を軟口蓋にぴたりとあて、息の通る道を完全に閉鎖したあと、息で急に開放し、そこで破裂させてつくる音です。腹筋を使って、肺から息をはじく感じで送り出します。/k/ には有気音と無気音の2種類があります。

有気音の /kʰ/（aspirated k）

/k/, /k/＋半母音，/k/＋子音のあとに第1アクセント、または第2アクセントを受けた強い母音が続くとき

　強い息で /k/ の発音のために舌をはじいた直後（声帯は開いた状態）、声帯がすぐに閉じずに /h/ に似た強い息の音が肺から一気に声帯を通って聞こえます。

無気音の /k/（unaspirated k）

/k/ が語末にあるとき、弱母音が続くとき、前にsがつくとき

　/k/ の発音のために舌をはじいた直後（声帯は閉じた状態）、有気音の /k/ のように /h/ に似た音は伴いません。

◆**有気音、無気音の対比**　/k/

有気音	無気音	
c**oo**l	sch**oo**l	（s が /k/ の前につくときは無気音）
key	s**k**i	（s が /k/ の前につくときは無気音）
cold	s**c**old	（s が /k/ の前につくときは無気音）
ec**ó**nomy	ec**o**nómic	（弱母音が続くので無気音）

有気音 /kʰ/

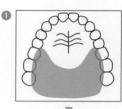

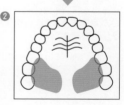

唇

口は上下の歯が半分見えるくらいに自然に開ける。

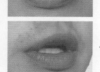

舌が口蓋につく位置は、次にくる母音の舌の位置によって左右される。前舌母音（/iː/ /ɪ/ /e/ /æ/）が続く場合は舌が口蓋につく位置が前寄りになり、後舌母音（/uː/ /ʊ/ /ɔː/ /ɑ(ː)/）が続く場合は後ろ寄りになる。

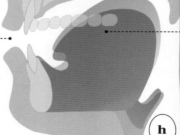

舌

❶ 後舌部を軟口蓋に強くあて、肺から送られた息を、舌でせき止める。

❷ 舌をはじくときに、勢いよく息を吐き出して発音する。

無気音の /k/

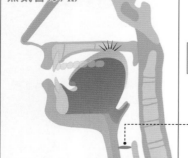

紫色がはじめの舌の形、赤色は移行した形。

h

/k/ が発音されたあと、すぐに声帯が閉じるので、/h/ に似た強い息の音が続かない。

喉

/k/ が発音されたあと、すぐに声帯が閉じずに、/h/ に似た強い息の音が肺から一気に声帯を通って続く。

/k/ つづりと単語例　▶ Video 🇬🇧 🇺🇸

（発音記号：紫色はアメリカ発音）

〈有気音〉

基　本　k　　**key** [kʰíː] 鍵、**kitchen** [kʰítʃən] 台所

　　　　c　　**cap** [kʰǽp] つばなし帽子、**cup** [kʰʌ́p] コップ、**coffee** [kʰɔ́fi/kʰɔ́ː(á(ː))fi] コーヒー、**cat** [kʰǽt] ネコ
　　　　　　　close [kʰlóuz/kʰlóʊz] 閉じる

　　　　ch　**chorus** [kʰɔ́ːrəs] 合唱

　　　　qu　**queen** [kʰwíːn] 女王

〈無気音〉

基　本　k　　**fork** [fɔ́ː(ɔ́ɚ)k] フォーク

　　　　c　　**uncle** [ʌ́ŋkl] おじ、**picnic** [pʰíknɪk] ピクニック

　　　　ck　**kick** [kʰík] ける、**pocket** [pɔ́kɪt/pákɪt] ポケット

　　　　ch　**stomach** [stʌ́mək] 胃、**school** [skúːl] 学校

　　　　qu　**unique** [jʊníːk] 唯一の、**mosquito** [məskíːtəʊ/məskíːtoʊ] 蚊

◆◆「カ行」と/k/の比較

◆音の違い：日本語の「カ行」は、息の閉鎖と開放は弱いですが、無気音の/k/と似ています。そのため、日本人の多くは語頭の有気音/kʰ/を無気音の/k/で発音する傾向があります。語頭の/kʰ/を無気音で発音すると、/g/と間違えられることがあります。また、別の単語に誤解される原因にもなります。
　　　例）ice cream[aɪs kʰriːm]の/k/は有気音なので/kʰ/で発音しなければなりませんが、無気音の/k/で発音すると、I scream[aɪ skríːm]と言っているように聞こえます。

◆舌の触れる場所：/k/は「カ行」より舌の口蓋につく位置が後ろに下がり、口蓋につく舌の面積が大きくなります。

◆注意点：cat、cabinet、capacityの[kæ]の発音は、[kjæ]「キャッ」のように[j]「ャ」を入れないように注意してください。ネイティヴの発音に「ャ」という音が感じられるのは、有気音のために喉から/h/という空気が流れるからです。次の文を練習してみましょう。　◎ track 12 🇺🇸　◎ track 13 🇬🇧

The **c**at in **C**anada **c**an **c**at**c**h and **c**arry the **c**ap with the **c**andle from

the **c**abinet.

破裂音

10

k

11 /g/ 【有声音・破裂音】 無声音は /k/　　(**g**reat [gréɪt])

調音部位 ▶ 軟口蓋と舌

後舌部を軟口蓋にぴたりとあて、息の通る道を完全に閉鎖したあと、
息で急に開放し、そこで破裂させてつくる音です。腹筋を使って、
肺から息をはじく感じで送り出します。

舌が口蓋につく位置は、次にくる母音
の舌の位置によって左右される。前舌
母音（/iː/, /ɪ/, /e/, /æ/）が続く場
合は舌が口蓋につく位置は前寄りにな
り、後舌母音（/uː/, /ʊ/, /ɔː/, /ɑ(ː)/）
が続く場合は後ろ寄りになる。

❶　**❷**

舌

❶　後舌部を軟口蓋に強
くあてて、肺から送られた
息を、舌でせき止める。

❷　舌をはじくときに、勢
いよく息を吐き出して発音
する。

唇

口は上下の歯が半分見えるく
らいに自然に開ける。

喉

声帯をふるわせる。
注：語頭では、前半はふるえず、
語末では、後半がふるえない。

紫色がはじめの舌の形、
赤色は移行した形。

破裂音 11 g

/g/ つづりと単語例　▶ Video 🇬🇧 🇺🇸　　（発音記号：紫色はアメリカ発音）

基　本 **g**	**gap**[gǽp] 差、**green**[gríːn] 緑色（の）、**gorilla** [gərílə] ゴリラ、**garden** [gáː(áɚ)dən] 庭
	girl [gə́ː(ɚ́ː)l] 女の子、**angry** [ǽŋgri] 怒って、**begin** [bɪgín] 始まる、**bag**※ [bǽg] 袋；かばん
	against [əgé(ɪ)nst] 〜に向かって
基　本 **gg**	**egg**※ [ég] 卵、**foggy** [fɔ́gi fɔ́ː(ɑ́(ː))gi] 霧の深い
基　本 **gu**	**guest** [gést] 客

※語末の/g/は、無声化し/k/に近い音になりますが、あくまでも軟音で/k/とは違います。（p. 61 §4 子音の無声化 参照）

◆◆「ガ行」と/g/の比較

◆舌の触れる場所：/g/は/k/の有声音なので、/k/とポイントは同じです。「ガ行」より舌の口蓋につく位置が後ろに下がり、
　　口蓋につく面積が広くなります。

◆注意点：gapのような語頭の[gæ]の発音は[gjæ]「ギャッ」のように[j]「ャ」を入れないように注意しましょう。

12 /t/【無声音・破裂音】 有声音は /d/　　　　(**t**all [tʰɔ́ːl])

調音部位 **歯茎と舌**

> 歯茎と舌の縁で息の通る道を完全に閉鎖したあと、息で急に開放し、そこで破裂させてつくる音です。
> 腹筋を使って、肺から息をはじく感じで送り出します。
> /t/ には有気音と無気音の2種類あります。

有気音の /tʰ/ (aspirated t)

/t/, /t/＋半母音, /t/＋子音のあとに第1アクセント、または第2アクセントを受けた強い母音が続くとき

　/t/ の発音のため、舌を後部歯茎ではじいた直後（声帯は開いた状態）、声帯がすぐに閉じずに /h/ に似た強い息の音が肺から一気に声帯を通って聞こえます。

無気音の /t/ (unaspirated t)

/t/ が語末にあるとき、弱母音が続くとき、前にsがつくとき

　/t/ の発音のため、舌を後部歯茎ではじいた直後（声帯は閉じた状態）、有気音の /t/ のように /h/ に似た音は伴いません。

◆**有気音、無気音の対比**　/t/

有気音		無気音	
top	—	stop	（s が /t/ の前につくときは無気音）
till	—	still	（s が /t/ の前につくときは無気音）
team	—	steam	（s が /t/ の前につくときは無気音）
thirtéen	—	thírty	（弱母音が続くので無気音）

有気音の /tʰ/

舌

❶　舌の中央をスプーン状にへこませ、縁だけを歯茎につける。舌の筋肉を縮める感じ。
・舌端を上の歯茎と歯の境目から後ろに1cmくらい引いたところにつける。
・肺から送られた息を、舌でせき止める。

後舌部の中央がくぼむ。

❷　後部歯茎に触れている舌を強くはじいて、舌で止めた口内の息を開放する。金属的でとがった音がする。

唇

口は自然に開く。

喉

/t/ が発音されたあと、すぐに声帯が閉じずに、/h/ に似た強い息の音が肺から一気に声帯を通って続く。

h

紫色がはじめの舌の形、赤色は移行した形。

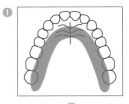
❶

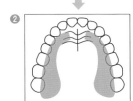
❷

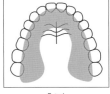
「タ」

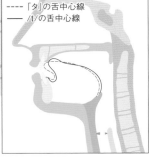
----- 「タ」の舌中心線
── /t/ の舌中心線

「タ」と /t/ の比較

破裂音
12
t

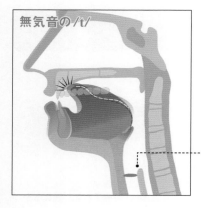

無気音の /t/

---- /t/ が発音されたあと、すぐに声帯が閉じるので、/h/ に似た強い息の音が続かない。

| /t/ つづりと単語例 | ▶ Video 🇬🇧 🇺🇸 | （発音記号：紫色はアメリカ発音） |

〈有気音〉

基　本　t　　**tip** [tʰíp] チップ、**tall** [tʰɔ́:l] 背が高い、**temple** [tʰémpl] 寺、**team** [tʰí:m] チーム、**tan** [tʰæn] 日焼け
tongue [tʰʌ́ŋ] 舌

例　外　th　　**Thames** [tʰémz, tʰeimz] (the~) テムズ川

〈無気音〉

基　本　t　　**water** [wɔ́:tə(ɚ)] 水、**great** [gréɪt] 偉大な、**still** [stíl] いまだに

例　外　tt　　**pretty** [príti] かわいらしい、**matter** [mǽtə(ɚ)] 問題

その他　ed　　**hoped** [hóʊ(óʊ)pt] hope (望む) の過去・過去分詞形

◆◆「夕行」と /t/ の比較

- ◆音の違い：日本語の「夕行」は無気音なので、日本人の多くは有気音 /tʰ/ を無気音で発音してしまいます。そのため、同じ無気音の /d/ と誤解されることがあります。
- ◆舌の触れる場所：<u>日本語の「夕」「テ」「ト」は舌の広い範囲が歯茎と口蓋だけではなく歯にもつきます (p. 87「夕」の図 参照)</u>が、/t/ は舌の中央を低くし、舌の縁の狭い範囲だけが、歯茎に触れるようにします。舌の筋肉が縮まって力をためてからはじくため、鋭い破裂になります。
- ◆注意点：/t/ は、上記の舌の形だけでなく、<u>お腹のインナーマッスルを使って息を押し出す力</u>が必要です。また、but のように語末に /t/ がある場合は決して日本語の「ト」にならないように、注意してください。

◇◇ アメリカ発音/t/, /d/のたたき音

イギリス発音では/t/と/d/の音をはっきり区別して発音しますが、アメリカ発音では、どちらも**たたき音** 🔵 track **14** 🇺🇸
（舌先で歯茎を軽く1回たたく音）となることがあります。次の場合に/t/, /d/はたたき音になります。

1. 強母音と弱母音の間にはさまれたとき　　bitter, potato, caddie, spider
2. 前後の母音とも弱母音のとき　　　　　　kilometer, marketing, talkative, corridor, melody
3. 強い母音と/l/の間にあるとき　　　　　　bottle, metal, bridal, hurdle, noodle

　　たたき音は破裂が弱くなり、また調音の筋肉も緩み、/t/は有声化します。「子音の弱化」とも呼ばれ、通常の/t/の音
　　の長さの半分から3分の1になります。/t/だけをたたき音にする場合と、/t/, /d/の両方をたたき音とする人がいます。
　　その場合、writer（作家）とrider（乗り手）、latter（後者）とladder（はしご）、waiting（待つ）とwading（苦労して歩く）は
　　同じに聞こえます。ただし、有声音の/d/の前の母音のほうが長めになるので、多少違いはあります。（**母音** p. 131
　　参照）
　　※この音は日本人には調音部位が日本語の「ラ」に近いため、「ラ」と聞こえることも多く、waterが「ウォーラー」のようにも聞こえます。

◇◇ アメリカ発音　語末の/t/

- アメリカ発音では、多くの人が語末にくる/t/を母音または/n/の後では開放せずに声帯を閉めて、飲み込みます。ただし、
　舌のポジションは、それぞれ破裂させるときのように歯茎につけます。
- I can make it. / I can't make it.のcanとcan'tは同じように聞こえるから要注意です。ただし、肯定文のcanは機能語な
　ので弱く、can'tは否定なので強く読まれますから厳密には違って発音されます。
　can[kᵊn]（p. 70音節主音的子音参照）、can't[keən̆t]（p. 140 鼻音の前の/æ/参照）と発音されます。

I can **make** it.　　　I **can't make** it.

●　●　●　●　　　●　●　●　●

- ただし、/k/、/p/、/f/、/s/、/ʃ/、/tʃ/の後の/t/は発音される。

例）corre▾ct　　prom▾pt　　lef▾t　　mos▾t　　wa▾she<u>d</u>
　　atta▾che<u>d</u>

調音部位 ▶ 歯茎と舌

歯茎と舌の縁で息の通る道を完全に閉鎖したあと、息で急に開放し、そこで破裂させてつくる音です。
腹筋を使って、肺から息をはじく感じで送り出します。

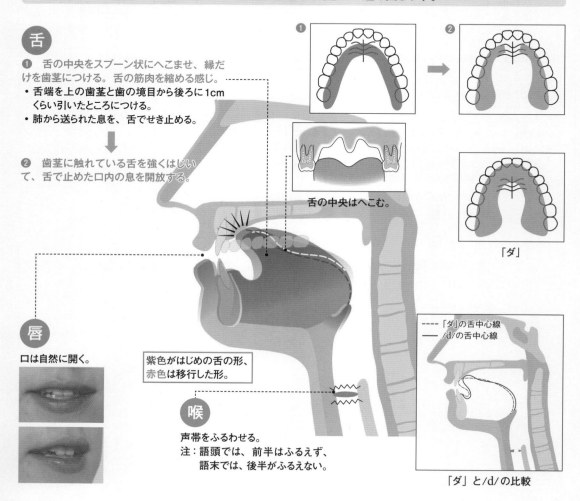

舌

❶ 舌の中央をスプーン状にへこませ、縁だけを歯茎につける。舌の筋肉を縮める感じ。
・舌端を上の歯茎と歯の境目から後ろに1cmくらい引いたところにつける。
・肺から送られた息を、舌でせき止める。

❷ 歯茎に触れている舌を強くはじいて、舌で止めた口内の息を開放する。

舌の中央はへこむ。

「ダ」

---- 「ダ」の舌中心線
── /d/ の舌中心線

唇

口は自然に開く。

紫色がはじめの舌の形、
赤色は移行した形。

喉

声帯をふるわせる。
注：語頭では、前半はふるえず、
　　語末では、後半がふるえない。

「ダ」と /d/ の比較

/d/ つづりと単語例　▶ Video 🇬🇧🇺🇸　　（発音記号：紫色はアメリカ発音）

基　本　d	**donkey** [dɑ́ŋki/dɑ́(ː)ŋki] ロバ、**daughter** [dɔ́ːtə(ɚ)] 娘、**donut** [dóʊnət/dóʊnət] ドーナッツ
	detail [díːteɪl, d(i)téɪl] 詳細、**dad**※ [dǽd] パパ、**body** [bɑ́di/bɑ́(ː)di] 体
	timid※ [tʰímɪd] 臆病な、**land**※ [lǽnd] 土地、**and**※ [ǽnd, ənd] そして
基　本　dd	**ladder** [lǽdə(ɚ)] はしご
その他　ed	**stayed** [stéɪd] stay（滞在する）の過去・過去分詞形

※語末の/d/は、無声化し/t/に近い音になりますが、あくまでも軟音で/t/とは違います。(p. 61 §4 子音の無声化 参照)

◆◆「ダ行」と/d/の比較

◆音の違い：日本語の「ダ行」より、/d/は鋭い音がします。
◆舌の触れる場所：日本語の「ダ」「デ」「ド」は舌の広い範囲が歯茎と口蓋だけではなく歯にもつきますが、/d/は舌の中央を低くし、舌の縁の狭い範囲だけが、歯茎に触れるようにします。英語の/d/は、舌の筋肉が緊張し、スプーンのような形になり、口蓋に触れてはじきます。舌の筋肉が縮まり、力をためてからはじくため、破裂が鋭くなります。
◆注　意　点：/d/は舌の形だけでなく、お腹のインナーマッスルを使って息を押し出す力が必要です。また、andのように語末に/d/がある場合は決して日本語の「ド」にならないように注意してください。

●動詞の過去・過去分詞形の語尾-edの発音　⊙ track 15 🇺🇸　⊙ track 16 🇬🇧

(1) /d/を除く有声音のあとでは[-d]

sobbed [sɔbd/sábd] sob (むせび泣く)、**begged** [bégd] beg (請い求める)、**loved** [lʌ́vd] love (愛する)

caused [kʰɔ́:zd] cause (引き起こす)、**judged** [dʒǽdʒd] judge (判断する)、**stayed** [stéɪd] stay (とどまる)

(2) /t/を除く無声音のあとでは[-t]

hoped [hóʊ(oʊ)pt] hope (望む)、**cooked** [kʰʊ́kt] cook (料理する)、**coughed** [kʰɔ́:ft] cough (咳をする)

passed [pʰá:(ǽ)st] pass (通る)、**pushed** [pʰʊ́ʃt] push (押す)、**searched** [sɔ́:(ə˞)tʃt] search (調べる)

(3) /d, t/のあとでは[-ɪd]

depended [dɪpéndɪd] depend (頼る)、**hated** [héɪtɪd] hate (嫌う)

(4) 動詞(v.)の過去・過去分詞形と過去分詞の形容詞(a.)化したものは[-d]または[-t]、古い言い方では形容詞としては[-ɪd]

blessed (v. 祝福する、a. [blésɪd] 神聖な)、**aged** (v. 年をとる、a. [éɪdʒɪd] 熟した)

crooked＊ (v. 曲げる、a. [krʊ́kɪd] 曲がった)、**learned**＊ (v. 学ぶ、a. [lɔ́:(ə˞)nɪd] 博識な)

※crookとlearnの形容詞形の語末は[-ɪd]としか読まない。

(5) つねに形容詞である語の語尾[-ɪd]

naked [néɪkɪd] 裸の、**ragged** [rǽgɪd] ぼろぼろの、**rugged** [rʌ́gɪd] ごつごつした

wretched [rétʃɪd] 惨めな、**wicked** [wíkɪd] 悪い、**beloved**＊ [bɪlʌ́vɪd] 最愛の

※belovedは動詞の場合は、[bɪlʌ́vd]となる。

破裂音

13

d

子音§5 摩擦音

Consonants § 5　**Fricatives**

- - - - - - - - - - - - - - - - - - - -

【無声音】	【有声音】
14 /s/	**15** /z/
16 /f/	**17** /v/
18 /θ/	**19** /ð/
20 /ʃ/	**21** /ʒ/
22 /h/	

各調音器官の間を呼気が摩擦して通る音です。

§5 │ 摩擦音 Fricatives /s/, /z/, /f/, /v/, /θ/, /ð/, /ʃ/, /ʒ/, /h/

14 **/s/** 【無声音・摩擦音】 有声音は /z/ (city [síti])

調音部位 歯茎と舌

中央を低くした舌の縁を歯茎にあてることによって、息の通る狭い通路をつくり、
門歯の間を通る息を摩擦させてつくる音です。息を長く吐くために、
腹筋を使って横隔膜をじょじょに押し上げます。

息

• 鋭い音が出るように息を強く出す。日本語の「サ行」より息がずっと強い。
• 息は門歯にあたり、歯のすき間から外に出る。

舌

• 舌の縁は歯茎にぴったり触れるが、中央は息を通すために、舌をくぼませ、かすかに離す。
• 舌先は歯茎付近まで持ち上げる。または下歯の裏側に位置する。

門歯

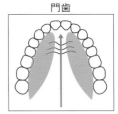

/s/

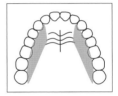

「サ」

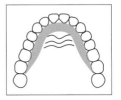

「ス」

唇

次に続く母音や子音によって変化するが、通常、口は軽く開く。

あご

• 下あごを前に出して上下の前歯をかみ合わせるか、または近づける。
• 上下の歯のかみ合わせを平らにする。

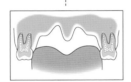

舌の中央はくぼむ。

----- 語頭の「サ」の舌中心線
—— /s/の舌中心線

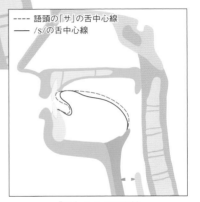

「サ」と/s/の比較

摩擦音

14

s

基　本	s	**sea** [síː] 海、**salt** [sɔlt/sɔ́ːlt] 塩、**Mark's** [máː(ɚ)ks] マークの
		picks※ [pʰíks] pick（選ぶ）の3人称単数現在形、**cakes**※ [kʰéɪks] ケーキ（複数形）
		※名詞の複数形・所有格、動詞の3人称単数現在形、/s/ /ʃ/ /tʃ/以外の無声子音のあとの発音は/s/になる。
基　本	ss	**miss** [mís] 外す、**loss** [lɔ́(ɔ́ː)s] なくすこと、**massage** [məsáːʒ] マッサージ
基　本	c	**certain** [sɔ́ː(ɚː)t(ə)n] 確かな、**city** [síti] 都市、**cycle** [sáɪkl] 循環
基　本	sc	**scissors** [sízə(ɚ)z] はさみ

◆◆ 「サ行」と/s/の比較

◆音の違い：日本語の「サ行」は、前舌面が硬口蓋または歯茎と摩擦して生じる音で、英語に比べて息を出す速度もずっと遅く、摩擦度も低いので、/s/の代用はできません。/s/の発音は、舌先の中央は歯茎につけないで、両脇を固く口蓋に当て、息を強く出して、金属性の鋭い音が出るように心がけましょう。横隔膜を柔軟にして、摩擦音をしっかり出すには、2章のエクササイズ「S音を続ける」「S音からSa」（p. 35）が効果的です。

◆舌の触れる場所：/s/は舌の中央をくぼませますが、日本語の「ス」は、舌先が口蓋についてしまいます。

◆注意点：日本人は/siː/ /sɪ/を「シ」と発音してしまう人が多いようです（cityをシティと読む）。舌筋が弱いためですので、**舌筋のトレーニング**を忘れずに。（第2章 pp. 45～47 参照）

15 /z/ 【有声音・摩擦音】 無声音は /s/　　(zoo [zú:])

調音部位 ▶ 歯茎と舌

> 中央を低くした舌の縁を歯茎にあてることによって、息の通る狭い通路をつくり、門歯の間を通る息を摩擦させてつくる音です。息を長く吐くために、腹筋を使って横隔膜をじょじょに押し上げます。

舌

- 舌の縁は歯茎にぴったり触れるが、中央は息を通すために、舌をくぼませ、かすかに離す。
- 舌先は歯茎付近まで持ち上げる。または下歯の裏側に位置する。

息

- 鋭い音が出るように息を強く出す。日本語の「ザ行」より息がずっと強い。
- 息は門歯にあたり、歯のすき間から外に出る。

唇

次に続く母音や子音によって変化するが、通常、口は軽く開く。

あご

- 下あごを前に出して上下の前歯をかみ合わせるか、または近づける。
- 上下の歯のかみ合わせを平らにする。

喉

声帯をふるわせる。

注：語頭では前半はふるえず、語末では、後半がふるえない。

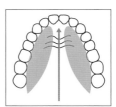
/z/

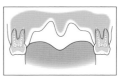
舌の中央はへこむ。

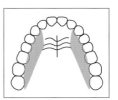
「ジ」

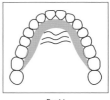
「ズ」

/z/ つづりと単語例　▶ Video 🇬🇧🇺🇸

（発音記号：紫色はアメリカ発音）

基　本	z	zoo [zú:] 動物園、zigzag [zígzæg] ジグザグ、Zaire [zɑɪíə, zá:ɪə] ザイール
		zero [zí(ə)rəʊ/zí(ə)roʊ] ゼロ
語中の	s	easy [í:zi] 簡単な、business [bíznəs] ビジネス、music [mjú:zɪk] 音楽
語末の	s	shoes※ [ʃú:z] 靴、studies※ [stʌ́di:z] study（学ぶ）の3人称単数現在形、Jane's※ [dʒéɪnz] ジェーンの
		（名詞の複数形・所有格、動詞の3人称単数現在形で/z/、/ʒ/、/dʒ/以外の有声音のあとは/z/になる）
語末の	zz	jazz [dʒǽz] ジャズ
語頭の	x	Xerox [zí(ə)rɔks/zí(ə)rɑ:ks] ゼロックス
例　外	ss	possess [pʰəzés] 所有する

※語末の/z/は、無声化し/s/に近い音になりますが、あくまでも軟音で/s/とは違います。（p. 61 §4 子音の無声化 参照）

◆◆「ザ行」と/z/の比較

◆音の違い：/z/は、日本語の「カゼ」の「ゼ」の子音部分を強めた音です。日本語の「ザ行」は摩擦音（例：カゼ）のほか、破擦音（例：ザブトン）もあります。破擦音の「ザ行」は舌先を歯茎に軽くつけるので、舌先を歯茎につけない/z/の代用はできません。

◆注意点：日本人は、/z(i:)/や/zɪ/を「ジ」という傾向があります（businessを「ビジネス」、musicを「ミュージック」）。/s/同様、舌筋が弱いために舌が十分口蓋に触れず、腹筋の力が弱いために十分息が吐き出せないからです。

●名詞の複数形や所有格の-sの発音

• /z, ʒ, dʒ/以外の有声音の次の(e)s、'sは[z]と発音する（動詞の3人称単数現在も同様）

　　名詞の複数形の-(e)s：　eggs [égz] 卵、knives [náɪvz] ナイフ、halves [há:(ǽ)vz] 半分

　　　　　　　　　　　　　 dogs [dɔ́:gz/dɔ́gz] 犬、pupils [pjú:pəlz] 生徒、boys [bɔ́ɪz] 少年

　　名詞の所有格の-'s：　　Ann's [ǽnz] アンの、Mary's [méərɪz] メアリーの、teacher's [tʰí:tʃə(ɚ)z] 先生の

　　　　　　　　　　　　　 Japan's [dʒæpǽnz] 日本の

• (e)s、'sは/s, z, ʃ, ʒ, tʃ, dʒ/のあとでは[ɪz]と発音する（動詞の3人称単数現在も同様）

　　名詞の複数形の-(e)s：　masses [mǽsɪz] かたまり、kisses [kʰísɪz] キス、tosses [tʰɔ́(:)sɪz] トス

　　　　　　　　　　　　　 bosses [bɔ́(:)sɪz] 上司、passes [pʰá:(ǽ)sɪz] 入場許可証、roses [róʊ(óʊ)zɪz] バラ

　　名詞の所有格の's：　　Chris's [krísɪz] クリスの、Bush's [búʃɪz] ブッシュの、Liz's [lízɪz] リズの

• 無声音[s]、[ʃ]、[tʃ]以外の無声音の後-(e)sは、[s]と発音する

　　名詞の複数形の-(e)s：books [búˇks] 本、cups [kʰʌˇps] コップ

　　名詞の所有格の-(e)s：Kate's [kʰeɪˇts] ケイトの

●舌先を下歯の後ろに置いて発音する/s/, /z/

　一部のネイティヴは、/s/, /z/を、舌先を下歯の後ろにつけて発音します。この場合、舌の縁と歯茎の縁で摩擦を起こします。

16 /f/ 【無声音・摩擦音】 有声音は /v/　　(food [fúːd])

摩擦音

16

f

調音部位 ▶ 上歯と下唇

上歯と下唇を合わせることによって、息の通る狭い通路をつくり、
そこを通る息を摩擦させてつくる音です。息を長く吐くために、
腹筋を使って横隔膜をじょじょに押し上げます。

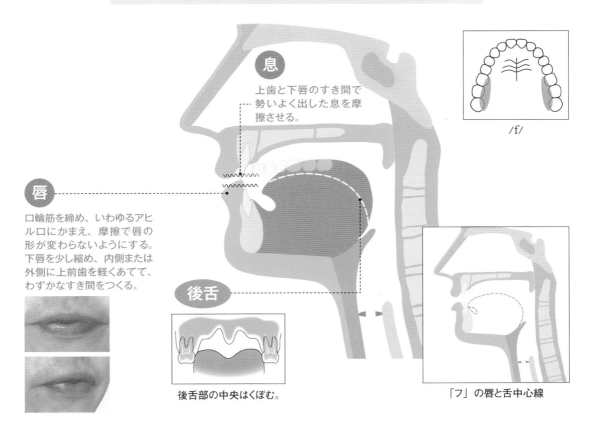

息
上歯と下唇のすき間で
勢いよく出した息を摩
擦させる。

/f/

唇
口輪筋を締め、いわゆるアヒ
ル口にかまえ、摩擦で唇の
形が変わらないようにする。
下唇を少し縮め、内側または
外側に上前歯を軽くあてて、
わずかなすき間をつくる。

後舌
後舌部の中央はくぼむ。

「フ」の唇と舌中心線

/f/ つづりと単語例　▶ Video 🇬🇧 🇺🇸　　　（発音記号：紫色はアメリカ発音）

基 本	f	**feel** [fíːl] 触る、**food** [fúːd] 食物、**wife** [wáɪf] 妻、**flood** [flʌ́d] 洪水、**fruit** [frúːt] 果物
基 本	ff	**office** [ɔ́fɪs/ɔ́ːfɪs] 事務所
基 本	ph	**phone** [fóʊn/fóʊn] 電話
語末の	gh	**enough** [ɪnʌ́f] 十分な

◆◆ 「フ」と/f/の比較

◆音の違い：日本語の「フ」は両唇を少し突き出し、両唇の間で摩擦させる音で、/f/のように下唇と上歯が触れません。
◆注意点：/f/の口のポジションをとっても、きちんと息を出して摩擦させないと/f/の音に聞こえません。腹筋を使って横隔
　　　　　膜を押し上げ、息が上歯と下唇のすき間から摩擦しながら出ていることを意識して発音してください。

摩擦音 17 v

調音部位 ▷ 上歯と下唇

上歯と下唇を合わせることによって息の通る狭い通路をつくり、
そこを通る息を摩擦させてつくる音です。息を長く吐くために、
腹筋を使って横隔膜をじょじょに押し上げます。

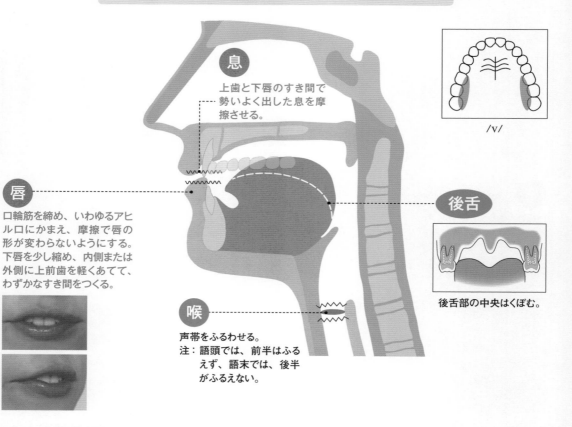

息
上歯と下唇のすき間で勢いよく出した息を摩擦させる。

唇
口輪筋を締め、いわゆるアヒル口にかまえ、摩擦で唇の形が変わらないようにする。下唇を少し縮め、内側または外側に上前歯を軽くあてて、わずかなすき間をつくる。

喉
声帯をふるわせる。
注：語頭では、前半はふるえず、語末では、後半がふるえない。

後舌
後舌部の中央はくぼむ。

/v/

/v/ つづりと単語例 ▶ Video 🇬🇧 🇺🇸

（発音記号：紫色はアメリカ発音）

基 本	v	**very** [véri] 非常に、**van** [vǽn] トラック、**television** [tʰéləvìʒ(ə)n] テレビ
		over [óuvə/óuvə] ～の上に、**move*** [múːv] 動く、**believe*** [bɪlíːv] 信じる、**love*** [lʌ́v] 愛；愛する
例 外	ph	**Stephen** [stíːvn] スティーブン
例 外	f	**of*** [（強）óv（áv ʌ́v）（弱）(ə)v] ～の

※語末の/v/は、無声化し/f/に近い音になりますが、あくまでも軟音であり、/f/とは違います。(p. 61 §4 子音の無声化 参照)

◆◆ 「ブ」と/v/の比較

◆音の違い：/v/と/b/を区別する聞き取りは日本人にとって難しいものの一つです。/v/は上歯と唇の摩擦音なので、/b/や日本語の「ブ」のように破裂させずに、唇に軽く振動を感じるように心がけて発音してください。

◆注意点：/v/の口のポジションをとっても、きちんと息を出して摩擦させないと/v/の音に聞こえません。上歯と下唇のすき間を摩擦しながら、息がきちんと出ていることを意識して発音してください。

18　/θ/　【無声音・摩擦音】有声音は /ð/　　(think [θíŋk])

調音部位　歯と舌

舌を見えるように外に出して上の歯に接触させ（または上の歯の裏に舌先をあて）、
そのすき間から息を出し、歯と舌の摩擦でつくる音です。息を長く吐くために、
腹筋を使って横隔膜をじょじょに押し上げます。

上歯の先に舌を出す /θ/

唇

口輪筋を締め、いわゆるアヒル口にかまえ、摩擦で唇の形が変わらないようにする。下唇を少し縮め、内側または外側に上前歯を軽くあてて、わずかなすき間をつくる。

息
上歯と舌の間で勢いよく出した息を摩擦させる。

上歯の裏に舌をあてる /θ/

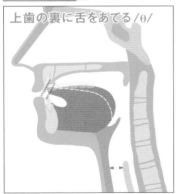

舌を前歯にあてる /θ/

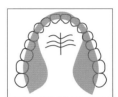
舌を出す /θ/

後舌
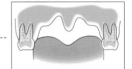
後舌部の中央はくぼむ。

舌先
舌先を上歯から出し、上に向け摩擦の抵抗に耐えられるようにする。

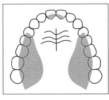

摩擦音
18
θ

/θ/ つづりと単語例　▶ Video 🇬🇧 🇺🇸　（発音記号：紫色はアメリカ発音）

基　本　th　　think [θíŋk] 思う、thank [θǽŋk] 感謝する、nothing [nʌ́θɪŋ] 何も～でない
orthodox [ɔ́:θədɔ̀ks/ɔ́ɚθədɑ̀(:)ks] 正統の、Catholic [kʰǽθ(ə)lɪk] カトリック（の）
earth [ə́:(ɚ:)θ] 地球、both [bóʊ(óʊ)θ] 両方

◆◆ 「サ行」と/θ/の比較

◆音の違い：日本人が/θ/で舌を上下の歯の間から出してはいても、摩擦の少ない「サ行」で発音したり、はじいて「ツ」と発音する人が多いので、「ススス」というような摩擦音だということを意識してください。舌を上下の歯の間から出し、腹筋を使って横隔膜を押し上げて強く息を吐き出します。上歯と舌のすき間を摩擦しながら、息が出ていることを確認し、鋭い音になるように練習しましょう。

調音部位 ▶ 歯と舌

舌を見えるように外に出して上の歯に接触させ（または上の歯の裏に舌先をあて）、
そのすき間から息を出して、歯と舌の摩擦でつくる音です。息を長く吐くために、
腹筋を使って横隔膜をじょじょに押し上げます。

上歯の先に舌を出す /ð/

唇
口輪筋を締め、いわゆるアヒル口にかまえ、摩擦で唇の形が変わらないようにする。下唇を少し縮め、内側または外側に上前歯を軽くあてて、わずかなすき間をつくる。

息
上歯と舌のすき間で勢いよく出した息を摩擦させる。

/ð/

後舌

後舌部の中央はくぼむ。

舌先
舌先を上歯から出し、上に向け摩擦の抵抗に耐えられるようにする。

喉
声帯をふるわせる。
注：語頭では、前半はふるえず、語末では、後半がふるえない。

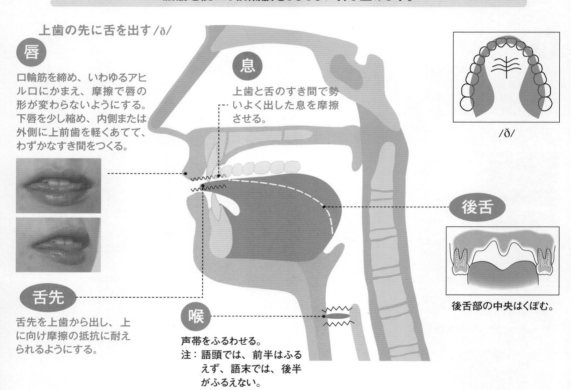

摩擦音

19

ð

/ð/ つづりと単語例　▶ Video　🇬🇧 🇺🇸　　　　　　（発音記号：紫色はアメリカ発音）

基　本　**th**　　**these** [ðíːz] thisの複数形、**than** [ðǽn] ～より、**mother** [mʌ́ðə(ɚ)] 母、**within** [wɪðín] ～以内に
　　　　　　　　breathe※ [bríːð] 息をする、**smooth** [smúːð] 滑らかな

※語末の/ð/は、無声化し/θ/に近い音になりますが、あくまでも軟音であり、/θ/とは違います。（p. 61 §4 子音の無声化 参照）

◆◆ 「ザ行」と/ð/の比較

◆音の違い：日本語の「ザ行」は破擦音（cf. p. 105～）で、舌先を歯茎に軽く触れさせ発音します。/ð/は摩擦音なので、舌を上歯から出すか、上歯の後ろに強くあててから、強く息を吐き出し、「ズズズ」というような息と歯の摩擦音を振動を感じるように発音します。

上歯の裏に舌をあてる/ð/

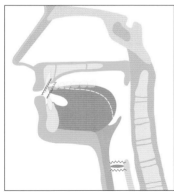

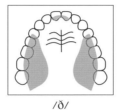

/ð/

●thの発音 /θ/と/ð/　● track 17 🇺🇸　● track 18 🇬🇧

{ **youth** [júːθ] 若さ
{ **smooth** [smúːð] 滑らかな

{ **south** [sáʊθ] 南
{ **southern** [sʌ́ðə(ɚ)n] 南の

{ **thorough** [θʌ́rə/θɚ́ːroʊ,(ə)] 徹底的な
{ **though** [ðóʊ/ðóʊ] …だけれども

{ **breath** [bréθ] 息
{ **breathe** [bríːð] 呼吸する

{ **worth** [wɔ́ː(ɚ)θ] …する価値のある
{ **worthy** [wɔ́ː(ɚ)ði] …に値する

{ **bath** [báː(æ)θ] 風呂
{ **bathe** [béɪð] 入浴する

●定冠詞 theの発音

① 普通は[ðə]　例：the[ðə] book　the[ðə] apple

② 次にくる語の発音が母音で始まるときは[ði]になることもある。例) the[ði] apple　the[ði] end

　（日本では、母音の前のtheは「ズィ」になると習っていますが、実際は[ðə]と発音されることも多いです）

③ 「これこそまさに」「特に優れた」などの意を表すときや、theを名詞として表すときは強く[ðiː]になる。

　例)"My name is Tom Hanks."　"You're not **the**[ðiː] Tom Hanks, are you?"

　　「トム・ハンクスです」「まさかあの有名なトム・ハンクスさんじゃないでしょうね」

摩擦音

19

ð

調音部位 ▶ 歯茎から硬口蓋の範囲と舌

中央を低くした舌を硬口蓋にあてることによって、息の通る狭い通路をつくり、
そこを通る息を摩擦させてつくる音です。舌先は上の歯茎のほうまで持ち上げる人と、
下の前歯付近まで下げる人がいます。息を長く吐くために、腹筋を使って
横隔膜をじょじょに押し上げます。

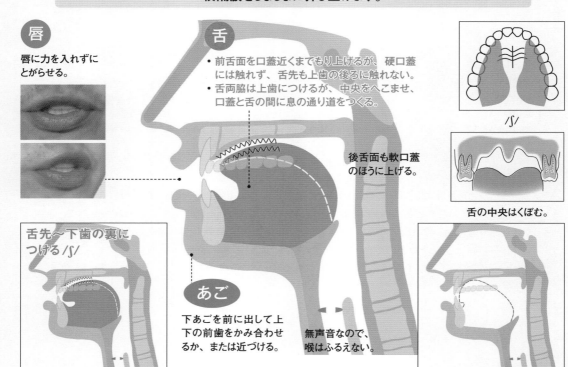

唇
唇に力を入れずに
とがらせる。

舌
• 前舌面を口蓋近くまでもり上げるが、硬口蓋
　には触れず、舌先も上歯の後ろに触れない。
• 舌両脇は上歯につけるが、中央をへこませ、
　口蓋と舌の間に息の通り道をつくる。

後舌面も軟口蓋
のほうに上げる。

/ʃ/

舌の中央はくぼむ。

舌先〜下歯の裏に
つける /ʃ/

あご
下あごを前に出して上
下の前歯をかみ合わせ
るか、または近づける。

無声音なので、
喉はふるえない。

「シ」の舌中心線

（発音記号：紫色はアメリカ発音）

/ʃ/ つづりと単語例　▶ Video 🇬🇧 🇺🇸

基　本	ti	**station** [stéɪʃn] 駅
基　本	sh	**she** [ʃíː] 彼女、**shut** [ʃʌ́t] 閉じる、**English** [íŋglɪʃ] 英語
その他		**pension** [pʰénʃən] 年金、**passion** [pʰǽʃ(ə)n] 情熱、**ocean** [óʊ(óʊ)ʃ(ə)n] 大洋
		efficient [ɪfíʃ(ə)nt] 効果的な、**conscious** [kʰɑ́nʃəs/kʰɑ́ːnʃəs] 意識している
		machine [məʃíːn] 機械、**sugar** [ʃúgə(ɚ)] 砂糖、**issue** [íʃuː] 発行(物、部数)
		schedule〈英のみ〉[ʃɔ́duːl] 日程

◆◆「シュ」と /ʃ/ の比較

◆ **音の違い**：/ʃ/ は日本語の「シュッシュッポッポッ」の「シュッ」の音に近い音です。she は特に、摩擦の少ない日本語の「シー」
になりがちなので、静かにさせるときに言う「シー」のように唇をとがらせるように注意してください。

◆ **注意点**：お腹（へits上あたり）を緊張させましょう。語中の /ʃ/ は /s/ になってしまう人が多いので要注意！ friendship を
「フレンドスィップ」、machine を「マスィーン」と言わないように唇をしっかりとがらせましょう。また、sion [ʃən] の
発音を日本語の「ション」で言わないように気をつけてください。この o は母音 33. のあいまい母音 /ə/ です。

21　/ʒ/【有声音・摩擦音】無声音は /ʃ/　(viʃion [víʒ(ə)n])

調音部位　歯茎から硬口蓋の範囲と舌

中央を低くした舌を硬口蓋にあてることによって息の通る狭い通路をつくり、そこを通る息を摩擦させてつくる音です。舌先は上の歯茎のほうまで持ち上げる人と、下の前歯付近まで下げる人がいます。息を長く吐くために、腹筋を使って横隔膜をじょじょに押し上げます。

唇

唇に力を入れずにとがらせる。

舌

- 前舌面を口蓋近くまでもり上げるが、硬口蓋には触れず、舌先も上歯の後ろに触れない。
- 舌両脇は上歯につけるが、中央をへこませ、口蓋と舌の間に息の通り道をつくる。
- 後舌面も軟口蓋のほうに上げる。

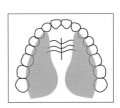

/ʒ/

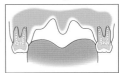

舌の中央はくぼむ。

舌先〜下歯の裏につける /ʒ/
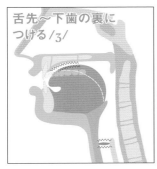

あご

下あごを前に出して上下の前歯をかみ合わせるか、または近づける。

喉

声帯をふるわせる。

注：語頭では、前半はふるえず、語末では、後半がふるえない。

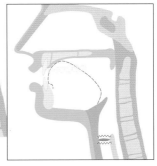

「ジ」の舌中心線

/ʒ/ つづりと単語例　▶ Video 🇬🇧 🇺🇸

（発音記号：紫色はアメリカ発音）

基　本　**si**	**vision** [víʒ(ə)n] 視力、**conclusion** [kʰənklúːʒən] 結末
基　本　**su**	**leisure** [léʒə/léʒɚ, líːʒɚ] 余暇、**casual** [kʰǽʒuəl] 何気ない
仏語語源の単語　**g**	**regime** [re(ɪ)ʒíːm] 体制、**genre** [ʒónrə, ʒánrə] ジャンル
ge	**bourgeois** [bɔ́ːʒwɑː/bóɚʒwɑː] ブルジョア、**mirage**※ [mɪrɑ́ː] 蜃気楼
	rouge※ [rúːʒ] 口紅、**massage**※ [mǽsɑːʒ/məsɑ́ːʒ] マッサージ、**beige**※ [béɪʒ] ベージュ

※語末の /ʒ/ は、無声化し /ʃ/ に近い音になりますが、あくまでも軟音であり、/ʃ/ とは違います。(p. 61 §4 子音の無声化 参照)

◆◆「ヂュ」、「ジュ」と /ʒ/ の比較

- ◆音の違い：「ジュ」と /ʒ/ の音は似ていますが、/ʒ/ は、唇をとがらせて息の摩擦を強く意識して発音しましょう。
- ◆舌の触れる場所：お腹（へその上あたり）を緊張させましょう。日本人は /ʒ/ と破擦音 /dʒ/ を混同しがちです。/ʒ/ は唇をとがらせて発音し、舌先は前上歯茎に近づけるだけで触れません。/dʒ/ は舌先を前上歯茎につけて離します(p. 107)。/ʒ/ は /ʃ/ の有声音で [シュ] をにごらせた [ジュ]、/dʒ/ は /tʃ/ の有声音で [チュ] をにごらせた「ヂュ」とイメージすると区別がつきやすくなります。

摩擦音

21

3

22 /h/ 【無声音・摩擦音】 (**h**appy [hǽpi])

調音部位 ▶ 声門

/h/ 自体は口の形をもたず、次にくる母音の口の形と同じになります
（例：happy [hǽpi]の唇、舌、あごは/æ/、hit [hít]の場合は/ɪ/、who [húː]は/uː/と同じ形）。
寒いときに手に息を「ハー」と吹きかけるときの音で、息を喉奥から出してつくります。
息を長く吐くために、腹筋を使って横隔膜をじょじょに押し上げます。

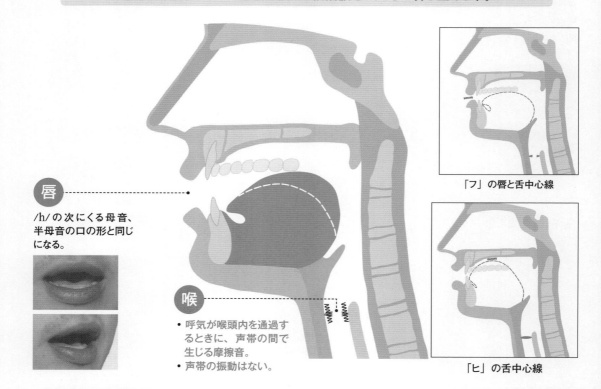

唇

/h/ の次にくる母音、
半母音の口の形と同じ
になる。

「フ」の唇と舌中心線

喉

• 呼気が喉頭内を通過す
　るときに、声帯の間で
　生じる摩擦音。
• 声帯の振動はない。

「ヒ」の舌中心線

/h/ つづりと単語例 ▶ Video 🇬🇧 🇺🇸

（発音記号：紫色はアメリカ発音）

基 本 **h**　**hit** [hít] たたく、**happy** [hǽpi] うれしい、**hurry** [hʌ́(ɚː)ri] 急ぐ、**hood** [húd] ずきん
　　　　hall [hɔ́ːl] 会館、**hot** [hɑ́t/hɑ́t] 熱い、**hard** [hɑ́ː(áɚ)d] 硬い
　　　　prohibit [prəhíbɪt/prouhíbɪt] 禁じる、**behind** [bɪháɪnd bəháɪnd] 後ろに
その他 **wh**（oの前）　**who** [húː] だれが

◆◆「ハ行」と/h/の比較

◆音の違い：/h/も、「ハ、ヘ、ホ」と同じく喉の奥の摩擦音ですが、/h/のほうが摩擦が強くなります。
◆舌の触れる場所：「ヒ」は前舌と硬口蓋で極端に狭いすき間をつくってその間を摩擦させる音で、摩擦が英語の/h/より強い
　　　　　　　　です。hitはit、heatはeatと同じ口の形になり、舌の位置は下がります。それぞれ「ヒット」、「ヒート」のよ
　　　　　　　　うに日本語の「ヒ」（/ɪ/より前舌が高い）で発音しないようにしましょう。
◆注 意 点：「フ」は上下の唇を狭めてつくる摩擦音なので、whoのように/uː/が続く場合やhoodのように/ʊ/が続く場合は唇
　　　　　　の間を狭めすぎないように気をつけてください。whoは母音の/uː/、hoodは/ʊ/と同じ唇の形で発音します。そ
　　　　　　れぞれ日本語の「フー」「フード」と発音しがちなので注意しましょう。

子音 § 6　破擦音

Consonants § 6　**Affricatives**

【無声音】	【有声音】
23 /tʃ/	24 /dʒ/
25 /ts/	26 /dz/
27 /tr/	28 /dr/

破裂音と摩擦音が結合してできる音です。

§6 | 破擦音 Affricatives /tʃ/, /dʒ/, /ts/, /dz/, /tr/, /dr/

23 /tʃ/ 【無声音・破擦音】 有声音は /dʒ/ (cheese [tʃíːz])

調音部位 ▶ 歯茎から硬口蓋の範囲と舌

破裂音12. /t/ と摩擦音20. /ʃ/ とが結合した破擦音です。/tʃ/ の /t/ は /ʃ/ が続くために、舌先だけが口蓋から離れ、舌と口蓋の間に狭い空気の通り道をつくります。続く摩擦音/ʃ/ のためにその狭い道を息が通ります。/ʃ/ の口の形で、舌端を後部歯茎ではじいて破裂させながら /ʃ/ と発音してみると/tʃ/ の発音になります。息を強くはじくために、腹筋を使います。

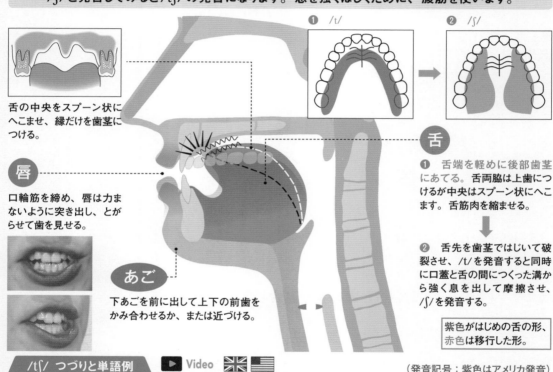

❶ /t/　**❷ /ʃ/**

舌の中央をスプーン状にへこませ、縁だけを歯茎につける。

舌

❶ 舌端を軽めに後部歯茎にあてる。舌両脇は上歯につけるが中央はスプーン状にへこます。舌筋肉を縮ませる。

❷ 舌先を歯茎ではじいて破裂させ、/t/ を発音すると同時に口蓋と舌の間につくった溝から強く息を出して摩擦させ、/ʃ/ を発音する。

唇

口輪筋を締め、唇は力まないように突き出し、とがらせて歯を見せる。

あご

下あごを前に出して上下の前歯をかみ合わせるか、または近づける。

紫色がはじめの舌の形、赤色は移行した形。

/tʃ/ つづりと単語例 ▶ Video 🇬🇧🇺🇸　　　　（発音記号：紫色はアメリカ発音）

基　本　ch　**church** [tʃɚ́ː(ɚː)tʃ] 教会、**cheese** [tʃíːz] チーズ、**choose** [tʃúːz] 選ぶ、**teacher** [tʰíːtʃə(ɚ)] 先生
基　本　t（弱母音の前）　**nature** [néɪtʃə(ɚ)] 自然
基　本　tch　**watch** [wɔ́tʃ/wátʃ, wɔ́ːtʃ] 腕時計
その他　ti（sのあとで弱母音の前）　**question**※ [kwéstʃən] 質問　　※sとtionの間に促音(ッ)を入れないように。

◆◆「チャ、チュ、チョ」と/tʃ/の比較

◆音の違い：日本語の「チャ、チュ、チョ」を、短く強めに発音すると近い音になります。

○ track 19 🇺🇸　　○ track 20 🇬🇧

●-tionの発音　-tionは[ʃən]が普通ですが、sのあとにくる場合は[tʃən]になります。

[ʃən] **population** [pɑ̀(ɔ̀)pjəléɪʃən] 人口、**construction** [kənstrʌ́kʃən] 建設、**attraction** [ətrǽkʃən] 魅力
[tʃən] **suggestion** [sə(g)dʒéstʃən] 提案、**digestion** [daɪdʒéstʃən] 消化

24 /dʒ/ 【有声音・破擦音】 無声音は /tʃ/ (gym [dʒím])

調音部位 ▶ 歯茎から硬口蓋の範囲と舌

破裂音13. /d/ と摩擦音21. /ʒ/ とが結合した破擦音です。/dʒ/ の /d/ は /ʒ/ が続くために、舌先だけが口蓋から離れ、舌と口蓋の間に狭い空気の通り道を作ります。続く摩擦音 /ʒ/ のためにその狭い道を息が通ります。/ʒ/ の口の形で、舌端を後部歯茎ではじいて破裂させながら /ʒ/ と発音してみると /dʒ/ の発音になります。息を強くはじくために、腹筋を使います。

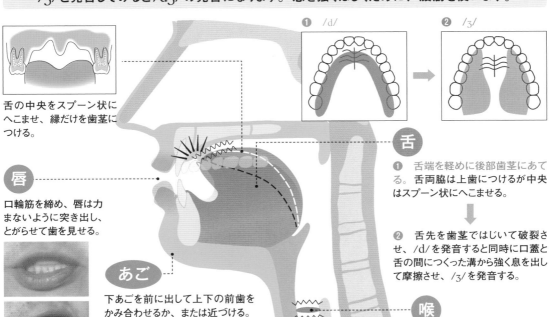

❶ /d/ **❷** /ʒ/

舌の中央をスプーン状にへこませ、縁だけを歯茎につける。

舌

❶ 舌端を軽めに後部歯茎にあてる。舌両脇は上歯につけるが中央はスプーン状にへこませる。

❷ 舌先を歯茎ではじいて破裂させ、/d/ を発音すると同時に口蓋と舌の間につくった溝から強く息を出して摩擦させ、/ʒ/ を発音する。

唇

口輪筋を締め、唇は力まないように突き出し、とがらせて歯を見せる。

あご

下あごを前に出して上下の前歯をかみ合わせるか、または近づける。

紫色がはじめの舌の形、赤色は移行した形。

喉

/dʒ/ は有声音だが、語頭の /d/、語末の /ʒ/ 部分は無声化し、声帯がふるえない。

/dʒ/ つづりと単語例 ▶ Video 🇬🇧 🇺🇸

(発音記号:紫色はアメリカ発音)

基 本	**j**	**job** [dʒɔ́(á(ː))b] 仕事
基 本	**dg, dj**	**bridge**※ [brídʒ] 橋、**adjust** [ədʒʌ́st] 調節する
基 本	**g**	**page**※ [pʰéɪdʒ] ページ、**gin** [dʒín] ジン、**gym** [dʒím] ジム、**pigeon** [pʰídʒ(ə)n] ハト **region** [ríːdʒən] 地区
その他	uの前のd	**individual** [ìndəvídʒʊəl] 個々の

※語末の /dʒ/ は、無声化し /tʃ/ に近い音になりますが、あくまでも軟音であり、/tʃ/ とは違います。(p. 61 §4 子音の無声化 参照)

◆◆ 「ヂャ、ヂュ、ヂョ」と /dʒ/ の比較

- ◆音の違い:「ヂャ、ヂュ、ヂョ」を短く、強めに発音すると近い音になります。
- ◆舌の触れる場所:p. 103でも触れましたが、/dʒ/ と /ʒ/ を混同しないように。破擦音の /dʒ/ は舌先を前上歯茎につけて離しますが、/ʒ/ は、舌を前上歯茎に近づけるだけで触れません。/ʒ/ は /ʃ/ の有声音で [シュ] をにごらせた [ジュ]、/dʒ/ は /tʃ/ の有声音で [チュ] をにごらせた [ヂュ] とイメージすると区別がつきやすくなります。
- ◆注意点:語末の /dʒ/ の後半は無声化しますが、日本人は語末の /dʒ/ をつねに有声化し、しかも「イ」をつけて「ジ」と発音しがちなので注意が必要です。

破擦音 24 dʒ

調音部位 ▶ 歯茎から硬口蓋の範囲と舌

破裂音12. /t/と摩擦音14. /s/とが結合した破擦音です。
/t/を破裂させた直後、/s/を発音する際に舌先だけが離れ、
硬口蓋との狭い空気の通り道を息が通過し、摩擦が起こります。
息を強くはじくために、腹筋を使います。

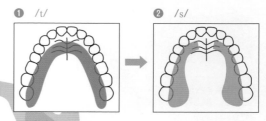

❶ /t/　❷ /s/

舌

❶
- 舌端を上の歯茎と歯の境目から後ろに1cmくらい引いたところにつける。
- 舌の中央を低くしてスプーン状にへこませ、縁だけが歯茎のみに触れるようにする。
- 舌先をはじいて/t/を発音する。

❷
- /t/を発音する舌先をわずかに前にすべらす。
- 舌端は後部歯茎から離れると同時に、/s/のための息の通り道をつくり、/s/の摩擦音が響くように発音する。

唇

唇をとがらせないで、多少開ける。

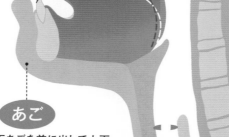

あご

下あごを前に出して上下の前歯をかみ合わせるか、または近づける。

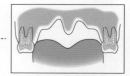

舌の中央をスプーン状にへこませ、縁だけを歯茎につける。

紫色がはじめの舌の形、赤色は移行した形。

/ts/ つづりと単語例　▶ Video 🇬🇧 🇺🇸

（発音記号：紫色はアメリカ発音）

基 本	ts	cats [kʰǽts] ネコ（複数形）、nuts [nʌ́ts] ナッツ（複数形）、seats [síːts] 座席（複数形）
		cuts [kʰʌ́ts] cut(切る)の3人称単数現在形、eats [íːts] eat(食べる)の3人称単数現在形
		that's [ðǽts] that isの短縮形
例 外	zz	pizza [pʰíːtsə] ピザ

◆◆「ツ」と/ts/の比較

◆舌の触れる場所：/ts/は日本語の「ツ」とほぼ同じですが、舌先の位置が違います。「ツ」は舌先を下歯の裏につけますが、/ts/は、舌端を歯茎と上歯の境目から後ろに1cmくらい引いたあたりに強くつけます。

◆注意点：「ツゥ」のように語末に「ゥ」を入れないように注意しましょう。

破擦音
25
ts

26 /dz/ 【有声音・破擦音】 無声音は /ts/ (beds [bédz])

調音部位 歯茎から硬口蓋の範囲と舌

破裂音13. /d/ と摩擦音15. /z/ とが結合した破擦音です。
/d/ を破裂させた直後、/z/ を発音する際に舌先だけが離れ、硬口蓋との狭い
空気の通り道を息が通過し、摩擦が起こります。
息を強くはじくために、腹筋を使います。

 舌

❶
- 舌端を上の歯茎と歯の境目から後ろに1cmくらい引いた ところにつける。
- 舌の中央を低くしてスプーン状にへこませ、縁だけが歯茎の みに触れるようにする。
- 舌先をはじいて /d/ を発音する。

❷
- /d/ を発音する舌先をわずかに前にすべらす。
- 舌先は歯茎から離れると同時に、/z/ のための息の通り道 をつくり、/z/ の摩擦音が響くように発音する。

唇

唇をとがらせないで、
多少開ける。

あご

下あごを前に出して上下
の前歯をかみ合わせるか、
または近づける。

紫色がはじめの舌の形、
赤色は移行した形。

 ❶ /d/ 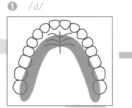 ❷ /z/

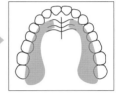

舌の中央をスプーン状に
へこませ、縁だけを歯茎に
つける。

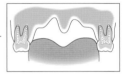 **喉**

/dz/ は有声音で /d/
は声帯がふるえるが、
/z/ で無声化し、語末
は声帯がふるえない。

/dz/ つづりと単語例 ▶ Video 🇬🇧 🇺🇸 (発音記号：紫色はアメリカ発音)

基 本 **ds** **beds**※ [bédz] ベッド（複数形）、**cards**※ [kʰɑ́ː(ɑɚ)dz] カード（複数形）、**beads**※ [bíːdz] ビーズ（複数形）
reads※ [ríːdz] read（読む）の3人称単数現在形、**sends**※ [séndz] send（送る）の3人称単数現在形
ombudsman [ɔ́(ɑ́)mbədzmən] 行政監査官

※語末の/dz/は、無声化し/ts/に近い音になりますが、あくまでも軟音であり、/ts/とは違います。(p. 61 §4 子音の無声化 参照)

◆◆ 「ズ」と/dz/の比較

◆舌の触れる場所：日本人は/z/と/dz/を混同しがちです。/z/は、舌先を前歯茎に近づけるだけで触れませんが、/dz/は
舌端を後部歯茎につけて離します。その関係は日本語の「ズ」と「ヅ」に対応します。/dz/は「ヅ」に近い音
なので、「ズ」で発音しないようにしましょう。また、日本語の「ヅ」は舌先を下歯の裏につけますが、/dz/
は、舌端を上歯と歯茎の境目から後ろに1cmくらい引いたところに強くつけます。
◆注意点：cards[kʰɑ́ː(ɑɚ)dz]とcars[kʰɑ́ː(ɑɚ)z]をネィティヴは聞き間違えません。正しく発音できるようになると、聞き取
りも正確にできるようになります。

調音部位 **歯茎後部と舌**

**5. /r/ は本来半母音ですが、/tr/ の /r/ は摩擦音で、
破裂音12. /t/ と摩擦音 /r/ とが結合した破擦音となります。
腹筋を締めて /t/ と /r/ とを離さずに１つの音のつもりで発音してください。**

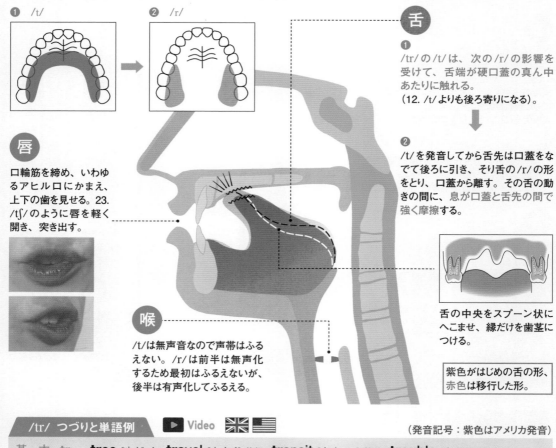

❶ /t/　❷ /r/

舌

❶
/tr/ の /t/ は、次の /r/ の影響を
受けて、舌端が硬口蓋の真ん中
あたりに触れる。
(12. /t/ よりも後ろ寄りになる)。

❷
/t/ を発音してから舌先は口蓋をな
でて後ろに引き、そり舌の /r/ の形
をとり、口蓋から離す。その舌の動
きの間に、息が口蓋と舌先の間で
強く摩擦する。

唇

口輪筋を締め、いわゆ
るアヒル口にかまえ、
上下の歯を見せる。23.
/tʃ/ のように唇を軽く
開き、突き出す。

舌の中央をスプーン状に
へこませ、縁だけを歯茎に
つける。

紫色がはじめの舌の形、
赤色は移行した形。

喉

/t/ は無声音なので声帯はふる
えない。/r/ は前半は無声化
するため最初はふるえないが、
後半は有声化してふるえる。

/tr/ つづりと単語例 ▶ Video 🇬🇧 🇺🇸　　（発音記号：紫はアメリカ発音）

基　本	tr	**tree** [tʰríː] 木、**travel** [tʰrǽvl] 旅行、**transit** [tʰrǽnzɪt] 輸送、**trouble** [tʰrʌ́bl] 困ったこと
		trumpet [tʰrʌ́mpɪt] トランペット、**train** [tʰréɪn] 列車、**country** [kʌ́ntri] 国；田舎
		street [stríːt] 通り、**patrol** [pətróʊl/pətʰróʊl] 巡回
基　本	ttr	**mattress** [mǽtrəs] マットレス

◆◆「ト＋ラ行」と /tr/ の比較

◆ 舌の触れる場所：/tr/ の /t/ は日本語の「ト」より舌端を後ろに下げ、舌の形はスプーン状にします。/r/ は、すばやく舌先を
口蓋の後ろへすべるように摩擦します。日本語の「タ行」の舌だと、筋肉の動きが緩慢なため、鋭い破
裂が起こりません。舌の筋肉を緊張させることを意識しましょう。

◆ 注 意 点：/t/ は、腹筋を使って強い息を出します。また、treeと発音するとき、/t/ と /r/ の間に「ゥ」を入れないようにしましょ
う。アヒル口にして、/t/ から /r/ に移行するまで、腹筋の力を抜かないようにして発音します。

破擦音

27

tr

28 /dr/ 【有声音・破擦音】 無声音は /tr/ (**dr**eam [drí:m])

調音部位 ▷ 歯茎後部と舌

> 破裂音13. /d/と摩擦音となった /r/ とが結合した音です。
> 腹筋を締めて /d/ と /r/ とを離さずに1つの音のつもりで発音してください。

❶ /d/

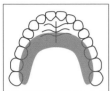

❷ /r/

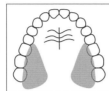

舌

❶
/dr/の/d/は、次の/r/の影響を受けて、舌端が硬口蓋の真ん中あたりに触れる。舌端を強く硬口蓋に叩きつけて/d/を発音する。

❷
/d/を発音してから舌先は口蓋をなでて後ろに引き、そり舌の/r/の形をとり、口蓋から離す。その舌の動きの間に、息が口蓋と舌先の間で強く摩擦する。

唇

口輪筋を締め、いわゆるアヒル口にかまえ、上下の歯を見せる。24./dʒ/のように唇を軽く開き、突き出す。

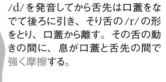

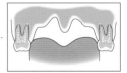

舌の中央をスプーン状にへこませ、縁だけを歯茎につける。

> 紫色がはじめの舌の形、
> 赤色は移行した形。

喉

/d/は出だしが無声化するので、声帯はふるえない。/r/は前半は無声化するため最初はふるえないが、後半は有声化してふるえる。

/dr/ つづりと単語例 ▶ Video 🇬🇧 🇺🇸
（発音記号：紫色はアメリカ発音）

基　本　**dr**　**dr**ess [drés] 衣服、**dr**ink [dríŋk] 飲む、**dr**eam [drí:m] 夢、**dr**um [drʌ́m] ドラム
　　　　　　　　draw [drɔ́:] 引く、**dr**ive [dráɪv] 運転する、**dr**amatic [drəmǽtɪk] 劇的な
　　　　　　　　cathe**dr**al [kəθí:drəl] 大聖堂

その他　**ddr**　a**ddr**ess [ədrés/ǽdres] 住所

◆◆「ド＋ラ行」と/dr/の比較

◆ 舌の触れる場所：日本語の「ド」より舌端を後ろに下げます。舌の形はスプーン状にします。/r/はすばやく舌先を口蓋の後ろへすべるように摩擦しながら、そらして離します。

◆ 注意点：/d/は、腹筋を使って強い息を出します。dreamと発音するとき、/d/と/r/の間に「ゥ」を入れないようにしましょう。アヒル口にして、/t/から/r/に移行するまで、腹筋の力を抜かないようにして発音します。

破擦音

28

dr

聞き取りにくい子音の発音

[1] /r/と/l/ 聞き分けのポイント 🔊 track21 🇺🇸 🔊 track22 🇬🇧

　日本人にとって、永遠のテーマといえる聞き分けの難解な組み合わせです。しいて言えば/r/は喉を後舌部で圧迫するので喉が振動するうなるような声になり（語の先頭にあると「ウ」のようにしばしば聞こえますが母音の「ウ」ではなく、喉の奥からうなる「ウ」）、/l/は口前で響くような音で、/r/のように喉の振動はありません。しかし、先頭の子音に続く場合、次の母音の影響もあってさらに難しくなります。イギリス発音の/l/は明るい/l/と暗い/l/があり、単語の先頭にある場合は、アメリカ発音に比べて「イ」の響きがあるので聞きやすいでしょう。/r/はイギリス発音とアメリカ発音では咽頭化の度合いが違うので、違う音になります。（5. /r/ 参照）

/r/の口		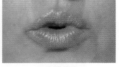	/l/の口	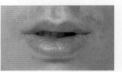
	アメリカ	イギリス		

1	red	/réd/	赤色（の）	led	/léd/	lead の過去・過去分詞形
2	rest	/rést/	休息	lest	/lést/	〜しないように
3	read	/rí:d/	読む	lead	/lí:d/	導く
4	right	/ráɪt/	右	light	/láɪt/	光
5	rink	/ríŋk/	アイススケート場	link	/líŋk/	輪、関連
6	row	/róʊ(óʊ)/	列	low	/lóʊ(óʊ)/	低い
7	rot	/rɔ́(ɑ́(:))t/	腐る	lot	/lɔ́(ɑ́(:))t/	くじ
8	road	/róʊ(óʊ)d/	道	load	/lóʊ(óʊ)d/	積み荷
9	rock	/rɔ́(ɑ́(:))k/	岩	lock	/lɔ́(ɑ́(:))k/	錠前
10	raw	/rɔ́(ɑ́):/	生の	law	/lɔ́(ɑ́):/	法律
11	room	/rú(:)m/	部屋	loom	/lú:m/	織機、ぼんやりと現れる
12	rook	/rúk/	ミヤマガラス	look	/lúk/	見る
13	wrap	/rǽp/	くるむ	lap	/lǽp/	ひざ
14	wreath	/rí:θ/	花輪	lease	/lí:s/	賃貸借（契約）
15	brew	/brú:/	醸造する	blew	/blú:/	blow の過去形
16	crack	/krǽk/	割れ目	clack	/klǽk/	カタカタ音をたてる
17	crone	/króʊ(óʊ)n/	しわくちゃの老婆	clone	/klóʊ(óʊ)n/	クローン
18	fry	/fráɪ/	油で揚げる	fly	/fláɪ/	飛ぶ
19	grass	/grɑ́:(æ)s/	草地	glass	/glɑ́:(æ)s/	ガラス
20	grow	/gróʊ(óʊ)/	成長する	glow	/glóʊ(óʊ)/	輝く
21	pray	/préɪ/	祈る	play	/pléɪ/	遊ぶ

[2] /v/と/b/ 聞き分けのポイント ⊙ track 23 🇺🇸 ⊙ track 24 🇬🇧

/v/は上歯と唇のすき間でつくる摩擦音なので、少し息の振動する音が聞こえ、日本語の「ブ」より長い音。
/b/は両唇を合わせて息で強くはじく破裂音なので、日本語の「ブ」より短い音。

/v/の口 　　/b/の口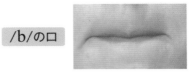

1	very	/véri/	とても	berry	/béri/	ベリー
2	vest	/vést/	ベスト	best	/bést/	最善の
3	vote	/vóʊ(óʊ)t/	投票	boat	/bóʊ(óʊ)t/	ボート
4	vat	/vǽt/	大おけ	bat	/bǽt/	バット
5	van	/vǽn/	トラック	ban	/bǽn/	禁止
6	vale	/véɪl/	谷	bail	/béɪl/	保釈金
7	vowel	/váʊəl/	母音	bowel	/báʊəl/	腸
8	vet	/vét/	獣医	bet	/bét/	賭け金
9	rove	/róʊ(óʊ)v/	うろつく	robe	/róʊ(óʊ)b/	ローブ
10	curve	/kʰə́ː(ə́ː)v/	曲線	curb	/kʰə́ː(ə́ː)b/	(道の) へり

[3] /s/と/θ/ 聞き分けのポイント ⊙ track 25 🇺🇸 ⊙ track 26 🇬🇧

/s/は舌と歯茎のすき間から出す摩擦音なので、鋭い「ス」の音、/θ/は、舌と上歯の間の摩擦音なので、
どちらかといえば、太い「ス」の音。ただし、両者とも日本語の「ス」より強く長い音。

/s/の口 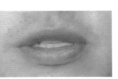　　/θ/の口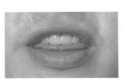

1	sink	/síŋk/	沈む	think	/θíŋk/	考える
2	sank	/sǽŋk/	sink の過去形	thank	/θǽŋk/	感謝する
3	sick	/sík/	病気の	thick	/θík/	厚い
4	sing	/síŋ/	歌う	thing	/θíŋ/	物
5	seem	/síːm/	～のように見える	theme	/θíːm/	テーマ
6	sought	/sɔ́ːt/	seek の過去・過去分詞形	thought	/θɔ́ːt/	think の過去・過去分詞形
7	pass	/pʰǽː(ǽ)s/	通る	path	/pʰǽː(ǽ)θ/	小道
8	mass	/mǽs/	一般大衆	math	/mǽθ/	数学
9	mouse	/máʊs/	ハツカネズミ	mouth	/máʊθ/	口
10	moss	/mɔ́(ɔ́ː)s/	こけ	moth	/mɔ́(ɔ́ː)θ/	蛾
11	miss	/mís/	機会を逃す	myth	/míθ/	神話
12	face	/féɪs/	顔	faith	/féɪθ/	信念
13	use	/júːs/	使用	youth	/júːθ/	青春期

聞き取りにくい子音の発音

[4] /z/と/ð/　聞き分けのポイント　🔘 track 27 🇺🇸　🔘 track 28 🇬🇧

　/z/は舌と歯茎のすき間から出す摩擦音なので、鋭い「ズ」の音。/ð/は、舌と上歯の間の摩擦音なので、どちらかといえば、太い「ズ」の音。ただし、両者とも日本語の「ズ」より強く長い音。

/z/の口 　　/ð/の口

1	Zen	/zén/	禅	then	/ðén/	そのとき
2	tease	/tí:z/	～をからかう	teethe	/tí:ð/	歯がはえる
3	breeze	/brí:z/	そよ風	breathe	/brí:ð/	呼吸する

[5] /z/と/dz/　聞き分けのポイント　🔘 track 29 🇺🇸　🔘 track 30 🇬🇧

　/z/は「ス」の濁音で「ズ」、/dz/は「ツ」の濁音で「ヅ」。/z/は母音のあと、ポーズがなく続く音ですが、/dz/は、母音のあとにポーズ（声帯を締める）があって続く音です。

/z/の口 　　/dz/の口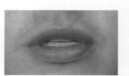

1	cars	/kʰá:(áɚ)z/	car（車）の複数形	cards	/kʰá:(áɚ)dz/	card（カード）の複数形
2	maze	/méɪz/	迷路	maids	/méɪdz/	maid（メイド）の複数形
3	knees	/ní:z/	knee（ひざ）の複数形	needs	/ní:dz/	need の3人称単数現在形
4	guys	/gáɪz/	guy（男の人）の複数形	guides	/gáɪdz/	guide（案内人）の複数形
5	bees	/bí:z/	bee（ハチ）の複数形	beads	/bí:dz/	bead（ビーズ）の複数形
6	rose	/róʊ(óʊ)z/	rise の過去形	roads	/róʊ(óʊ)dz/	road（道）の複数形

[6] /ʒ/と/dʒ/　聞き分けのポイント　 track 31 🇺🇸　⚫ track 32 🇬🇧

/ʒ/は/ʃ/の有声音で「ジュ」。/dʒ/は/tʃ/の有声音で「ヂュ」。/ʒ/は母音のあと、ポーズがなく続く音ですが、/dʒ/は、母音のあとにポーズ（声帯を締める）があって続く音です。

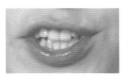

/ʒ/の口

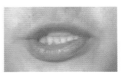

/dʒ/の口

1	pleasure	/pléʒə(ɚ)/	喜び	8	religion	/rɪlídʒən/	宗教
2	mirage	/mɪrɑ́:ʒ/	蜃気楼	9	joy	/dʒɔ́ɪ/	喜び
3	leisure	/léʒə(ɚ) líːʒɚ/	余暇	10	page	/péɪdʒ/	ページ
4	invasion	/ɪnvéɪʒən/	侵入	11	bridge	/brídʒ/	橋
5	television	/tʰéləvɪʒən/	テレビ	12	germ	/dʒɚː(ɚ́ː)m/	ばい菌
6	treasure	/tréʒə(ɚ)/	宝物	13	gem	/dʒém/	宝石
7	giant	/dʒáɪənt/	巨人	14	soldier	/sóʊ(óʊ)ldʒə(ɚ)/	軍人

[7] /h/と/f/　聞き分けのポイント　 track 33 🇺🇸　⚫ track 34 🇬🇧

聞き取るときは話の内容からも判断できますが、発音はそうはいきません。/f/は摩擦させる息の音が唇のあたりで聞こえますが、/h/は喉奥を息が摩擦する音で、寒いときに手に息を吹きかけるときの音です。

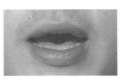

/h/の口

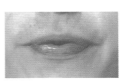

/f/の口

| 1 | who'd | /húːd/ | who would の短縮形 | food | /fúːd/ | 食べ物 |
| 2 | who'll | /húːl/ | who will の短縮形 | fool | /fúːl/ | ばか者 |

第4章

母音
Vowels

母音とは、呼気が子音のように調音器官などの妨害をほとんど受けず、直接声道を通過する音です。その息は収束して、首の上つけ根から下つけ根の間で、喉の一点に集まります。その場所を本書では共鳴スポットと呼んでいます。また、共鳴スポットに集まる息には前、後ろの2つの方向があり、それを声のベクトル（p. 128）と呼びます。母音の発音はこの2つで決まると言っても過言ではありません。二次的に、口の形（pp. 126〜127）や舌の高さが関係し、舌の緊張・弛緩も起こります。母音は、すべて、声帯の振動を伴う有声音です。

日本語の母音は「ア、イ、ウ、エ、オ」の5つしかありませんが、英語は単母音だけでも弱母音を合わせると17個、二重母音・三重母音を合わせると、イギリス発音で30個、アメリカ発音はさらに母音のあとにRが続くR性母音が加わり、37個あります。

母音　Vowels		
§1 前舌母音　Front vowels		
29	iː	弱母音　i
30	ɪ	弱母音　ɪ
31	e	
32	æ	
§2 中舌母音　Central vowels		
33	ə	
34	〈英〉əː	
35	ʌ	
§3 後舌母音　Back vowels		
36	uː	弱母音　u
37	ʊ	弱母音　ʊ
38	ɔː	
39	〈英〉ɔ	
40	〈米〉ɑ	
41	ɑː	
§4 二重母音　Diphthongs		
42	eɪ	
43	aɪ	
44	ɪc	
45	aʊ	
46	〈英〉əʊ	
47	〈米〉oʊ	
48	juː	弱母音　ju jʊ
49	〈英〉ɪə	
50	〈英〉eə	
51	〈英〉ʊə	
§5 三重母音　Triphthongs		
52	aɪə	
53	aʊə	
54	jʊə	
§6 R性母音　Rhotacized vowels		
55	〈米〉ɚː	
56	〈米〉弱母音 ɚ	
57	〈米〉ɑɚ	[二重母音]
58	〈米〉ɔɚ	[二重母音]
59	〈米〉ɪɚ	[二重母音]
60	〈米〉eɚ	[二重母音]
61	〈米〉ʊɚ	[二重母音]
62	〈米〉aɪɚ	[三重母音]
63	〈米〉aʊɚ	[三重母音]
64	〈米〉jʊɚ	[三重母音]

左の表が本書で取り上げるすべての母音です。三重母音は、厳密にはほかに、42. /eɪ/、44. /ɔɪ/、46. /əʊ/、47. /oʊ/に 33. /ə/、56. /ɚ/を加えた三重母音/eɪə, ɔɪə, əʊə, oʊə/とR性母音/eɪɚ, ɔɪɚ, əʊɚ, oʊɚ/の8つがありますが、単語例が少ないため、本書では取り上げていません。（紫色で表記しているのは、R性母音を含むアメリカ発音のみの母音、緑色はイギリス発音のみの母音です）

発音記号

本書で扱う発音記号は、IPA（the International Phonetic Association: 国際音声学協会）表記に基づいています。

ただし、本書の39. に関しては、IPA表記では/ɒ/で表されるところを、/ɔ/で表記しました。なぜなら、日本の辞書でIPA表記に近い『ルミナス英和辞典』『新英和中辞典』でも/ɔ/で表記しているからです。なお、ほかの辞書のほとんどが、以下のような表記になっているので、29. /iː/と30. /ɪ/、36. /uː/と37. /ʊ/、38. /ɔː/と39. /ɔ/ は同じ音で長いか短いかの違いだと勘違いしていることが多いと思います。これから本書で勉強していきますが、音質がまったく違う音素です。

番号	本書の表記	日本の一部辞書の表記
30	ɪ	i
37	ʊ	u
43	aɪ	ɑi
45	aʊ	ɑu
46	əʊ	ou
47	oʊ	ou
49	ɪə	iə
51	ʊə	uə
52	aɪə	ɑiə
53	aʊə	ɑuə
54	jʊə	juə
55	ɚː	əːr
56	ɚ	ər
57	ɑɚ	ɑːr
58	ɔɚ	ɔːr
59	ɪɚ	iːr
60	eɚ	eːr
61	ʊɚ	uːr
62	aɪɚ	ɑiər ɑir
63	aʊɚ	ɑuər ɑur
64	jʊɚ	juər jur

§1 ｜ 母音の分類

●強母音と弱母音

　強母音は、アクセント（強声）のある母音のことをいいます。弱母音はアクセントを受けず、弱く発音される母音のことで、/i, ɪ, u, ʊ/、二重母音/ju, jʊ/とあいまい母音/ə/があります。弱母音は、強母音と発音記号が同じですが、実際の発音は少し違います。

●短母音と長母音

　母音の長さによって短母音と、長母音に分かれます。/:/は音がダブルで発音されるという記号であって、1つの音を伸ばすわけではありません。たとえば、/i:/は、「イー」でなくて「イィ」です。

●二重母音

　二重母音とは2つの異なった母音的要素が組み合わされてできている音で、初めの音を第1要素、2つ目の音を第2要素といいます。たとえば、二重母音/aɪ/の第1要素は/a/であり、第2要素は/ɪ/になります。しかし二重母音は単に2つの母音を連続して発音するのではなく、第1要素の発音と第2要素の発音との間にはとぎれがなく、滑らかに調音位置が移動します。二重母音は1つの流れのある音であり、2つの短母音として発音しないよう注意してください。

　/eɪ, aɪ, ɔɪ, aʊ, əʊ, oʊ, ɪə, eə, ʊə/は下降二重母音といい、第1要素の母音を第2要素の母音より強く長く発音します。第2要素はあくまでも軽くつけ加える程度で、舌は第2要素の母音の方向へ移動しますが、その母音の舌の位置までは移動しません。しかし全体の音の長さは/i:/や/ɔ:/などの長母音とほぼ同じです。/ju:, ju, jʊ/は、上昇二重母音といい、第1要素の母音よりも第2要素の母音を強く長く発音します。

●三重母音

　三重母音は3つの異なった母音的要素が組み合わされてできていますが、二重母音と同様、単に3つの母音を連続して発音するわけではなく、第1要素と第2・第3要素の発音との間にはとぎれがなく、滑らかに調音位置が移動します。三重母音は1つの音であり、3つの短母音として発音しないようにしましょう。

　/aɪə, aʊə/は第1要素の/a/のみをはっきりと発音し、第2・第3要素は軽く添える感じでつけ加えます。舌は第2要素の母音の方向へ移動しますが、その母音の舌の位置まで移動せず、あくまで第3要素/ə/にいたる間の発音になります。しかし、/jʊə/だけは第1要素ではなく、第2要素の母音を強く長く発音します。

●R性母音

　R性母音とは、母音+rのつづりからなる母音のことで、イギリスではこのRを発音しないため、アメリカ発音にしかありません。単母音、R性二重母音とR性三重母音があります。R性母音にはフックトシュアと呼ばれる発音記号/ɚ/が必ずつきます。これは、半母音（移行音）/r/と同じ調音方法で同じ音質になります。

§2 ｜ 英語の母音の数

　前にも述べたように、日本語の母音は「ア、イ、ウ、エ、オ」の5個ですが、イギリス発音は弱母音を合わせると30個、アメリカ発音は37個あります。

　英米の母音数に違いがあるのは、R性母音によるものです。アメリカ発音では、fatherのaは/ɑ:/ですが、carのarは/ɑɚ/と、rを発音します。イギリス発音は両方とも/ɑ:/で、語末のrは発音しません。また、アメリカ発音で、allのallは/ɔ:/、orは/ɔɚ/ですが、イギリス発音では両方とも/ɔ:/です。また、アメリカ発

音では、teacher、operatorの語末の-er、-orは/ɚ/で、イギリス発音はaboutのaと同様のあいまい母音/ə/で発音します。また、三重母音は、英米共通に存在しますが、rがつくとアメリカではR性三重母音となります。そのため、合計でアメリカ発音はイギリス発音より母音が7つ多くなります。

§3 │ イギリス発音とアメリカ発音の違い

　イギリス発音とアメリカ発音の母音は、同じものも多いですが、大きく違うものもあります。それらは、発音記号が同じだが実際の発音は違っているもの、発音記号が違うもの（短母音1種、二重母音1種）、「母音＋r」のR性母音に分類されます（発音記号の前の数字は本書の発音記号番号です）。
[1] 発音記号が同じものだが違う音（短母音）
　　32. /æ/　　35. /ʌ/
[2] 発音記号が同じものだが違う音（長母音）
　　38. /ɔː/
[3] 発音記号が同じものだが違う音（二重母音）
　　42. /eɪ/　　44. /ɔɪ/
[4] 発音記号が異なり、違う音（短母音）
　　イギリス発音39. /ɔ/ にアメリカ発音40. /ɑ/が対応
[5] 発音記号が異なり、違う音（二重母音）
　　イギリス発音46. /əʊ/にアメリカ発音47. /oʊ/が対応
[6] 発音記号が異なり、違う音（R性母音）
　　イギリス発音　　33. /ə/　49. /ɪə/　50. /eə/　51. /ʊə/　52. /aɪə/　53. /aʊə/　54. /jʊə/
　　アメリカ発音　　56. /ɚ/　59. /ɪɚ/　60. /eɚ/　61. /ʊɚ/　62. /aɪɚ/　63. /aʊɚ/　64. /jʊɚ/
[7] アメリカ発音にしかない発音で、対応するイギリス発音はあるが逆の対応はないもの（R性母音）
　　アメリカ発音　　56. /ɚ/　57. /ɑɚ/　58. /ɔɚ/
　　イギリス発音　　33. /ə/　41. /ɑː/　38. /ɔː/

●R性母音と、イギリス発音/ɔ/に対応するアメリカ発音/ɑ/
　中世英語では、「母音＋r」のRを発音していましたし、同様に、bodyのoの音をもともとイギリスでは/ɑ/と発音していましたが、18世紀頃からR性母音のRの音が発音されなくなり、/ɑ/は/ɔ/と発音するようになりました。しかし、1620年メイフラワー号でアメリカに渡った英国人は、アメリカ人となって古い英語をそのまま受けついで今日になり、アメリカの英語はRを発音し続け、bodyのoは/ɑ/で発音し続けました。標準的なアメリカ発音（GA）はRを発音しますが、アメリカでもニューイングランド東部、ニューヨーク市、南部地方などではイギリスのようにRを発音しないところもあり、イギリスでもRを発音する地域があります。アメリカ発音のR性母音は、/r/と同様、（A）もり上がり舌 と（B）そり舌 の発音がありますが、（A）のもり上がり舌を使う人がほとんどです（pp. 72～75 参照）。

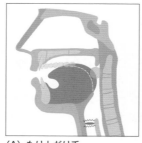 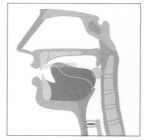

　　（A）もり上がり舌　　　　　　　（B）そり舌

§4 │ 母音図

[1] 母音図の由来と見方

　19世紀から世界の諸言語の母音を分類しようという試みの中でいろいろな母音図が作られましたが、20世紀前半に活躍した英国の音声学者Daniel Jones（1881-1967）が考案した、基本母音（cardinal vowels）の体系が一番成功しています。音声学上、母音は、①舌の最高点が前寄りか後ろ寄りか、②舌が高い位置か低い位置か、③唇が丸まるか丸まらないか、によって分類されますが、母音図は基本母音についてそれらを表しています。

　母音とは、呼気が子音のように調音器官などの障害を受けずに、直接声道を通過する音です（p. 118 参照）。基本母音図は、下図のように不等辺四角形で表されます。四隅の点は架空の音素で、言ってみれば子音と母音のぎりぎりの音素です。これらを基本母音といいます。

　左上角の/i/は、母音の限界内で舌をできるだけ前に、そして高く上げて発音されるもので、これ以上高く上げると子音の硬口蓋摩擦音/j/（p. 78 参照）になってしまう手前の母音です。右下角の/ɑ/は、舌をできるだけ後ろに下げて発音し、これ以上後ろに下げると子音の咽頭摩擦音[ʢ]になってしまうぎりぎりの音です。ほかの点は、聴覚の印象で設定しています。その点が方法論的には一貫性を欠くといわれていますが、現在でもこれに勝る方法がないので、IPAではJonesの基本母音図を採用しています。

　母音図の各点は、舌中心線※の一番高い位置をプロットしたものです。

※舌中心線は、舌の中心を通る線のことで、正中線ともいいます。舌の縁ではなく、中心線の一番高いところの位置が前か後ろか、高いか低いかにより、母音の音質が変わります。

　右の顔面断面図を見てください。口の中に、母音図が小さくかかれています。母音図は舌のわずかな動きを示すものです。下の図が拡大した母音図です。

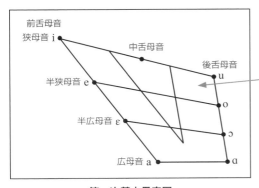

第一次基本母音図

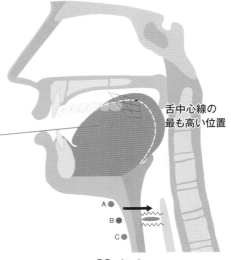

舌中心線の
最も高い位置

36. /uː/

●第一次基本母音図の示すもの

前舌母音：前舌面が硬口蓋に向かって上がる。
後舌母音：後舌面が軟口蓋に向かって上がる。
中舌母音：上記2つの中間で、第一次基本母音図の三角形の部分に入る母音。

　基本母音（cardinal vowels）の発音記号を頭文字を取ってC [　]で表すと、以下のようになります。
狭　母　音：口腔中で舌がかなり上まで上がる母音。C[i]-C[u]までは舌が上がる。
広　母　音：口腔中で舌がかなり下まで下がる母音。C[a]-C[ɑ]までは舌が下がる。
半狭母音：C[e]-C[o]線上の母音。
半広母音：C[ɛ]-C[ɔ]線上の母音。

唇の形と母音図も関連があります。前舌母音は、丸めが少なく、後舌母音は丸めを伴います。

張　　唇：唇が積極的に左右に広げられる。C[i]　C[e]

弛　　唇：唇自身は左右に開くことに積極的には関与しない。C[ε]　C[a]　C[ɑ]

狭い円唇：円唇の程度が強く、口が小さく丸められる。　C[u]　C[o]

広い円唇：円唇の程度がさほど著しくない。　C[ɔ]

（詳しい説明は、**§5** p. 126 参照）

　第二次基本母音図では、第一次基本母音とは唇の形が逆で、張唇が後舌母音、弛唇が前舌母音になりますが、そこに含まれる音素は英語とは関係ないものも多いです。

　世界の言語は、第一次基本母音図と第二次基本母音図のいずれかに舌の最高点の位置をプロットして表すことができます。英語は第一次基本母音図で表せるので、第二次基本母音図の詳細はここでは述べません。本書で、母音図を使った説明をしているのは、日本語と英語の母音の違いや、英語の母音間の違いが明瞭にわかるからです。

　下の図は、日本語の母音の舌中心線と口、あごの形を第一次基本母音図の中にかき入れたものです。英語の母音図を学ぶ前に、まずは、下記の図を見ながら日本語で舌の位置を確認してみましょう。（「ア」以外は全部舌先が下歯より上にあります。p.133のアメリカ、イギリス発音の舌中心線と見比べてみましょう。）

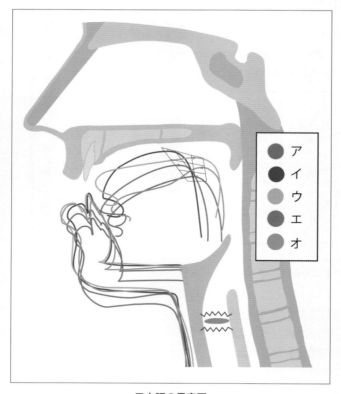

日本語の母音図

[2] 英語の全母音の母音図

（母音図は、巻末にも掲載されています。壁に貼るなどしていつも参照できるようにしましょう。）

イギリス発音の母音図

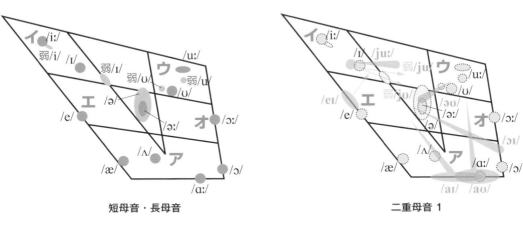

短母音・長母音

二重母音 1

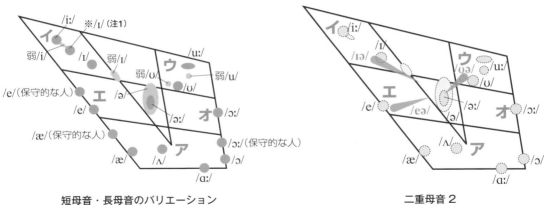

短母音・長母音のバリエーション

二重母音 2

注1　※/ɪ/は3. /ŋ/があとに続く単語によって使用される。
　　　例）pink, sink, ink, England

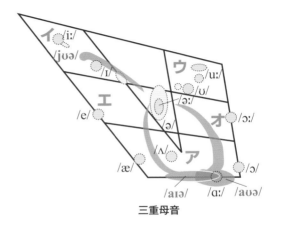

三重母音

アメリカ発音の母音図

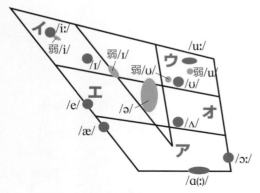

短母音・長母音

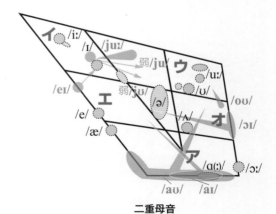

二重母音

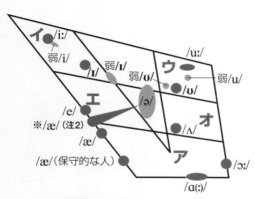

短母音・長母音のバリエーション

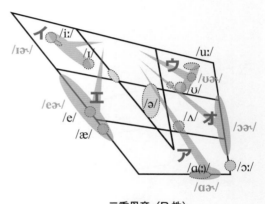

二重母音（R性）

注2　※バリエーションとして二重母音/eə/のように発音する人も
　　　いる。

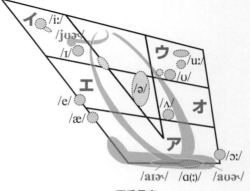

三重母音

※/aɪə/, /aʊə/, /jʊə/は対応するR性母音と同じです。

イギリス発音とアメリカ発音の母音図を見ると発音記号が同じでも、音が違う理由がわかると思います。

［3］母音図の見方

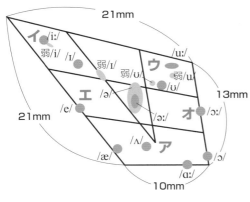

イギリス発音　母音図の辺の長さ

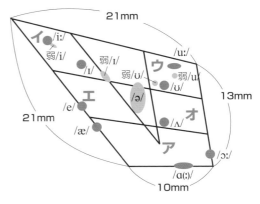

アメリカ発音　母音図の辺の長さ

　母音図は、本書に掲載されている断面図のモデルの口内では上記のような長さになっています。この長さを使って、各母音が日本語の母音より何ミリ上下しているかで、自分の舌の高さをおおまかに想定できます。

　日本語の母音は、「ア」「イ」「ウ」「エ」「オ」と書かれているところが、それぞれの母音の舌の最高点です。それを基準に日本語よりもそれぞれの発音記号がどれだけ離れているかを、数量的に見ることができます。

日本語と英語の母音との舌の最高点の比較

No.	発音記号	母音図に基づく、英語の母音と日本語の母音の最高点の距離の比較
29.	/iː/	「イー」とほぼ同じ。
30.	/ɪ/	「イ」と「エ」の間で、「イ」より舌の最高点を下に3ミリ、後ろに4ミリくらい引く。
31.	/e/	「エ」より舌の最高点を1ミリくらい下げる。
32.	英/æ/	舌の最高点は「ア」くらいにし、5ミリくらい前に出す。
32.	米/æ/	「エ」より舌の最高点を3ミリくらい下げる。
33.	/ə/	「ア」より舌の最高点を5ミリくらい上げる。
34.	英/ɔː/	「ア」より舌の最高点を5ミリくらい上げる。
35.	英/ʌ/	「ア」と舌の最高点はほぼ同じで、2ミリくらい前に出す。
35.	米/ʌ/	「ア」より舌の最高点を3ミリくらい上げる。
36.	/uː/	「ウ」と舌の最高点はほぼ同じで、2ミリくらい後ろに引く。
37.	/ʊ/	「ウ」よりも舌の最高点を3ミリくらい下げ、1ミリくらい後ろに引く。
38.	英/ɔː/	舌の最高点は「オ」と同じで、1ミリぐらい後ろに引く。
38.	米/ɔː/	舌の最高点を「オ」より6ミリくらい下げ、1ミリくらい後ろに引く。
39.	英/ɔ/	舌の最高点を「オ」より6ミリくらい下げ、1ミリくらい後ろに引く。
40.	米/ɑ/	「ア」より舌の最高点を3ミリくらい下げ、3ミリくらい後ろに引く。
41.	/ɑː/	「ア」より舌の最高点を3ミリくらい下げ、3ミリくらい後ろに引く。

　このように、母音を決定する1つの要素である、舌の高さを決めるのに、母音図は大変役に立ちます。

§5 | 母音の発音と唇の形

発音するときに、唇の形が気になりますが、実際には唇の形が音を決めるわけではなく、舌の位置や形が唇の形を決めるといってよいでしょう。だから口の形だけをまねしても、正確な発音はできません。口の形はあくまで参考程度に留めておきましょう。分類すると、円唇、張唇、弛唇に分けられます。

（ア）円唇 ― 唇を突き出し丸めた形で、その中に広い円唇、中程度の円唇、やや円唇、狭い円唇があります。
（イ）張唇 ― ほほえむときのように、左右の口角を外側に張った形。
（ウ）弛唇 ― はっきりとした円唇でも、張唇でもない形。
基本母音の舌の位置と唇の形の関係は以下のようになります。

英語の短母音・長母音の舌の位置と唇の形の関係

	母音		
	前舌母音 Front vowels	中舌母音 Central vowels	後舌母音 Back vowels
張唇	英米29. iː		
やや弛唇	英米30. ɪ 英米31. e		
弛唇	英米32. æ	英米33. ə 英米35. ʌ	英41. ɑː 米40. ɑ 41. ɑː
狭い円唇			英米36. uː
やや円唇		英34. əː 米55. ɚ	英米37. ʊ
中程度の円唇			英38. ɔː
広い円唇			英39. ɔ 米38. ɔː

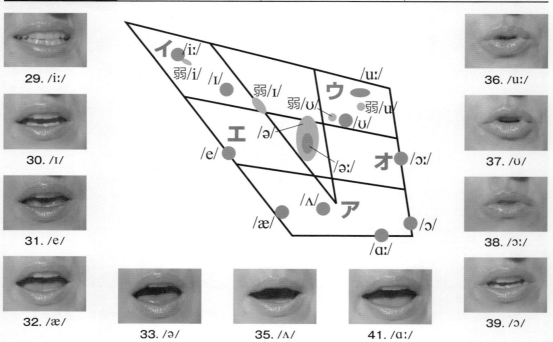

29. /iː/　　30. /ɪ/　　31. /e/　　32. /æ/　　33. /ə/　　35. /ʌ/　　41. /ɑː/

36. /uː/　　37. /ʊ/　　38. /ɔː/　　39. /ɔ/

イギリス発音の長短母音の口

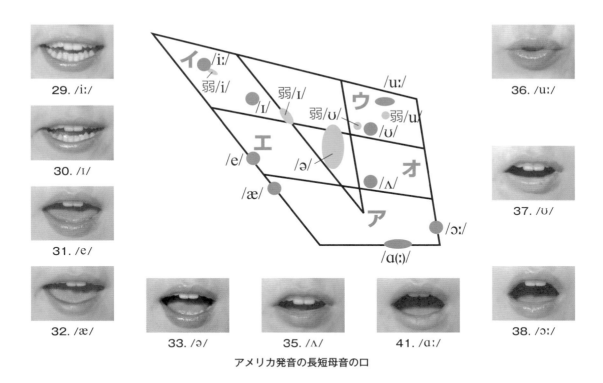

29. /iː/

30. /ɪ/

31. /e/

32. /æ/

33. /ə/　35. /ʌ/　41. /ɑː/

36. /uː/

37. /ʊ/

38. /ɔː/

アメリカ発音の長短母音の口

　母音図は一般に音声学のもの、と思われていますが、舌の位置や唇の形を確認するのにとても便利です。アメリカ発音とイギリス発音の違いも理解しやすくなります。

§6 │ 母音の共鳴スポットと声のベクトル

　著者独自の母音の研究から、母音の音を決定する重要な要因は、声を声道の一点に収束させる位置と方向であることを発見しました。それぞれ、共鳴スポットと声のベクトルと名づけました。

●共鳴スポットの位置

　右図の喉前の部分を見てください。共鳴スポットは主に3箇所です。

　　A：首上つけ根（首とあごのつけ根のあたり）
　　B：声帯（喉仏のあたり）
　　C：首下つけ根（首と胴のつけ根のあたり）

3箇所の間、たとえばBとCの間は、B-Cと表します。

●声のベクトル

　さらに、共鳴スポットにあてる声に方向性（ベクトル）を持たせると的確に英語の母音が発音できます。ベクトルには前と後ろがあり、それぞれ、共鳴スポットに右手を置いて一度発音してから、人差し指をベクトルの方向に向けながら、声をその方向に鋭く当てるように発音するとよいでしょう。

共鳴スポットA

　まず、日本語の「ア」「イ」「ウ」「エ」「オ」と発音する際に、首手前に手をあててみてください。次のようなことがわかると思います。「ア」はCあたりの一点がふるえますね。また、声はその点に向かって前に押していませんか。これを、「共鳴スポット：C、声のベクトル：前←」と表します。同様に、

「イ」共鳴スポット：A-B（首上つけ根と声帯の間）、声のベクトル：前←
「ウ」共鳴スポット：C（首下つけ根）　声のベクトル：前←
「エ」共鳴スポット：B-C（声帯と首下つけ根の間）、声のベクトル：前←
「オ」共鳴スポット：B（声帯）、声のベクトル：前←

　このように、**日本語は前舌・中舌・後舌母音のいずれも、声のベクトルは前向き**です。これは、後舌部の筋肉をあまり使わないことを示しています。それぞれの音素の共鳴スポットとベクトルを守って発音すれば、正しく発音できます。

　英語は、子音同様、母音においても日本語よりも舌の筋肉を使います。**英語の後舌母音は、英米とも声のベクトルが後ろ向き**です。これは、後舌部の筋肉が収縮する、言い換えれば舌が後ろに引かれることになります。イギリス発音では、前舌母音と中舌母音は声のベクトルが前向きですが、**アメリカ発音は、33. あいまい母音/ə/以外、全部後ろ向き**になります。**アメリカ発音は、イギリス発音より後舌部を後ろに向かわせることが多いことを示しています。アメリカ発音はR性母音の/r/の発音で後舌部から舌根、喉頭蓋（第2章p. 24 参照）にかけて筋肉を縮めるので、R性母音でない母音にも影響があるのではないかと思われます。

　また、英語の母音は、舌根を下げて喉を開き、横隔膜呼吸で発音されますので、日本語の共鳴スポットと声のベクトルが同じであっても、違った音になります。英語の母音は、すべての音に対して、舌先が下歯の裏につきますが、日本語は舌根が下がっていないため、「ア」以外、舌先は下歯よりも上（pp. 40〜41 図9、10 参照）にあります。

　以下にイギリス発音とアメリカ発音の共鳴スポットと声のベクトルを示します。
←は声のベクトルが前、→は声のベクトルが後ろであることを表しています。
⇒は、共鳴スポットあるいは声のベクトルが移動することを表しています。二重母音、三重母音、R性母音に起こります。
∋　∈は、32. /æ/だけの記号で、声のベクトルが四方に広がることを示しています。
B̲は、Bの少し下に共鳴スポットがあることを示しています。

イギリス発音とアメリカ発音の共鳴スポットと声のベクトル

No.	発音記号	イギリス発音	アメリカ発音
29	iː　弱母音　i	←A	A→
30	ɪ　弱母音　ɪ	←B	B→
31	e	←B	B→
32	æ	∋C	B-C∈
33	ə	←B	←B
34	〈英〉ə:	←B-C	-
35	ʌ	C→	B-C→
36	uː　弱母音　u	A-B→	A-B→
37	ʊ　弱母音　ʊ	C→	C→
38	ɔː	B→	C→
39	〈英〉ɔ	C→	-
40	〈米〉ɑ	-	C→
41	ɑː	C→	C→
42	eɪ	←B	B→
43	aɪ	C→　⇒　←B-C	C→　⇒　B-C→
44	ɔɪ	B-C→ ⇒　←B	B→
45	aʊ	C→	C→
46	〈英〉əʊ	←B-C ⇒　B-C→	-
47	〈米〉oʊ	-	B→
48	juː　弱母音　ju　jʊ	A-B→ （jʊはC→）	A-B→ （jʊはC→）
49	〈英〉ɪə	←B	-
50	〈英〉eə	←B-C	-
51	〈英〉ʊə	C→　⇒　←C	-
52	aɪə	C→　⇒　←B	C→　⇒　←B
53	aʊə	C→　⇒　←B	C→　⇒　←B
54	jʊə	C→　⇒　←B	C→　⇒　←B
55	〈米〉ɚː	-	A→
56	〈米〉弱母音ɚ	-	A→
57	〈米〉ɑɚ	-	C→　⇒　A→
58	〈米〉ɔɚ	-	B→　⇒　A→
59	〈米〉ɪɚ	-	B→　⇒　A→
60	〈米〉eɚ	-	B→　⇒　A→
61	〈米〉ʊɚ	-	C→　⇒　A→
62	〈米〉aɪɚ	-	C→　⇒　A→
63	〈米〉aʊɚ	-	C→　⇒　A→
64	〈米〉jʊɚ	-	C→　⇒　A→

（2012年 エースネイティヴ発音リスニングスピーチ研修所 作成）

　次頁の母音図に 29.〜41. の母音の「共鳴スポット」と「声のベクトル」を書き込みました。

◀━━━ は、長母音の声のベクトルで、他の矢印より長めなのは、ベクトルの力が強いことを表しています。つまり、舌の引き具合が強くなります。その結果、29. /iː/ の唇は前に強く引いて張唇になり、36. /uː/ は、後ろに強く引いて狭い円唇になります。

◀━━ は、短母音の声のベクトルを表しています。短いのは、ベクトルの力が長母音よりも弱いことを表しています。

◀▶ は、声が四方に広がることを表しています。このとき、舌の形も広がります。

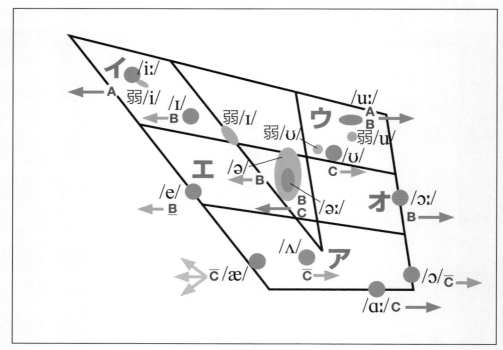

イギリス発音　短母音・長母音

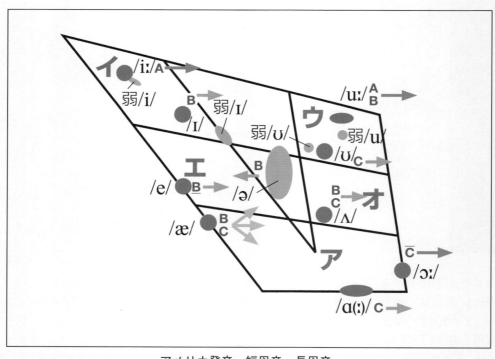

アメリカ発音　短母音・長母音

§7 | 位置によって違う母音の長さ

　母音の長さは、同じ発音記号でも語中での位置によって微妙に違うことがあります。次のことを覚えておきましょう。

1. 有声子音の前では、無声子音の前にあるときより長く発音される。

2. 母音が語末にあるとき、長く発音される。

	有声子音の前（長め）	無声子音の前（短め）	語末（長め）
29. /iː/	seed	seat	see
30. /ɪ/	pig	pick	–
31. /e/	bed	bet	–
32. /æ/	bag	back	–
34. /əː/　55. /ɚː/	heard	hurt	fur
35. /ʌ/	buzz	bus	–
36. /uː/	move	group	blue
37. /ʊ/	could	cook	–
38. /ɔː/　58. /ɔɚ/	born	sort	saw
39. /ɔ/　40. /ɑ/	lodge	lock	–
41. /ɑː/　57. /ɑɚ/	large	arch	bar
42. /eɪ/	played	plate	day
43. /aɪ/	hide	fight	fly
44. /ɔɪ/	void	voice	boy
45. /aʊ/	loud	mouse	how
46. /əʊ/　47. /oʊ/	robe	rope	go
49. /ɪə/　59. /ɪɚ/	beard	fierce	here
50. /eə/　60. /eɚ/	chairs	scarce	pair

§8 | 母音の発音をする前に留意すべき点

英語の母音を発音する前に、以下のことに留意しましょう。

1. **喉を開ける**（第2章 p. 39「あくびのポーズ」参照）
   あくびの喉＝舌根を下げる＝後舌部の中央がくぼむ。
   →口角を引き締めて、スタートポジションをとりましょう。

2. **横隔膜呼吸で丹田からドッグブレスの息を出す。**（第2章 p. 29「ドッグブレスの呼気のポイント」参照）
   アクセントのある箇所は横隔膜が上がり、ないところは下がる。
   （みぞおちに手をあてると、アクセントのあるところでは引っ込み、ないところでは出る）

3. **声のベクトル（前か後ろ）を確認して、共鳴スポットに声を収束させる。**

4. 咳払いのように、閉じた声帯を急に開いて、ためた息を声帯から出して発音する（声門閉鎖音）。
   （第2章 p. 44「声帯を閉めて強い母音」参照）

5. **母音を発音するときは、つねに舌先が下がっていて下歯の裏か下歯茎にある。**
   （話すときは舌根が下がり、舌全体が下がるために、必ず舌先が下歯の後ろにくる）

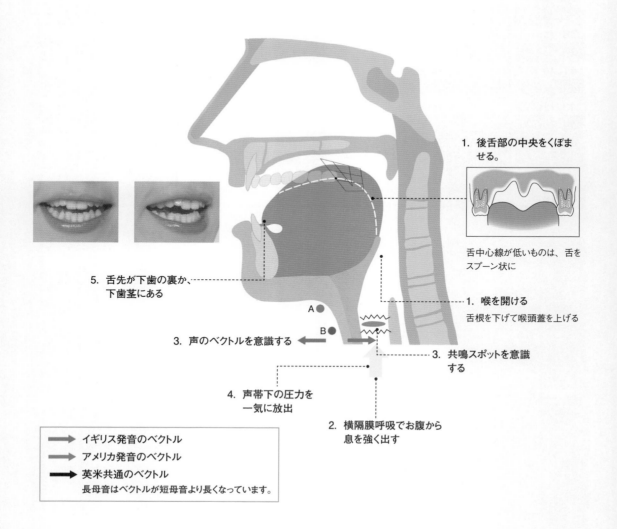

1. 後舌部の中央をくぼませる。

舌中心線が低いものは、舌をスプーン状に

5. 舌先が下歯の裏か、下歯茎にある

1. 喉を開ける
舌根を下げて喉頭蓋を上げる

A●

B●

3. 声のベクトルを意識する

3. 共鳴スポットを意識する

4. 声帯下の圧力を一気に放出

2. 横隔膜呼吸でお腹から息を強く出す

➡ イギリス発音のベクトル
➡ アメリカ発音のベクトル
➡ 英米共通のベクトル
　　長母音はベクトルが短母音より長くなっています。

母音§1 前舌母音

Vowels § 1　**Front vowels**

- -

29 /iː/　29' 弱/i/

30 /ɪ/　30' 弱/ɪ/

31 /e/　32 /æ/

発音中、舌の前部(舌先より後ろ)が最も高くなる母音。
硬口蓋に舌の最高点が近づきます。

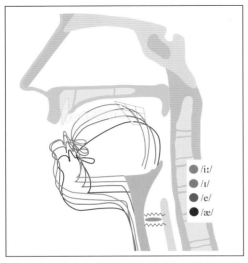

・/iː/
・/ɪ/
・/e/
●/æ/

イギリス発音　前舌母音の舌中心線比較図

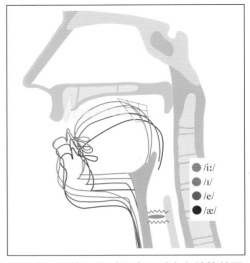

・/iː/
・/ɪ/
・/e/
●/æ/

アメリカ発音　前舌母音の舌中心線比較図

§1 | 前舌母音 Front vowels /iː/, 弱/i/, /ɪ/, 弱/ɪ/, /e/, /æ/

29 強母音/iː/【長母音・前舌母音】 (eat [íːt])

英語の母音の中で舌の最高点が一番前で一番高く、一番張唇の長母音です。
舌の最高点を「イ」とほぼ同じにし、共鳴スポットAに「イ」と声を長めにあて、
二重母音のように流れるように「イィ」と「イ」をダブルで発音します。
長母音という名前につられて、けっして「イー」と伸ばさないように。

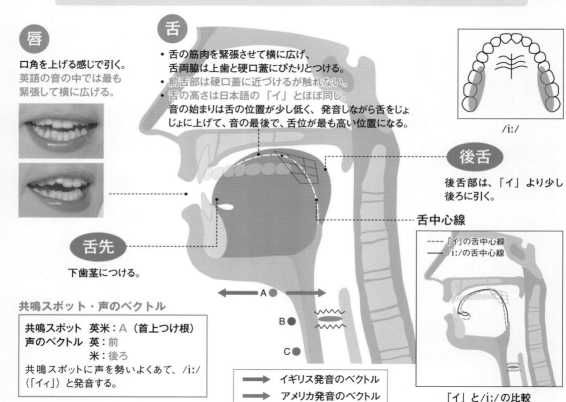

唇
口角を上げる感じで引く。
英語の音の中では最も
緊張して横に広げる。

舌
• 舌の筋肉を緊張させて横に広げ、
舌両脇は上歯と硬口蓋にぴたりとつける。
• 前舌部は硬口蓋に近づけるが触れない。
• 舌の高さは日本語の「イ」とほぼ同じ。
音の始まりは舌の位置が少し低く、発音しながら舌をじょじょに上げて、音の最後で、舌位が最も高い位置になる。

/iː/

後舌
後舌部は、「イ」より少し
後ろに引く。

舌中心線

----「イ」の舌中心線
——/iː/の舌中心線

舌先
下歯茎につける。

「イ」と/iː/の比較

共鳴スポット・声のベクトル
共鳴スポット 英米：A（首上つけ根）
声のベクトル 英：前
　　　　　　米：後ろ
共鳴スポットに声を勢いよくあて、/iː/
（「イィ」）と発音する。

➡ イギリス発音のベクトル
➡ アメリカ発音のベクトル

/iː/ つづりと単語例 ▶ Video 🇬🇧 🇺🇸

（発音記号：紫色はアメリカ発音）

基本	e	fever [fíːvə(ɚ)] 熱
	ee, ea	feel [fíːl] 触る、agree [əgríː] 同意する、eat [íːt] 食べる、each [íːtʃ] おのおのの
	ei, ie	receive [rɪsíːv] 受け取る、seize [síːz] つかむ、piece [pʰíːs] 部分
	i	police [pʰəlíːs] 警察
	ey	key [kʰíː] 鍵　　ay quay [kʰíː] 波止場　　eo people [pʰíːpl] 人々

◆◆「イー」と/iː/の比較

◆「イー」と/iː/の舌の最高点はほぼ同じですが、共鳴スポットが「イー」は**A-B**、/iː/は**A**です。/iː/のほうが共鳴スポットが高いため、「イー」より舌を広げ、**口角を引き気味**にします。

29′ 弱母音/i/【短母音・前舌母音】　(busy [bíːzi])

> **29.** /iː/と舌の位置はほぼ同じですが、「イィ」とダブルにならないだけで、
> けっして短い音ではありません。
> アクセントがない単語の語末や、次に母音/ə，æ/が続くときに弱母音の/i/になります。

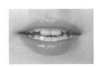　　　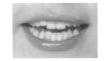

29′. 弱母音/i/　　　　　　　　　　　　　29. /iː/

共鳴スポット・声のベクトル

共鳴スポット	英米：A（首上つけ根）
声のベクトル	英：前
	米：後ろ

（強母音と同じです）

弱母音/i/ つづりと単語例　▶ Video 🇬🇧 🇺🇸　　　（発音記号：紫色はアメリカ発音）

基本	y	**busy** [bíːzi] 忙しい、**funny** [fʌ́ni] おかしい
	ie	**movie** [múːvi] 映画
	ey	**valley** [vǽli] 谷
	i	**industrial** [ɪndʌ́striəl] 産業の、**comedian** [kəmíːdiən] コメディアン
	e	**courteous** [kʰə́ː(ə̀ː)tiəs] 礼儀正しい、**reality** [riǽləti] 現実性

◆◆「イ」と弱母音/i/の比較

◆/i/の舌の最高点が「イ」と近いので、日本語の短く弱い「イ」で代用してもネイティヴは聞き取れます。
◆busy、valleyのようにつづりがy、eyで終わるときは弱い「イ」で、やや長めに発音します。

/ɪ/ の発音は /iː/ を短くしただけだと思っている人も多いようですが、長さだけではなく、舌の最高点、唇の形が違うので、はっきりと違う音になります。共鳴スポットBに声をあてて舌をリラックスさせた、「イ」と「エ」の間のような音です。

唇

口角を引き締め、唇は少し横に引くか、引かずに自然に開ける。

舌

• 舌は、緊張せずに、舌両脇は上歯につける。
• 舌の高さは、「イ」と「エ」の中間で、「イ」より4ミリ後ろに引く。
　（「エ」から、「イ」の響きになるまで舌を上げていってもよい）

/ɪ/

後舌

• 後舌部は、日本語の「イ」より後ろに引く。
• 舌の中央をくぼませる。

舌先

下歯茎につける。

---- 「イ」の舌中心線
—— /ɪ/の舌中心線

「イ」と/ɪ/の比較

共鳴スポット・声のベクトル

共鳴スポット	英米：B（声帯）
声のベクトル	英：前
	米：後ろ

共鳴スポットBに声を勢いよくあてて、/ɪ/（「イ」）と発音する。

/ɪ/ つづりと単語例　▶ Video 🇬🇧 🇺🇸

（発音記号：紫色はアメリカ発音）

基本	i	ship [ʃíp] 船、sit [sít] 座る、pick [pʰík] 選ぶ、pig [pʰíg] 豚
	y	system [sístəm] システム、pyramid [pʰírəmɪd] ピラミッド
	e, ee	English [íŋglɪʃ] 英語、been※ [bín] beの過去分詞形
その他	o, u, ui	women [wímɪn] woman（女性）の複数形、business [bíznɪs] 商売、build [bíld] 建てる

※イギリス発音では[bíːn, bín]となります。

◆◆ 「イ」と/ɪ/の比較

◆「イ」は共鳴スポットが**A-B**、/ɪ/は**B**です。
◆/ɪ/はどちらかといえば音質は31. /e/に近く、「イ」と「エ」の間のあいまいな響きです。「イ」で発音しないように注意しましょう。
◆「イ」は口を横に引き、舌に緊張がありますが、/ɪ/は唇と舌の緊張がありません。

30′ 弱母音/ɪ/【短母音・前舌母音】 （promise [pʰrɔ́mɪs/pʰrɑ́ːmɪs]）

> **30. 強母音/ɪ/より唇に緊張がなく、音が短くなり、舌の最高点は後ろ寄りで下がり、33. /ə/に近づきます。子音が次に続き、アクセントのないところに現れる弱母音です。唇を緊張させず、短く弱くあいまいに発音します。**

30′. 弱母音/ɪ/

30. /ɪ/

共鳴スポット・声のベクトル

共鳴スポット	英米：B（声帯）
声のベクトル	英：前
	米：後ろ
（強母音と同じです）	

弱母音/ɪ/ つづりと単語例　▶ Video 🇬🇧 🇺🇸　　　　　　（発音記号：紫色はアメリカ発音）

基　本	i	**promise** [pʰrɔ́(ɑ́ː)mɪs] 約束
	e	**effect** [ɪfékt] 結果
	a, ie, y	**image** [ímɪdʒ] イメージ、**handkerchief** [hǽŋkə(ɚ)tʃɪf, hǽŋkə(ɚ)tʃìːf] ハンカチ
		mysterious [mɪstíəriəs] 神秘的な
その他	ei, ai, u, ui	**foreign** [fɔ́(ɔ́ː)rɪn, fɔ́(ɔ́ː)rən] 外国の、**bargain** [bɑ́ː(ɑ́ɚ)gɪn, bɑ́ː(ɑ́ɚ)gən] 安い買い物
		minute [mínɪt] 分、**biscuit** [bískɪt] （英）ビスケット （米）軟らかな菓子パン

◆◆ 「イ」と弱母音/ɪ/の比較

◆ 強母音/ɪ/は「イ」と「エ」の間の音ですが、それよりも33. /ə/に近づくので、「ア」の音が少し入ります。

◆ つづり字がenjoy [ɪndʒɔ́ɪ]の語頭の/ɪ/のようにeの場合やimageのaの場合、いっそう「エ」に近くなります。強母音/ɪ/よりも舌の位置はやや低く後ろ寄りで、/ə/に近くになります。

◇◇ /iː/と/ɪ/の違い

• 29. /iː/は、唇・舌ともに緊張して、唇は横に張り、中舌部は両脇を硬口蓋にぴったりつけますが、30. /ɪ/は、唇、舌ともに緊張せずに、唇は横に張るか自然に開く程度で、舌の両脇を上歯に軽くつけます。

強母音/e/【短母音・前舌母音】 (end [énd])

共鳴スポットBの下に勢いよく声をあてて「エ」と発音します。
/ɛ/と表記されることもあります。

唇

口角を引き締め、唇は少し横に引くか、引かずに自然に開ける。

舌

• 舌両脇は上歯につけ、前舌面の高さを日本語の「エ」よりほんの少し下げる。
• 舌全体に横に広げる。

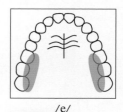

/e/

後舌

• 後舌部を「エ」より下げる。
• 舌の中央をくぼませる。

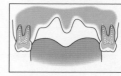

舌先

下歯茎につける。

A
B
C

---- 「エ」の舌中心線
—— /e/の舌中心線

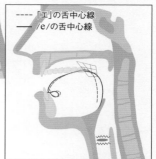

「エ」と/e/の比較

共鳴スポット・声のベクトル

共鳴スポット　英米：B（声帯の少し下）
声のベクトル　英：前
　　　　　　　米：後ろ
共鳴スポットに声を勢いよくあて、/e/（「エ」）と発音する。

/e/ つづりと単語例	▶ Video 🇬🇧 🇺🇸	（発音記号：紫色はアメリカ発音）

基　本	e	**end** [énd] 終わり、**bed** [béd] ベッド、**bet** [bét] 賭け、**heroine** [hérəʊ(oʊ)ɪn] 女性の主人公
	ea, a	**sweat** [swét] 汗、**any** [éni] いくらかの
その他	ai, ay, ie, u	**said** [séd] say（言う）の過去・過去分詞形、**says** [séz] say（言う）の3人称単数現在形
		friend [frénd] 友人、**bury** [béri] 葬る

◆◆「エ」と/e/の比較

◆共鳴スポットは「エ」が**B-C**、/e/は**B**の**すぐ下**でほとんど変わりません。/e/のほうが声のエネルギーが「エ」よりも大きいため、「エ」よりも口が横にも縦にも開きます。

前舌母音

31

強母音 e

32 強母音/æ/【短母音・前舌母音】 イギリス発音 (apple [ǽp(ə)l])

日本語の「ア」に近い音質ですが、実際は舌を前にぐっと出すので、
「ア」より少し長い、似ているが違った音です。共鳴スポットCの上、声のベクトルは前で、
全方向に声がいきわたるイメージで「ア」と発音します。

 唇

• 口角を引き締め、横にも縦にも大きく開く。
• 下唇を張る。

 舌

• 舌全体を横に広げ、前舌面は上げる。
• 舌の最高点は日本語の「ア」と同じ。
• 舌を「ア」より5ミリ前に出す感じ。

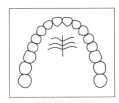

接触しない

後舌

• 後舌部は、ぐっと後ろに引く。
• 舌の中央をくぼませる。

舌先

下歯茎につける。

A ●
B ●
C ●

共鳴スポット・声のベクトル

| 共鳴スポット 英：C（首下つけ根の少し上） |
| 声のベクトル 英：前、四方に広がる |
| 声のベクトルが共鳴スポットから四方に広がる |
| 感じで、/æ/（「ア」）と長めに発音する。 |

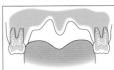

------ 「エ」の舌中心線
------ 「ア」の舌中心線
――― /æ/の舌中心線

「エ」、「ア」と/æ/の比較

/æ/ つづりと単語例 ▶ Video 🇬🇧

基　本	a	apple [ǽp(ə)l] リンゴ、ant [ǽnt] アリ、bank [bǽŋk] 銀行、cap [kʰǽp] 縁なし帽子
		hat [hǽt] 帽子、bag [bǽg] 袋；かばん、back [bǽk] 背、Japan [dʒəpʰǽn] 日本
		marriage [mǽrɪdʒ] 結婚、faculty [fǽkəltɪ] 学部
	al	salmon [sǽm(ə)n] サケ
その他	ai, ua, i	plaid [plǽd] 格子じまの(織物)、guarantee [gæ̀rəntíː] 保証(する)、meringue [mərǽŋ] メレンゲ

◆◆ 「ア」とイギリス発音/æ/の比較

◆ 「ア」よりも舌を広げる分、口角を後ろに引き、下唇を緊張させて発音します。
◆ 「ア」も/æ/も共鳴スポットがCですが、/æ/は声のベクトルが共鳴スポットから四方に広がります。
◆ 「ア」と言いながら両手を体の両脇へ開くと、舌が前方に移動してこの音になります。

32 強母音/æ/【短母音・前舌母音】 アメリカ発音 (apple [ǽp(ə)l])

アメリカ発音の/æ/は、「ア」よりも舌が上に上がるので「エ」の響きがあります。
イギリス発音の/æ/同様に、舌が前に向かい、共鳴スポットはB-Cですが、
声のベクトルは後ろで、全方向に声がいきわたるイメージで「アとエの間の音」を発音します。

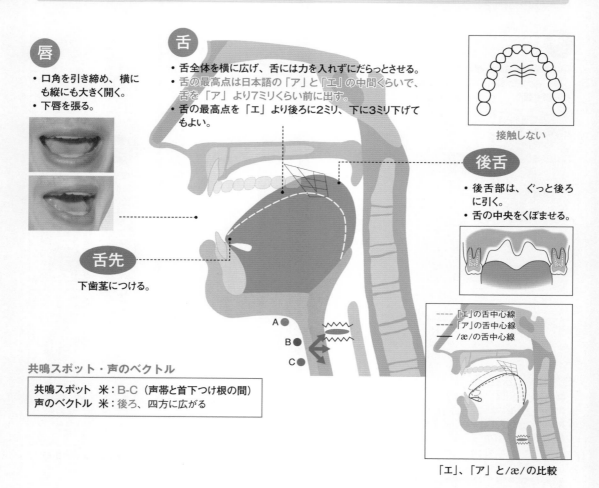

唇
• 口角を引き締め、横にも縦にも大きく開く。
• 下唇を張る。

舌
• 舌全体を横に広げ、舌には力を入れずにだらっとさせる。
• 舌の最高点は日本語の「ア」と「エ」の中間くらいで、舌を「ア」より7ミリくらい前に出す。
• 舌の最高点を「エ」より後ろに2ミリ、下に3ミリ下げてもよい。

接触しない

後舌
• 後舌部は、ぐっと後ろに引く。
• 舌の中央をくぼませる。

舌先
下歯茎につける。

共鳴スポット・声のベクトル

共鳴スポット	米：B-C（声帯と首下つけ根の間）
声のベクトル	米：後ろ、四方に広がる

----- 「エ」の舌中心線
----- 「ア」の舌中心線
―― /æ/の舌中心線

「エ」、「ア」と/æ/の比較

/æ/ つづりと単語例 ▶ Video 🇺🇸

基本	a	apple [ǽp(ə)l] リンゴ、ant [ǽnt] アリ、bank [bǽŋk] 銀行、cap [kʰǽp] 縁なし帽子
		hat [hǽt] 帽子、bag [bǽg] 袋；かばん、back [bǽk] 背、Japan [dʒəpʰǽn] 日本
		marriage [mǽrɪdʒ] 結婚、faculty [fǽkəltɪ] 学部
	al	salmon [sǽm(ə)n] サケ
その他	ai, ua, i	plaid [plǽd] 格子じまの(織物)、guarantee [gæ̀rəntíː] 保証(する)
		meringue [mərǽŋ] メレンゲ

※GAでは、鼻音の前の/æ/は、/eə/と二重母音のように発音されます。
　stand[steənd]　can't[keənt]
　/æ/単独では、口から息が出るだけですが、鼻音に挟まれたり、前後に鼻音があると、鼻からも息が出て鼻にかかった声になります。（上の図参照）

◆◆ 「ア」とアメリカ発音/æ/の比較

◆/æ/は、「ア」よりも舌を広げる分、口角を後ろに引き、下唇を緊張させ、舌を下げて発音します。

◆「ア」は共鳴スポットが**C**、声のベクトルが前ですが、/æ/は**B-C**で、声のベクトルが共鳴スポットから後ろの四方に広がります。

◆「ア」と「エ」の中間の音ですが、両手を横に開きながら発音すると、舌が前方に移動しやすくなります。声のベクトルは後ろにいくように意識しましょう。

イギリス発音とアメリカ発音/æ/の比較

○ track 35 🇬🇧 🇺🇸

- イギリス、アメリカ発音ともバリエーションの多い音です。もともとイギリス発音では舌の最高点が、今の一般的なアメリカ発音の/æ/のように31. /e/に近い、高い位置にありましたが、現在は舌の最高点の位置を下げた/æ/が一般的です。一方アメリカでは、舌の最高点が、もともと今の一般的なイギリス発音の/æ/のように低い位置にありましたが、現在は舌の最高点の位置を上げた31. /e/に近い/æ/が一般的です。

- イギリス、アメリカの現在の一般的な/æ/を比較すると、イギリス発音の/æ/は舌の最高点の位置が低く、/ʌ/に近いので「ア」のような音色があります。アメリカの/æ/のほうは舌の最高点が高く、/e/に近いので「エ」のような音色があります（pp. 123〜124 母音図参照）。また咽頭が収縮し緊張するので、喉が少し絞まったような音になります。

- アメリカで/æ/と発音されるものがイギリスでは、/ɑː/で発音される場合があります。
（CD音声は、同じ単語をアメリカ/æ/、イギリス/ɑː/の順で読んでいます。）

    a　ask, basket, bath, castle, fast, last, pass, task, glass, grasp
    au　aunt, laugh

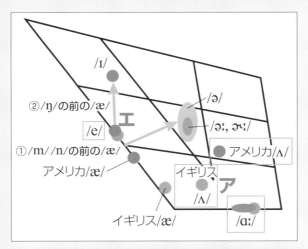

イギリス発音とアメリカ発音の /æ/　母音図上の比較

アメリカ発音では鼻音の前の/æ/は、二重母音で発音されます（左ページ参照）

① /m/ /n/の前では、/æ/と/e/の間からスタートして/ə/に向かう二重母音になります。

② /ŋ/の前では、/e/からスタートして/ɪ/に向かう二重母音になります。

③ /r/の前では60. /eɚ/になります。

母音 §2 中舌母音

Vowels § 2   **Central vowels**

- -

33 弱 /ə/

34 〈英〉/əː/

35 /ʌ/

発音中に、舌の中央部が最も高くなる母音です。

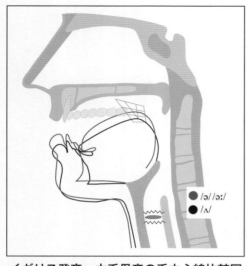

イギリス発音　中舌母音の舌中心線比較図

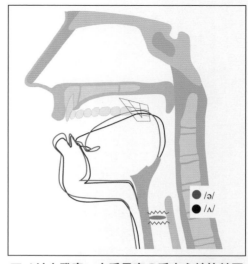

アメリカ発音　中舌母音の舌中心線比較図

§2 ｜ 中舌母音 Central vowels　弱/ə/, 英/əː/, /ʌ/

33　弱母音/ə/【短母音・中舌母音】　　(about [əbáut])

> アクセントのない弱母音で、母音の中で一番出現率が高い音素です。
> 舌の最高点は範囲が広く、元のつづりの音の影響を受けることが多いので、
> 音が「ア」、「イ」、「ウ」、「エ」、「オ」のどれにもあてはまらず、
> 「あいまい母音」と呼ばれます。舌に力を入れずに共鳴スポットBに声を収束させます。

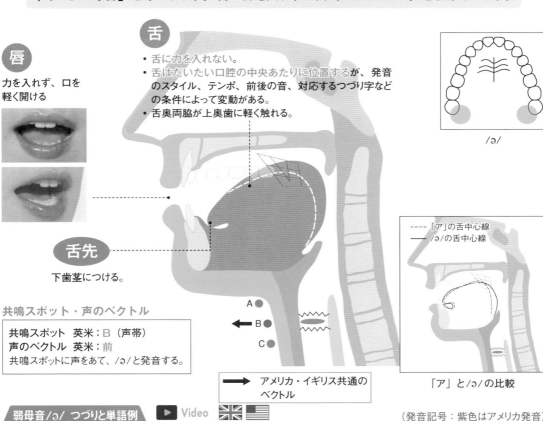

舌
- 舌に力を入れない。
- 舌はだいたい口腔の中央あたりに位置するが、発音のスタイル、テンポ、前後の音、対応するつづり字などの条件によって変動がある。
- 舌奥両脇が上奥歯に軽く触れる。

/ə/

唇
力を入れず、口を軽く開ける

舌先
下歯茎につける。

----「ア」の舌中心線
——/ə/の舌中心線

「ア」と/ə/の比較

共鳴スポット・声のベクトル

| 共鳴スポット　英米：B（声帯） |
| 声のベクトル　英米：前 |
| 共鳴スポットに声をあて、/ə/と発音する。 |

A ●
← B ●
C ●

➡ アメリカ・イギリス共通のベクトル

弱母音/ə/ つづりと単語例　▶ Video 🇬🇧🇺🇸

（発音記号：紫色はアメリカ発音）

基　本	a	**about** [əbáut] およそ、**America** [əmérikə] アメリカ
	i	**animal*** [ǽnəm(ə)l] 動物
	e	**moment*** [móʊ(óʊ)m(ə)nt] 瞬間
	o	**original** [ərídʒɪn(ə)l] 最初の、**police** [pʰəlíːs] 警察
その他	u	**instrument*** [ínstrəm(ə)nt] 器具、**museum** [mjuːzíːəm] 博物館
	y	**analysis** [ənǽləsɪs] 分析
	ou	**famous** [féɪməs] 有名な
	oi	**tortoise** [tʰɔ́ː(óɚ)təs] カメ
	ough	**borough**〈英のみ〉[bʌ́rə]（ロンドン市やニューヨーク市などの）区

つづりが -e ならば発音記号が/ə/にも/ɪ/にもなるが、-i のときは、/ɪ/の場合が比較的多い。
※animal, moment, instrumentの/ə/はほとんど発音されない。（p. 71参照　音節主音的子音）

◆ 「ア」は共鳴スポットが**C**ですが、/ə/は**B**です。/ə/はつづりによって「オ」「エ」に近く発音されることがあります。

イギリス発音の/ə/

- イギリス発音では母音のあとの/r/は発音されないので、アメリカ発音のteach**er**[tíːtʃɚ]がイギリス発音ではteach**er**[tíːtʃə]になります。そのため、アメリカ発音ではpanda[pǽndə]（パンダ）とpander[pǽndɚ]（悪事の仲介をする人）を区別しますが、イギリス発音ではpandaもpanderも[pǽndə]で同じ発音になります。

- イギリス発音において、teach**er**のほか、moth**er**、cat**er**などの語尾の-erはあいまい母音/ə/で発音されますが、これをfinal əと呼びます。final əは、通常の/ə/よりも、口を大きく開き、舌の高さが低くなります。特に強調したいときなど、かなり下に下がります。アメリカ発音では、56. /ɚ/で発音されます。また、/k//g//ŋ/などの軟口蓋に調音器官のある子音のあとでは、下図のように、舌の位置は高くなります。

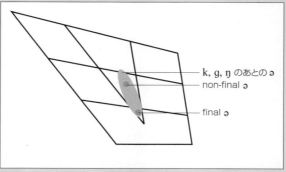

k, g, ŋ のあとの ə

non-final ə

final ə

(A. C. Gimson: An Introduction to the Pronunciation of English より)

34 強母音/ɜː/ (IPA表記 /ɜː/)【長母音・中舌母音】 イギリス発音 (p**er**fect [pʰɜ́ːfɪkt])

イギリス発音独特の日本人には難しい音です。/ə/は常にアクセント（強勢）のない
ところに現れますが、/ɜː/は強勢のあるところに現れます。 共鳴スポットB-Cに声を
勢いよくあて、二重母音のように流れるように、「アァ」と「ア」をダブルで発音します。
イギリス発音の/ɜː/はアメリカ発音ではR性母音55. /ɚː/ (p. 187) になります。

唇
- 口はあまり開けない。
- 日本語の「アー」の 口より狭くする。
- 口先は多少とがる。

舌
- 日本語の「ア」より5ミリくらい上げて、舌面を軟口 蓋に近づける。

後舌
- 後舌部の両脇は奥歯に軽く 触れ、力は入れない。
- 後舌部の中央をくぼませる。

舌先
下歯茎につける。

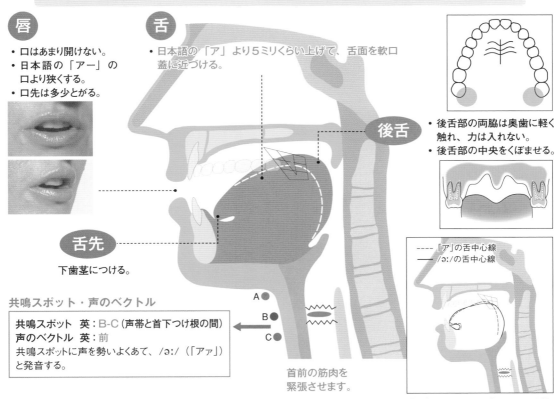

---- 「ア」の舌中心線
── /ɜː/の舌中心線

「ア」とイギリス発音/ɜː/の比較

共鳴スポット・声のベクトル

共鳴スポット 英：B-C（声帯と首下つけ根の間）
声のベクトル 英：前
共鳴スポットに声を勢いよくあて、/ɜː/（「アァ」）
と発音する。

首前の筋肉を 緊張させます。

中舌母音

34

ɜː

/ɜː/ つづりと単語例 ▶ Video

基本	er	p**er**fect [pʰɜ́ːfɪkt] 完全な、c**er**tain [sɜ́ːt(ə)n] 確かな、int**er**nal [ɪntʰɜ́ːn(ə)l] 内部の
	ir	b**ir**d [bɜ́ːd] 鳥、g**ir**l [gɜ́ːl] 女の子
	ur	h**ur**t [hɜ́ːt] 傷つける、p**ur**pose [pʰɜ́ːpəs] 目的
	or	w**or**k [wɜ́ːk] 働く、w**or**ld [wɜ́ːld] 世界
	ear	**ear**n [ɜ́ːn] 稼ぐ、h**ear**d [hɜ́ːd] hear(聞こえる)の過去・過去分詞形
	our	c**our**tesy [kʰɜ́ːtəsi] 礼儀正しさ

◆◆ 「アー」とイギリス発音/ɜː/の比較

◆日本人は「アー」と発音しがちですが、それでは通じません。 共鳴スポットB-Cの間の1点めがけてお腹から息を吐き出します。
2メートル先まで息がでる感じです。 インナーマッスルを使いましょう。

◇◇ /ɜː/と/ɑː/の違い

- 舌の形はほとんど変わりません。 共鳴ポイントと声のベクトルの違い（41. /ɑː/は共鳴スポットがCで声のベクトルが後ろ）で
両者は言い分けられます。　 例）f**ur**-f**ar**; p**er**-p**ar**; h**ear**d-h**ar**d

喉をよく開いて（舌根を下げて）、舌に力を入れずに
共鳴スポットCの上に声を勢いよく、ベクトルを後ろにしてあてて「ア」と発音します。

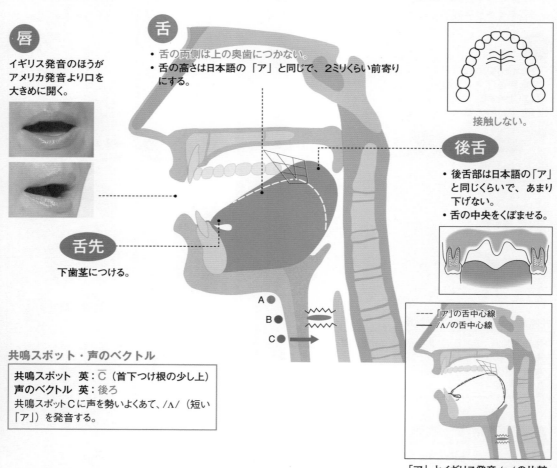

唇

イギリス発音のほうが
アメリカ発音より口を
大きめに開く。

舌

• 舌の両側は上の奥歯につかない。
• 舌の高さは日本語の「ア」と同じで、2ミリくらい前寄り
にする。

接触しない。

後舌

• 後舌部は日本語の「ア」
と同じくらいで、あまり
下げない。
• 舌の中央をくぼませる。

舌先

下歯茎につける。

A
B
C

- - - - 「ア」の舌中心線
——— /ʌ/の舌中心線

「ア」とイギリス発音/ʌ/の比較

共鳴スポット・声のベクトル

| 共鳴スポット | 英：C̄（首下つけ根の少し上） |
| 声のベクトル | 英：後ろ |

共鳴スポットCに声を勢いよくあて、/ʌ/（短い
「ア」）を発音する。

つづりと単語例は、p. 148にあります。

◆◆ 「ア」とイギリス発音/ʌ/の比較

◆「ア」と/ʌ/は舌の高さが同じですが、/ʌ/は開いた喉で横隔膜呼吸によって強い呼気を送るために、強く短い「ア」になります。

◇◇ イギリス発音/ʌ/と/æ/の違い

• イギリス発音の/ʌ/と/æ/と日本語の「ア」は舌の最高点の高さが同じなので、「ア」に似た響きがあって、区別が難しい音
ですが、ポイントは/æ/が舌が前に移動する分長めで、少し「エ」の響きがあることで、/ʌ/は日本語の「ア」よりも強く短い
響きの音になります。　例）cat[kʰǽt]−cut[kʰʌ́t]

中舌母音

35

強母音

ʌ

35 強母音/ʌ/ 【短母音・中舌母音】 アメリカ発音 (cup [kʰʌp])

> 発音記号は同じでもイギリス発音とまったく違った音で、口をあまり開かないので、
> 狭い「ア」と呼ばれます。共鳴スポットはBとCの間、後ろに声のベクトルを持ってきて、
> 喉を開いて「ア」と発音すると、「ア」と「オ」の中間の音になります。

唇

口角を引き締め、唇は力まず、日本語の「ア」より少し狭く開く。

舌

舌の両側は上の奥歯につくか、つかないかで「ア」の真上3ミリ程度高い位置にある。

接触しない。

後舌

・「ア」よりも後ろに引く。
・舌の中央をくぼませる。

舌先

下歯茎につける。

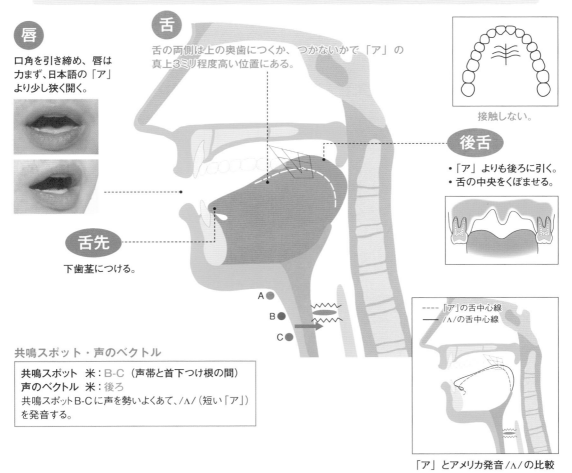

---- 「ア」の舌中心線
—— /ʌ/の舌中心線

共鳴スポット・声のベクトル

共鳴スポット 米：B-C（声帯と首下つけ根の間）
声のベクトル 米：後ろ
共鳴スポットB-Cに声を勢いよくあて、/ʌ/（短い「ア」）を発音する。

「ア」とアメリカ発音/ʌ/の比較

つづりと単語例は、p.148にあります。

中舌母音 35 強母音 ʌ

◆◆「ア」とアメリカ発音/ʌ/の比較

◆「ア」は声のベクトルが前、/ʌ/は後ろで、舌の高さが「ア」と「オ」の間くらいにあるので、「ア」と「オ」の中間的な暗い響きをもつ、こもった音です。

◇◇ アメリカ発音/ʌ/と/ɑ/の違い

・「ア」は、舌の最高点がアメリカ発音の/ʌ/と40. /ɑ/の中間にあるため、日本人にとって両者の区別が難しくなっています。/ɑ/は、喉が一番開いたあくびの「ア」で、長めです。/ʌ/は、こもった「オ」に近い、短めの「ア」です。

基　本	u	**up** [ʌ́p] 上へ、**culture** [kʰʌ́ltʃə(ɚ)] 文化、**bus** [bʌ́s] バス、**bug** [bʌ́g] 虫
		buzz [bʌ́z] ざわめき；はやりもの、**rug** [rʌ́g] 敷き物
その他	o	**oven** [ʌ́v(ə)n] オーブン、**won** [wʌ́n] win(勝つ)の過去・過去分詞形、**monkey** [mʌ́ŋki] 猿
		mother [mʌ́ðə(ɚ)] 母親、**brother** [brʌ́ðə(ɚ)] 兄弟
	ou	**country** [kʰʌ́ntri] 国；田舎、**touch** [tʰʌ́tʃ] 触る
	oo	**blood** [blʌ́d] 血液、**flood** [flʌ́d] 洪水
	oe	**does** [dʌ́z] doの3人称単数現在形

イギリス発音とアメリカ発音/ʌ/の比較

- 「ア」を基準にすると、イギリス発音は舌の最高点が少し前寄りで、アメリカ発音/ʌ/は後ろ寄りです。
- アメリカ発音は、イギリス発音よりも後舌部を後ろに引きます（舌根が咽頭に近づいて、咽頭が狭まる「咽頭化」が起こります）。
- イギリス発音は、日本語の「ア」に近く、アメリカ発音は「オ」に近い音です。

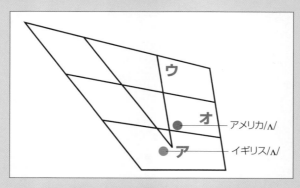

ウ
オ ──アメリカ/ʌ/
ア ──イギリス/ʌ/

イギリス発音とアメリカ発音の /ʌ/　母音図上の比較

母音 §3 後舌母音

Vowels § 3 **Back vowels**

36 /uː/ 36' 弱/u/

37 /ʊ/ 37' 弱/ʊ/

38 /ɔː/ 39 〈英〉/ɒ/

40 〈米〉/ɑ/ 41 /ɑː/

発音中、舌の後部が最も高くなる母音。
軟口蓋に舌の一番高いところが近づきます。

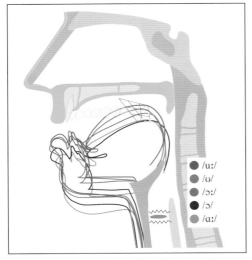

イギリス発音　後舌母音の舌中心線比較図

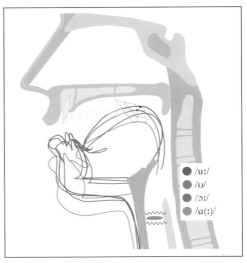

アメリカ発音　後舌母音の舌中心線比較図

<table>
<tr><td>36</td><td>強母音/uː/【長母音・後舌母音】</td><td>(food [fúːd])</td></tr>
</table>

後舌母音の中で舌の最高点が一番高い音です。「ウ」と同じくらいの舌の高さで、後舌部をぐっと後ろに引き、流れるように「ウゥ」と、「ウ」をダブルで発音します。長母音という名前につられて、決して「ウー」と伸ばさないように。

唇

口角を引き締め、後舌をぐっと後ろに引くために唇が丸くすぼみ、緊張して突き出る。

舌

- 舌の後ろ両脇は上奥歯につける。
- 音の始まりは舌の位置をやや低くし、発音しながら舌をじょじょに上げて、音の最後で舌が最も高い位置になる。
- 舌の最高点は日本語の「ウ」と同じだが、2ミリくらい後ろに引く。

後舌

舌先

下歯茎につける。

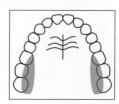

/uː/

- 後舌部をぐっと奥に引き、軟口蓋に近づけるが触れない。
- 舌の中央をくぼませる。

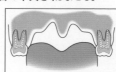

---- 「ウ」の舌中心線
—— /uː/の舌中心線

共鳴スポット・声のベクトル

| 共鳴スポット 英米：A-B（首上つけ根と声帯の間） |
| 声のベクトル 英米：後ろ |
| 共鳴スポットA-Bに声を勢いよくあて、/uː/（「ウゥ」）と発音する。 |

「ウ」と/uː/の比較

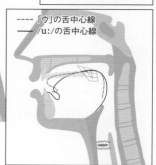

（発音記号：紫色はアメリカ発音）

/uː/ つづりと単語例　▶ Video 🇬🇧 🇺🇸

基本	oo, o	loose [lúːs] ゆるい、tooth [tʰúːθ] 歯、too [tʰúː] 〜もまた、move [múːv] 動く lose [lúːz] 失う
	u	ruby [rúːbi] ルビー、rude [rúːd] 無作法な
	ou	group [grúːp] グループ、soup [súːp] スープ、wound [wúːnd] 傷
その他	ew, ue, ui, oe	flew [flúː] fly（飛ぶ）の過去形、blue [blúː] 青い、cruise [kʰrúːz] 巡航する shoe [ʃúː] 靴

◆◆ 「ウー」と/uː/の比較

◆/uː/は「ウ」よりも舌根を下げ、喉を開き、後舌をぐっと引きます。そのために口角が引かれて、口が丸くすぼんだ形になります。

◆共鳴スポットは「ウ」がCですが、/uː/はA-Bです。声のベクトルは、「ウ」が前に対し、/uː/は後ろなので、「ウ」よりもこもった音になります。

後舌母音

36

強母音
uː

●子音＋/uː/のポイント

子音をきちんと発音してから、

　①共鳴スポット、声のベクトルを守り、

　②口をすぼめてとがらせ、

　③舌を後ろに引いて、/uː/をはっきり発音します。

日本人は口をとがらせることが苦手なため、/uː/があいまいになりがちです。

たとえば、soupは「スープ」でなく、「スウープ」といった感じで発音しましょう。

36' **弱母音/u/** 【短母音・後舌母音】　　　　　　（grad**u**ate [grǽdʒuət]）

> 後ろに母音が続く場合にこの音になります。36. /uː/のように
> 「ウゥ」とダブルにならないだけで、けっして短い音ではありません。

36'. 弱母音 /u/

共鳴スポット・声のベクトル

| 共鳴スポット　英米：A-B（首上つけ根と声帯の間） |
| 声のベクトル　英米：後ろ |
| 強母音36.と同じです。 |

弱母音/u/ つづりと単語例 ▶ Video 🇬🇧🇺🇸　　　　　　　（発音記号：紫色はアメリカ発音）

基　本　u　　grad**u**ate [grǽdʒuət] 卒業生、 infl**u**ence [ínfluəns] 影響
　　　　　　 individ**u**ality [ìndɪvìdʒuǽləti] 個性、 habit**u**al [həbítʃuəl] 習慣的な
　　　　　　 infl**u**enza [ìnfluénzə] インフルエンザ

36. /uː/の舌や唇の緊張をとった音です。声のベクトルは後ろで
共鳴スポットがCの、喉奥の深いところから共鳴する「ウ」の音です。

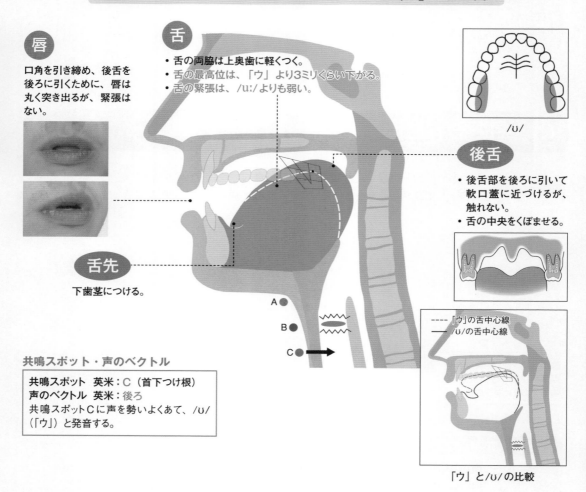

唇

口角を引き締め、後舌を
後ろに引くために、唇は
丸く突き出るが、緊張は
ない。

舌

• 舌の両脇は上奥歯に軽くつく。
• 舌の最高位は、「ウ」より3ミリくらい下がる。
• 舌の緊張は、/uː/よりも弱い。

/ʊ/

後舌

• 後舌部を後ろに引いて
軟口蓋に近づけるが、
触れない。
• 舌の中央をくぼませる。

舌先

下歯茎につける。

----- 「ウ」の舌中心線
―― /ʊ/の舌中心線

A
B
C

「ウ」と/ʊ/の比較

共鳴スポット・声のベクトル

共鳴スポット　英米：C（首下つけ根）
声のベクトル　英米：後ろ

共鳴スポットCに声を勢いよくあて、/ʊ/
（「ウ」）と発音する。

/ʊ/ つづりと単語例 ▶ Video 🇬🇧 🇺🇸 （発音記号：紫色はアメリカ発音）

基　本	u	p**u**sh [pʰʊ́ʃ] 押す、f**u**ll [fʊ́l] いっぱいの、b**u**llet [bʊ́lɪt] 弾丸
	o	w**o**man [wʊ́mən] 女性、b**o**som [bʊ́zəm] 胸、w**o**lf [wʊ́lf] オオカミ
	oo	f**oo**t [fʊ́t] 足、c**oo**k [kʰʊ́k] 料理人、w**oo**d [wʊ́d] 木材、g**oo**d [gʊ́d] 良い、w**oo**l [wʊ́l] ウール
		l**oo**k [lʊ́k] 見る
	ou	c**ou**ld [kʰʊ́d] canの過去形、sh**ou**ld [ʃʊ́d] shallの過去形

◆◆「ウ」と/ʊ/の比較

- ◆/ʊ/の舌の最高点が日本語の「ウ」と「オ」の間なので、「ウ」と「オ」の中間のような音色になります。
- ◆/ʊ/は後舌をぐっと後ろに引くために、唇は日本語の「ウ」よりとがり、舌先が下歯の後ろにつくので、口が開きます。
- ◆共鳴スポットは「ウ」も/ʊ/もCですが、声のベクトルが「ウ」は前、/ʊ/は後ろなので、「ウ」よりこもった音になります。

◇◇ /uː/と/ʊ/の違い

- ・36. /uː/は、後舌を後ろにぐっと引く分、唇もとがり、全体として力の入る音です。/ʊ/は、それよりも全体に力が抜けるため、後舌の引きは弱く、舌の最高位も低く、舌の緊張も弱くなり、唇もさほどとがりません。
- ・共鳴スポットが36. /uː/はA-B、/ʊ/がCのため、/ʊ/のほうが喉奥から響く深い音です。

| 37′ | 弱母音/ʊ/【短母音・後舌母音】 | (congratulation [kəngrætʃʊléɪʃn]) |

37. /ʊ/より緊張がなく、音が短くなります。
アクセントのないところに現れる弱母音です。
後ろに子音が続く場合の音です。弱母音/u/より舌の最高点が低く、
/ə/に近くなり、辞書によっては/ʊ/ではなく/ə/で書かれています。
結局、アクセントのない母音は
あいまい母音33. /ə/に近い音になる傾向があります。

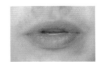

37′. 弱母音/ʊ/

共鳴スポット・声のベクトル

共鳴スポット 英米：C（首下つけ根）
声のベクトル 英米：後ろ
共鳴スポットCに声を勢いよくあて、/ʊ/
（「ウ」）と発音する。

| 弱母音/ʊ/ つづりと単語例 | ▶ Video 🇬🇧 🇺🇸 | （発音記号：紫色はアメリカ発音） |

基 本 u　　congratulation [kəngrætʃʊléɪʃn] 祝い、July [dʒʊláɪ] 7月、educate [édʒʊkʰèɪt] 教育する

日本語の「オ」と近い音です。「オ」より後舌部を後ろに引き、
声のベクトルは後ろで、共鳴スポットBに強く声を収束させ、
二重母音のように流れるように「オォ」と「オ」をダブルで発音します。
長母音という名前につられて、けっして「オー」と伸ばさないように。

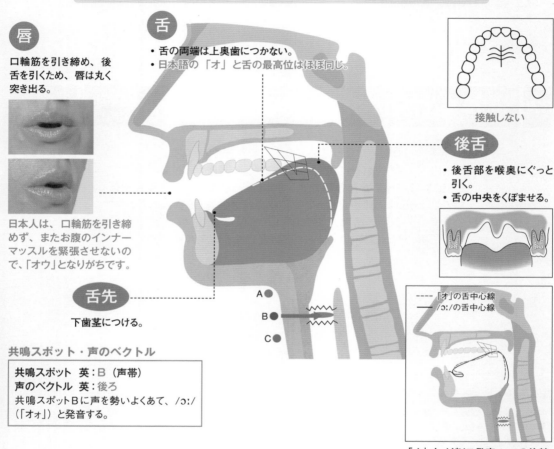

唇

口輪筋を引き締め、後舌を引くため、唇は丸く突き出る。

日本人は、口輪筋を引き締めず、またお腹のインナーマッスルを緊張させないので、「オウ」となりがちです。

舌

• 舌の両端は上奥歯につかない。
• 日本語の「オ」と舌の最高位はほぼ同じ。

接触しない

後舌

• 後舌部を喉奥にぐっと引く。
• 舌の中央をくぼませる。

----- 「オ」の舌中心線
── /ɔ:/の舌中心線

舌先

下歯茎につける。

A
B
C

「オ」とイギリス発音/ɔ:/の比較

共鳴スポット・声のベクトル

共鳴スポット　英：B（声帯）
声のベクトル　英：後ろ
共鳴スポットBに声を勢いよくあて、/ɔ:/
（「オォ」）と発音する。

イギリス発音でも保守的な人は、現在一般的に使われている/ɔ:/に比べて、後舌部の位置がもっと低く（39. /ɔ/よりは少し高い）、口内をもっと広く開けて発音していましたが、20世紀になってから舌の位置が高めになり、日本語の「オ」に近い高さになりました。（p. 123 の母音図参照）

つづりと単語例は、p. 156にあります。

◆◆ 「オー」とイギリス発音/ɔ:/の比較

◆イギリス発音/ɔ:/は、舌の最高点と共鳴スポットが「オ」と同じBですが、声のベクトルは「オ」が前に対し、/ɔ:/は後ろなので「オ」よりこもった音になります。
◆舌根を下げるため、「オ」より口角が引き締まり、後舌部を後ろにぐっと引くため、唇は丸くなります。

後舌母音

38

強母音
ɔ:

38 強母音/ɔː/【長母音・後舌母音】 アメリカ発音　(all [ɔ́ːl])

アメリカ発音の/ɔː/は、「オ」よりも「ア」に近い音です。「オ」より後舌部を後ろに引き、
声のベクトルは後ろで、共鳴スポットCに声を勢いよくあて、
二重母音のように流れるように「アァ」と「ア」をダブルで発音します。
長母音という名前につられて、けっして「アー」と伸ばさないように。

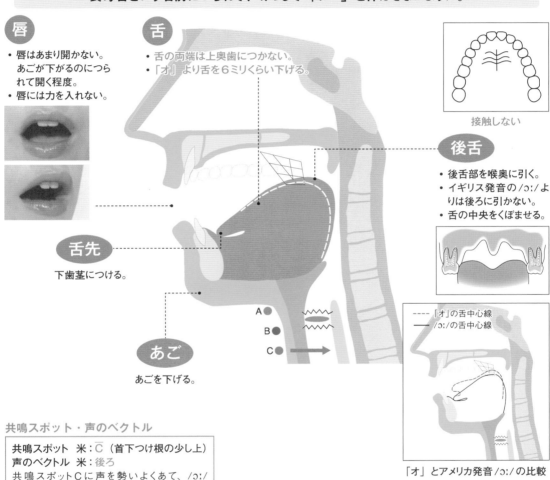

唇
- 唇はあまり開かない。あごが下がるのにつられて開く程度。
- 唇には力を入れない。

舌
- 舌の両端は上奥歯につかない。
- 「オ」より舌を6ミリくらい下げる。

接触しない

後舌
- 後舌部を喉奥に引く。
- イギリス発音の/ɔː/よりは後ろに引かない。
- 舌の中央をくぼませる。

舌先
下歯茎につける。

あご
あごを下げる。

- - - - 「オ」の舌中心線
――― /ɔː/の舌中心線

「オ」とアメリカ発音/ɔː/の比較

共鳴スポット・声のベクトル
共鳴スポット　米：C̄（首下つけ根の少し上）
声のベクトル　米：後ろ
共鳴スポットCに声を勢いよくあて、/ɔː/
（「アァ」）と発音する。

つづりと単語例は、p. 156にあります。

◆◆ 「オー」とアメリカ発音/ɔː/の比較
- ◆舌の最高点が「ア」よりも少し下がるために、「オー」よりもむしろ「アー」に近い音です。
- ◆共鳴スポットは「オ」はB、アメリカ発音/ɔː/はC、声のベクトルは「オ」が前、/ɔː/は後ろになるので、/ɔː/のほうがこもった音になります。

後舌母音
38
強母音
ɔː

基　本	au, ou	**pause** [pʰɔ́ːz] 小休止、**naughty** [nɔ́ːti] いたずらな
		bought [bɔ́ːt] buy(買う)の過去・過去分詞形、**thought** [θʰɔ́ːt] 思考
その他	aw	**law** [lɔ́ː] 法、**raw** [rɔ́ː] 生の
	al	**talk** [tʰɔ́ːk] 話す、**all** [ɔ́ːl] すべて、**salt** [sɔ́ːlt] 塩
	oa	**abroad** [əbrɔ́ːd] 外国へ、**broad** [brɔ́ːd] 幅の広い
	a(r)	**water** [wɔ́ːtə/wɔ́ːtɚ wɑ́(ː)tɚ] 水、〈英のみ〉**warm** [wɔ́ːm/wɔ́ɚm] 暖かい

イギリス発音のみ（アメリカ発音は 58. ɔɚ）

| | ore, oor, oar | **before** [bɪfɔ́ː(ɔ́ɚ), bəfɔ́ː(ɔ́ɚ)] 前に、**door** [dɔ́ː(ɔ́ɚ)] 扉、**soar** [sɔ́ː(ɔ́ɚ)] そびえる |
| | our | **four** [fɔ́ː(ɔ́ɚ)] 4(つの) |

アメリカ発音のみ（イギリス発音は 39. ɔ になる。アメリカ発音は 41. ɑː でも発音される）

| | o | **long** [lɔ́ːŋ] 長い　**dog** [dɔ́ːg] 犬 |
| | ou | **cough** [kʰɔ́ːf] せき |

イギリス発音とアメリカ発音 /ɔː/ の比較

- イギリス発音の舌の最高点が「オ」と同じくらいなのに対し、アメリカ発音は「ア」よりも少し下げます。またアメリカ発音の /ɔː/ のほうが、イギリス発音の /ɔː/ より口の開きが大きいので、多少「ア」に近い音色を持ちます。両者とも、「オ」「ア」より舌根を下げて、喉奥から発音します。

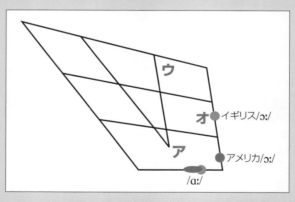

イギリス発音とアメリカ発音の /ɔː/　母音図上の比較

39 強母音 /ɔ/ (IPA表記 /ɒ/)【短母音・後舌母音】 イギリス発音 (top [tʰɔ́p])

/ɔ/の発音は38. /ɔː/を短くしただけだと思っている人も多いようですが、
IPA表記では/ɒ/と書き、はっきり区別していて、まったく違った音です。
声のベクトルを後ろにして、勢いよく共鳴スポットCに声をあて
「オ」と発音しますが、「オ」と「ア」の響きのある音です。
アメリカ発音では、40. /ɑ/に対応します。

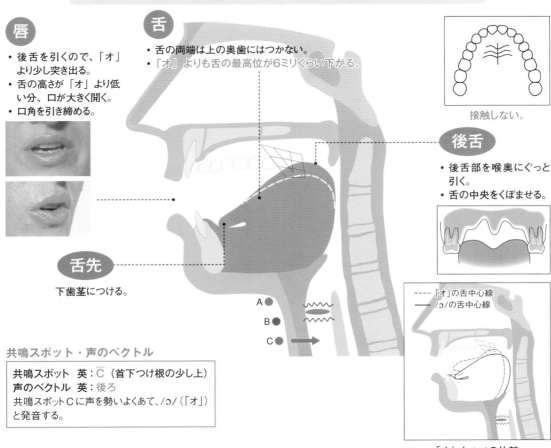

唇
・後舌を引くので、「オ」
　より少し突き出る。
・舌の高さが「オ」より低
　い分、口が大きく開く。
・口角を引き締める。

舌
・舌の両端は上の奥歯にはつかない。
・「オ」よりも舌の最高位が6ミリくらい下がる。

接触しない。

後舌
・後舌部を喉奥にぐっと
　引く。
・舌の中央をくぼませる。

舌先
下歯茎につける。

A ●
B ●
C ●→

------ 「オ」の舌中心線
——— /ɔ/の舌中心線

共鳴スポット・声のベクトル

共鳴スポット 英：C̄（首下つけ根の少し上）
声のベクトル 英：後ろ
共鳴スポットCに声を勢いよくあて、/ɔ/（「オ」）
と発音する。

「オ」と/ɔ/の比較

/ɔ/ つづりと単語例 ▶ Video 🇬🇧

基 本	o	**dog** [dɔ́g] 犬、**top** [tʰɔ́p] 頂上、**got** [gɔ́t] get（受け取る）の過去・過去分詞形、**god** [gɔ́d] 神 **opposite** [ɔ́pəzɪt] 反対の、**odd** [ɔ́d] 変な
	a	**wash** [wɔ́ʃ] 洗う、**what** [wɔ́t] 何、**quality** [kʰwɔ́lɪti] 質、**quantity** [kʰwɔ́ntɪti] 量
	ou, ow	**cough** [kʰɔ́f] せき、**knowledge** [nɔ́lɪdʒ] 知識（アメリカ発音は/ɑ/）
	au	**because** [bɪkʰɔ́z] なぜなら、**laurel** [lɔ́rəl] 月桂樹（アメリカ発音は/ɔː/）

◆◆「オ」とイギリス発音/ɔ/の比較

◆共鳴スポットが「オ」はB、/ɔ/はCで、声のベクトルは「オ」は前、/ɔ/は後ろです。後舌面が「オ」よりもぐっと後ろに引かれ、こもった「オ」に「ア」の響きのある音です。

40 強母音 /ɑ/ 【短母音・後舌母音】 アメリカ発音 (top [tʰáp])

英米共通の41. /ɑː/と同様、英語の中で、舌の最高点が最も低い音です。
/ɑː/のように「アァ」とダブルになりませんが、けっして短い音ではありません。
あくびの喉のまま声のベクトルを後ろにし、
共鳴スポットCに声をあてて、「ア」と発声する音です。

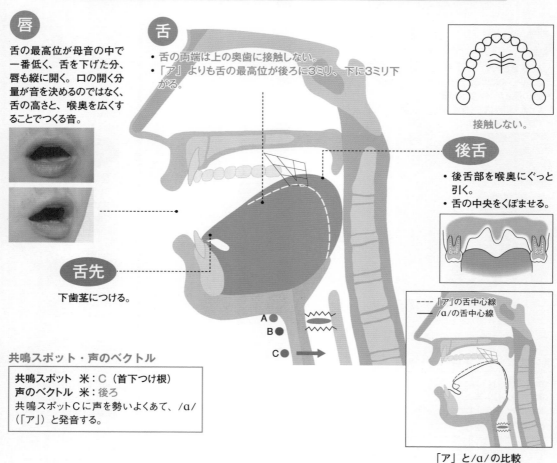

唇

舌の最高位が母音の中で一番低く、舌を下げた分、唇も縦に開く。口の開く分量が音を決めるのではなく、舌の高さと、喉奥を広くすることでつくる音。

舌

• 舌の両端は上の奥歯に接触しない。
• 「ア」よりも舌の最高位が後ろに3ミリ、下に3ミリ下がる。

接触しない。

後舌

• 後舌部を喉奥にぐっと引く。
• 舌の中央をくぼませる。

舌先

下歯茎につける。

---- 「ア」の舌中心線
—— /ɑ/の舌中心線

「ア」と/ɑ/の比較

共鳴スポット・声のベクトル

共鳴スポット　米：C（首下つけ根）
声のベクトル　米：後ろ
共鳴スポットCに声を勢いよくあて、/ɑ/（「ア」）と発音する。

最近アメリカ発音では40. /ɑ/と41. /ɑː/の区別がなくなり、bomb [bám]とbalm [báːm]を同じように発音する人が多くなっています。

/ɑ/ つづりと単語例　▶ Video

基 本	o	**top** [tʰáp] 頂上、**got** [gát] get (受け取る)の過去・過去分詞形、**god** [gád] 神 **opposite** [ápəzɪt] 反対の、**odd** [ád] 変な
	a	**what** [wát] 何、**quality** [kʰwáləti] 質　**quantity** [kʰwántɪti] 量
	ou, ow	**cough** [kʰáf] せき、**knowledge** [nálɪdʒ] 知識

◆◆ 「ア」とアメリカ発音/ɑ/の比較

◆dogのように[o]とつづることがほとんどのため、つづりにつられて日本語の「オ」で発音する人が多いので、注意しましょう。また[o]のつづりで/ʌ/と発音する語もあるので、区別することが必要です。　　例）m**o**nkey, **o**ven

◆共鳴スポットが「ア」、/ɑ/ともに**C**ですが、声のベクトルが前と後ろ、と違っています。そのため、「ア」より/ɑ/のほうが後舌面がぐっと後ろに引かれるので、/ɑ/はこもった声になります。

イギリス発音/ɔ/とアメリカ発音/ɑ/の比較

- イギリス発音で発音記号が/ɔ/（/ɒ/）のものは、アメリカ発音では/ɑ/、/ɑː/になることがほとんどです。
  例）knowledge 英[nɔ́lidʒ]　米[nɑ́(ː)lidʒ]
  なかには、dog（英[dɔ́g]　米[dɔ́ːg]）のようにアメリカ発音で/ɔː/と発音されるものもあります。

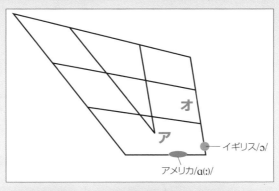

イギリス発音 /ɔ/ とアメリカ発音 /ɑ/　母音図上の比較

◇◇ /ɑ/と長母音・二重母音・三重母音

　口を一番開くポジションは、長母音/ɑː/、二重母音の/aɪ/ /aʊ/ /ɑɚ/、三重母音/aɪə(ɚ)/ /aʊə(ɚ)/の第1要素の音です。日本人は、ついつい「ア」に置き換えてしまうので、口の開きが足りません。/ɑ/の音を正しく発音するよう、あくびの喉（第2章 p. 39）を徹底しましょう。

◇◇ アメリカ発音で/ɑ/または/ɔː/と発音される単語

　次の単語の母音は、/ɑ/または/ɔː/で発音されます。
w**a**nt, d**o**g, w**a**sh, **o**range

41 強母音 /ɑː/ 【長母音・後舌母音】 (father [fɑ́ːθə/fɑ́ːθɚ])

/ɑː/ は 40. アメリカ発音 /ɑ/ を重ねて、
二重母音のように流れるように「アァ」と「ア」をダブルで発音します。
長母音という名前につられて、けっして「アー」と伸ばさないように。
母音の中で最も舌の高さが低く、喉も一番開くあくびの「アァ」です。

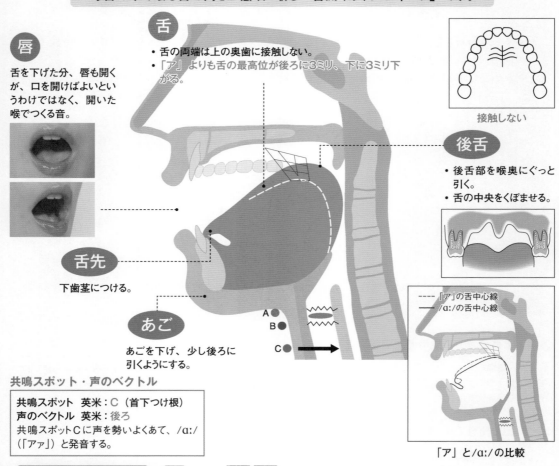

唇

舌を下げた分、唇も開くが、口を開けばよいというわけではなく、開いた喉でつくる音。

舌

• 舌の両端は上の奥歯に接触しない。
• 「ア」よりも舌の最高位が後ろに3ミリ、下に3ミリ下がる。

接触しない

後舌

• 後舌部を喉奥にぐっと引く。
• 舌の中央をくぼませる。

舌先

下歯茎につける。

あご

あごを下げ、少し後ろに引くようにする。

----- 「ア」の舌中心線
——— /ɑː/ の舌中心線

「ア」と /ɑː/ の比較

共鳴スポット・声のベクトル

共鳴スポット　英米：C（首下つけ根）
声のベクトル　英米：後ろ
共鳴スポット C に声を勢いよくあて、/ɑː/（「アァ」）と発音する。

/ɑː/ つづりと単語例　▶ Video 🇬🇧 🇺🇸

（発音記号：紫色はアメリカ発音）

〈英米共通に /ɑː/ をもつ単語（一部例外あり）〉

基本	a	**father** [fɑ́ːðə(ɚ)] 父、**camouflage** [kʰǽməflɑ̀ːʒ] カモフラージュ、**spa** [spɑ́ː] 温泉
		tomato 〈英のみ〉[təmɑ́ːtəʊ] トマト
その他	al	**palm** [pʰɑ́ːm] 手のひら、**calm** [kʰɑ́ːm] 穏やかな
	ah	**ah** [ɑ́ː] ああ!

〈英のみ /ɑː/ をもつ単語〉

基本	ar	**car** [kʰɑ́ː(ɚ)] 車、**part** [pʰɑ́ː(ɚ)t] 部分
その他	er	**clerk** [klɑ́ː(ɚ):k] 事務員、**sergeant** [sɑ́ː(ɚ)dʒənt] 軍曹
	au	**aunt** [ɑ́ː(ǽ)nt] おば、**laugh** [lɑ́ː(ǽ)f] 笑う
	ear	**heart** [hɑ́ː(ɚ)t] 心臓;心、**hearth** [hɑ́ː(ɚ)θ] 暖炉

◇◇「アー」と/ɑː/の違い

- 母音図を見ると日本語の「ア」と/ɑː/は舌の高さが後ろ3ミリ、下3ミリくらいしか違いがなく、舌の高さだけを変えて「アー」と伸ばすと、いかにも日本語英語になってしまいます。それは、/ɑː/の喉は、英語の開いた喉で発声されるのに対し、日本語は閉じているからです。よって、声のベクトルが/ɑː/は後ろ（喉奥がよく開く）になりますが、日本語は前です。ベクトルを指さして、発音練習してみてください。ベクトルが前のときと後ろのときで音に違いがあるのを感じてください。/ɑː/で一番大切なのは、声のベクトルです。
  （他の本で、指3本が口に入るくらい開ける、日本語の「ア」より1センチ舌を下げる、のように記述しているのを見かけますが、口を大きく開くことだけでは、声のベクトルが後ろになるわけではありません。顎関節症になるのがおちです。）

- 日本語の「アー」は、英米両方にない音です。「アー」は共鳴スポットがCより上あたりで、共鳴スポット自体、英語よりも鮮明でなく、広い範囲にわたります。英語の/ɑː/は、共鳴スポットCに声を収束させます。その際、お腹のインナーマッスルが、急激に収縮します。（お腹に手をあてて確かめましょう。）

イギリス発音の /ɑː/

 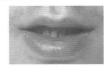

口をほとんどあいていないのがわかります。

イギリス発音とアメリカ発音の/ɑː/の違い

- イギリス発音とアメリカ発音の /ɑː/ は、舌の高さが同じですが、若干音が違います。
- イギリス発音の方が、後に引く声のベクトルの大きさがアメリカ発音より大きく、より喉が開きます。

これまで、英語の基本母音13個（弱母音除く）を学習しました。二重母音の学習に進む前に、もう一度、それぞれの母音の共鳴スポットの位置と声のベクトルの方向を確認してください。特に以下の発音をもう一度復習してください。

1．日本語で「ア」と聞こえる音（似た音含む）の違い
　　イギリス発音　/æ/, /ʌ/, /ə/, /ɑ:/, /ə:/
　　アメリカ発音　/ɑ/, /ʌ/, /ə/, /æ/, /e/
　　特にアメリカ発音の/ʌ/は、「ア」になりがちなので、要注意です。

2．日本語で「イ」と聞こえる音の違い
　　英米発音　/i:/, /ɪ/, 弱/i/, 弱/ɪ/
　　たとえば、elevenのeは、弱/ɪ/です。日本語の「イレブン」にならないようにしましょう。（日本語のイレブンだと、「イ」の部分が/i:/と勘違いされ、eel/i:l/「ウナギ」と聞こえ、「ウナギがどうした？」と思われます）

3．日本語で「ウ」と聞こえる音の違い
　　英米発音　/u:/, /ʊ/, 弱/u/, 弱/ʊ/
　　特に/ʊ/の前に/w/があるときに、要注意です。

4．アメリカ発音の/ɔ:/と/ɑ:/
　　共鳴スポットは両者とも首下つけ根のCですが、/ɔ:/のほうが、声のエネルギーが強く、より後ろに引かれます。/ɔ:/は「オー」と言うつもりで発声してください。ただし、口の開きが大きいので、実際には「アー」に聞こえます。/ɑ:/は「アー」というつもりで発声してください。あくびの喉の「アー」です。

（音の聞き分け練習は、pp. 197〜199にもあります）

　次ページからの二重母音・三重母音は、基本母音の応用とも言えます。基本母音を完全にマスターしてから進んでください。

母音§4 二重母音

Vowels § 4　**Diphthongs**

---

42 /eɪ/	43 /aɪ/	44 /ɔɪ/	45 /aʊ/
46 〈英〉/əʊ/	47 〈米〉/oʊ/	48 /juː/	48' 弱 /ju·jʊ/
49 〈英〉/ɪə/	50 〈英〉/eə/	51 〈英〉/ʊə/	

　二重母音とは2つの異なった母音的要素が組み合わされてできている音で、初めの音を第1要素、2つ目の音を第2要素といいます。二重母音/aɪ/の第1要素は/a/、第2要素は/ɪ/です。しかし、二重母音は単に2つの母音を連続して発音するのではなく、第1要素と第2要素の発音の間にはとぎれがなく、滑らかに調音位置が移動します。二重母音は流れのある1つの音なので、2つの短母音として発音しないよう注意してください。

　/eɪ, aɪ, ɔɪ, aʊ, əʊ, oʊ, ɪə, eə, ʊə/は下降二重母音といい、第1要素の母音を第2要素より強く長く発音します。音の長さは/iː/や/ɔː/などの長母音とほぼ同じですが、第2要素はあくまでも軽くつけ加える程度です。舌は第2要素の母音の方向へ移動しますが、その母音の舌位までは達しません。/juː/と/jʊ/は、上昇二重母音といい、第1要素の母音よりも第2要素の母音を強く長く発音します。

　/ɪə, eə, ʊə/はイギリス発音の二重母音で、アメリカ発音はR性母音の/ɪɚ, eɚ, ʊɚ/に対応します。

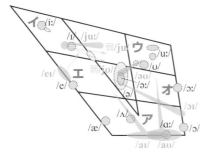

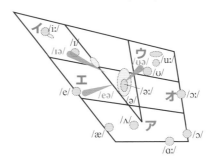

イギリス発音　二重母音母音図

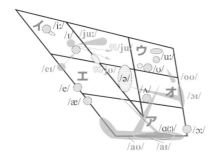

アメリカ発音　二重母音母音図

§4 │ 二重母音 Diphthongs

/eɪ/, /aɪ/, /ɔɪ/, /aʊ/, 英/əʊ/, 米/oʊ/, /juː/, 弱/ju·jʊ/ 英/ɪə/, 英/eə/, 英/ʊə/

42 /eɪ/【二重母音】　(angel [éɪndʒəl])

31. /e/より少し高い舌の位置で、第1要素/e/の発音のために共鳴スポットBに声を勢いよく「エ」とあててから、第2要素のために、30. /ɪ/の舌の高さに向かって舌をじょじょに上げて「イ」と発音します。流れのある「エ〜ィ」という音です。
第1要素・第2要素を同じように「エイ」と発音しないように。

唇

【第1要素】/e/
- 上唇に少し力を入れて口角を少し上に引く（次に続く/ɪ/の発音の影響）。
- 口角を引き締める。

【第2要素】/ɪ/
口の両端を締めながら、唇に力を入れずに少し閉じる。

舌

【第1要素】/e/
- 31. /e/より舌の最高点を若干高めにする。
- 舌両端は奥歯につく（横に広がる）。
- 後舌部は中央がくぼむ。

紫の点線：第1要素の舌中心線
白の点線：第2要素の舌中心線

【第2要素】/ɪ/
舌をじょじょに3ミリくらい上げて30. /ɪ/あたりにいたる。

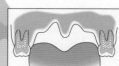

/e/

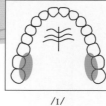

/ɪ/

舌先
下歯茎につける。

A
B
C

共鳴スポット・声のベクトル

【第1要素】/e/
共鳴スポット　英米：B（声帯）
声のベクトル　英：前
　　　　　　　米：後ろ
勢いよく声をあて、/e/（「エ」）と発音する。

【第2要素】/ɪ/
共鳴スポットBから、舌はじょじょに上に移動する。
声のベクトル：/e/と同じ。
- イギリス発音は比較的はっきりとした/ɪ/（「イ」）を、アメリカ発音は小さく/ɪ/（「ィ」）を添える。

/eɪ/ つづりと単語例　▶ Video 🇬🇧 🇺🇸

（発音記号：紫色はアメリカ発音）

基本	a	label [léɪb(ə)l] ラベル、angel [éɪndʒəl] 天使、wave [wéɪv] 波 change [tʃéɪndʒ] 変化；変える
	ai, ay, ey	painter [pʰéɪntə(ʳ)] 画家、railway [réɪlwèɪ] 鉄道、prey [pʰréɪ] 獲物
その他	ea, au	steak [stéɪk] ステーキ、gauge [géɪdʒ] 標準寸法

二重母音

42

eɪ

イギリス発音とアメリカ発音/eɪ/の比較

- イギリス発音もアメリカ発音も舌の最高点はほぼ同じですが、声のベクトルがイギリス発音は前で、アメリカ発音は後ろになるので、アメリカ発音のほうがこもった音になります。
- イギリス発音は出だしが31. /e/に近く、アメリカ発音は舌の最高点がそれより若干高めです。
- イギリス発音のほうが二重母音をはっきり発音し、アメリカ発音では、fateやmakeのような無声子音の前では/eː/(ɛː)/のように単母音化する傾向があります。

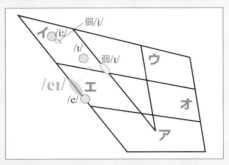

イギリス発音母音図

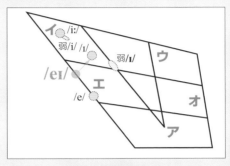

アメリカ発音母音図

二重母音

42

eɪ

165

第1要素 /a/ は二重母音で初めて現れる音です。（p. 121 第一次基本母音図 参照）
舌の最高点の高さは、40. /ɑ/ や 41. /ɑː/ と同様に英語の母音の中で一番低い位置で、
あくびの喉の「ア」のイメージです。第1要素 /a/ の発音のために、共鳴スポットＣに
声を勢いよく「ア」とあて、第2要素 /ɪ/ のために 30. /ɪ/ に向かって舌の高さを上げますが、
/ɪ/ にいたらず「エ」くらいまでの舌の高さで「イ」と発音します。
流れのある「ア〜ェ」という音です。

舌

【第1要素】 /a/
• 舌の高さは 41. /ɑː/ くらいだが、/ɑː/ ほど後舌部を喉奥に引かない。
• 舌の両端は上の奥歯には触れない。
• 母音図を見るとわかるように、舌の前後の範囲は広い。
• 後舌部の中央をくぼませる。

【第2要素】 /ɪ/
• 舌はじょじょに 30. /ɪ/ に向かって上げるが、1センチくらい移動して、途中で終わる。

唇

【第1要素】 /a/
口の形は、横にも縦にも開く。

↓

【第2要素】 /ɪ/
口角を閉めて、唇に力を入れずに少し閉じる。

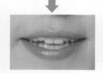

舌先

下歯茎につける。

A
B
C

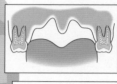

/a/

↓

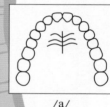

/ɪ/

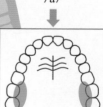

共鳴スポット・声のベクトル

【第1要素】 /a/
共鳴スポット：Ｃ（首下つけ根）
声のベクトル：後ろ
勢いよく声をあて、/a/（「ア」）と発音する。

➡

【第2要素】 /ɪ/
共鳴スポットＣからじょじょに舌をB-Cに上げる。
声のベクトル 英：前に変更。
　　　　　　　米：後ろのまま /ɪ/（「イ」）を添える。

/aɪ/ つづりと単語例　▶ Video　🇬🇧 🇺🇸

（発音記号：紫色はアメリカ発音）

基本	i, y	child [tʃáɪld] 子供、island [áɪlənd] 島、prize [pʰráɪz] 賞；賞金
		kind [kʰáɪnd] 親切な；種類、sky [skáɪ] 空
その他	igh, eigh,	delight [dɪláɪt] 大喜び、height [háɪt] 高さ、eyesight [áɪsàɪt] 視力
	eye, ai, uy	aisle [áɪl] 通路、buy [báɪ] 買う

二重母音

43

aɪ

イギリス発音とアメリカ発音/aɪ/の比較

• イギリス発音もアメリカ発音も舌の最高点はほぼ同じですが、第2要素の声のベクトルがイギリス発音は前で、アメリカ発音は後ろになるので、アメリカ発音のほうがこもった音になります。

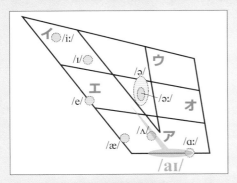

イギリス発音 母音図

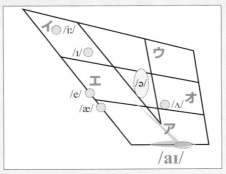

アメリカ発音 母音図

第1要素 /ɔ/ の舌の最高点は38. /ɔː/ から39. /ɔ/ の中間くらいです。
共鳴スポットBとCの間に声を勢いよくあてて「オ」を発音します。
第2要素のために、30. /ɪ/ に向かって舌をじょじょに上げますが /ɪ/ にはいたりません。
後ろに引いた舌をじょじょに前に戻していく、流れのある「オ〜ェ」という音です。

唇

【第1要素】 /ɔ/
- 後舌を後ろに引いている分、唇は突き出る。
- 口角を引き締める。

【第2要素】 /ɪ/
口角を引き締め、唇を横に少し引き、軽く弛緩する。

舌

【第1要素】 /ɔ/
- 舌位は38. /ɔː/ と39. /ɔ/ の中間（「オ」に近い）。
- 舌の両端は上の奥歯には触れない。
- 後舌部を後ろにぐっと引く。
- 舌の中央をくぼませる。

【第2要素】 /ɪ/
舌をじょじょに前と上に1センチ移動して、33. /ə/ と30. /ɪ/ の間までくる。「エ」の舌の高さと同じで5ミリくらい後ろになる。

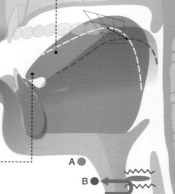

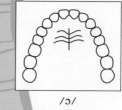

/ɔ/

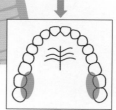

/ɪ/

舌先
下歯茎に触れている。

A
B
C

共鳴スポット・声のベクトル

【第1要素】 /ɔ/
共鳴スポット：B-C（声帯と首下つけ根の間）
声のベクトル：後ろ
勢いよく声をあて、/ɔ/（「オ」）と発音する。

【第2要素】 /ɪ/
共鳴スポット：B（声帯）
声のベクトル：前に変わる
じょじょに舌を前と上に1センチくらい移動する。

/ɔɪ/ つづりと単語例　　▶ Video 🇬🇧

基本	oi	**avoid** [əvɔ́ɪd] 避ける、**choice** [tʃɔ́ɪs] 選択、**oil** [ɔ́ɪl] 油、**noise** [nɔ́ɪz] 物音；騒音 **point** [pʰɔ́ɪnt] 点
	oy	**toy** [tʰɔ́ɪ] おもちゃ、**destroy** [dɪstrɔ́ɪ] 破壊する、**oyster** [ɔ́ɪstə] 牡蠣、**annoy** [ənɔ́ɪ] 悩ます **boy** [bɔ́ɪ] 少年

44 /ɔɪ/ 【二重母音】 アメリカ発音   (choice [tʃɔ́ɪs])

第1要素/ɔ/は「オ」くらいの舌の高さにし、共鳴スポットBに声を勢いよく
あてて「オ」と発音します。続けてぐっと後ろに引いた舌をじょじょに前に戻して
33. /ə/に向かいます。声のベクトルは後ろで、
流れのある「オ〜ェ」という音です。

 唇

【第1要素】 /ɔ/
• 後舌を後ろに引いている分、唇は突き
　出る。
• 口角を引き締める。

【第2要素】 /ɪ/
口角を引き締め、唇を横に少し引き、軽
く弛緩する。

 舌

【第1要素】 /ɔ/
• 舌の最高点が38. イギリス発音/ɔː/
　くらい。
• 舌の両端は上奥歯につかない。
• 後舌部中央はくぼむ。

【第2要素】 /ɪ/
舌をじょじょに前に1センチくらい移
動して、/ɪ/までいかずに33. /ə/
の範囲までいたる。

/ɔ/

/ɪ/

 舌先

下歯茎に触れている。

A ●
B ●
C ●

共鳴スポット・声のベクトル

【第1要素】 /ɔ/
共鳴スポット：B（声帯）
声のベクトル：後ろ
勢いよく声をあて、/ɔ/（「オ」）と発音する。

→

【第2要素】 /ɪ/
共鳴スポット：B（声帯）
声のベクトル：後ろ
舌をじょじょに前と、若干上に1センチくらい
移動し、/ɪ/（「エ」）を添える。

 /ɔɪ/ つづりと単語例   ▶ Video

基 本 oi **avoid** [əvɔ́ɪd] 避ける、**choice** [tʃɔ́ɪs] 選択、**oil** [ɔ́ɪl] 油、**noise** [nɔ́ɪz] 物音；騒音
point [pʰɔ́ɪnt] 点

oy **toy** [tʰɔ́ɪ] おもちゃ、**destroy** [dɪstrɔ́ɪ] 破壊する、**oyster** [ɔ́ɪstɚ] 牡蠣、**annoy** [ənɔ́ɪ] 悩ます
boy [bɔ́ɪ] 少年

イギリス発音とアメリカ発音/ɔɪ/の比較

- イギリス発音の/ɔɪ/は、第1要素の/ɔ/が日本語の「オ」より3ミリくらい低めです。アメリカ発音では、第1要素の/ɔ/が日本語の「オ」とほぼ同じくらいの舌の高さから始まります。

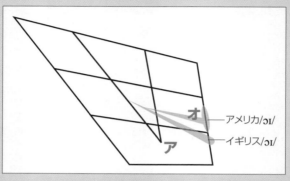

イギリス発音とアメリカ発音の /ɔɪ/　母音図上の比較

45 /aʊ/【二重母音】 (owl [áʊl])

第1要素 /a/ の舌の最高点は 40. /ɑ/ や 41. /ɑː/ と同じで、あくびの喉にします。
共鳴スポットCに勢いよく声をあて第1要素の「ア」を発音してから、
じょじょに舌を上げ、37. /ʊ/ に向かう途中で「ウ」を発音します。
流れのある「ア〜ォゥ」という音です。

唇

【第1要素】 /a/
口の形は、横にも縦にも開くので、四角っぽくなる。

【第2要素】 /ʊ/
・やや円唇になる。
・口角を引き締める。

舌

【第1要素】 /a/
・舌の最高点は 41. /ɑː/ と同じ。
・後舌部を喉奥に引く。
・舌の両端は上の奥歯には触れない。
・母音図を見るとわかるように、舌の前後の範囲は広い。

【第2要素】 /ʊ/
・後舌部を軟口蓋に近づけるが、触れない。
・舌の中央をくぼませる。
・舌をじょじょに約1センチ上げる。

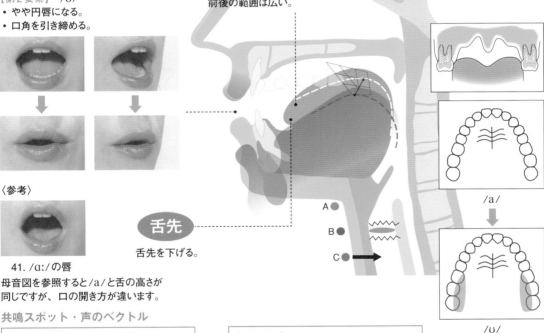

〈参考〉

41. /ɑː/ の唇
母音図を参照すると /a/ と舌の高さが同じですが、口の開き方が違います。

舌先
舌先を下げる。

/a/

/ʊ/

共鳴スポット・声のベクトル

【第1要素】 /a/
共鳴スポット：C（首下つけ根）
声のベクトル：後ろ
勢いよく声をあて、/a/（「ア」）と発音する。

【第2要素】 /ʊ/
共鳴スポットC、声のベクトル後ろのまま、じょじょに舌を上げて、/ʊ/（「ウ」）を添える。

/aʊ/ つづりと単語例 ▶ Video 🇬🇧 🇺🇸

（発音記号：紫色はアメリカ発音）

基本	ow	**down** [dáʊn] 下へ、**town** [tʰáʊn] 町、**owl** [áʊl] フクロウ、**cow** [kʰáʊ] 牛、**now** [náʊ] 今
	ou	**mountain** [máʊntən] 山、**house** [háʊs] 家、**count** [kʰáʊnt] 数える
		ground [gráʊnd] 地面、**pound** [pʰáʊnd] ポンド、**foundation** [faʊndéɪʃən] 基盤
		outrage [áʊtrèɪdʒ] 暴力
	ough	**drought** [dráʊt] 干ばつ

イギリス発音とアメリカ発音/aʊ/の比較

- イギリス発音の/aʊ/の/a/は43. /aɪ/の/a/よりも後舌を少し後ろに引いて発音するのが普通ですが、/aɪ/の/a/と同じ音で発音する人も多くいます。アメリカ発音の第1要素はかなりの幅があり、/a/で発音するのが一般的ですが、中南部では/æ/と発音する人が多くおり、北部では/ɑ/で発音する人もいます。アメリカでも教育を受けた人は、イギリス発音の範囲と同じ傾向があります。

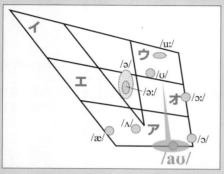

イギリス発音

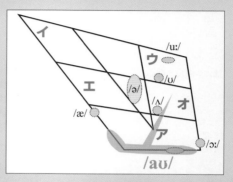

アメリカ発音

46 /əʊ/ 【二重母音】 イギリス発音 　　　　(**o**nly [ə́ʊnli])

> イギリス英語特有の発音です。日本のほとんどの辞書で/oʊ/ (/oʊ/) と表記されていますが、
> これはアメリカ発音で、イギリス発音では/əʊ/ が正しい表記です。
> 「ア」と「オ」の中間のような音から「ウ」を足したような「アオゥ」のような音です。
> 舌の最高点を33. /ə/ と同じくらいにし、共鳴スポットに声を勢いよく「オ」とあて、
> 第2要素はじょじょに舌を後ろに引き、ほぼ37. /ʊ/ にいたって「ウ」と発音します。

唇

【第1要素】 /ə/
- 口は縦長に伸び多少とがる。
- 口角を引き締める。

【第2要素】 /ʊ/
- アルファベットの o の形に口を丸める。
- 口角を引き締める。

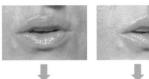

舌

【第1要素】 /ə/
- 後舌部の中心がくぼむ。
- 33. /ə/ と同じ舌の高さ。
- 舌奥を上歯の奥に触れさせる。
- 舌を縦に立ててもよい。（右下図）

【第2要素】 /ʊ/
- 後舌部を軟口蓋に近づけるが、触れない。
- 舌の両脇は上奥歯に軽くつく。
- 第1要素の舌を、5ミリ後ろに引いて、じょじょに37. /ʊ/ に達する。

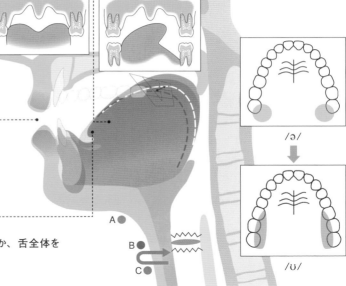

/ə/

/ʊ/

舌先

下歯茎につくか、舌全体を斜めに立てる。

A
B
C

共鳴スポット・声のベクトル

【第1要素】 /ə/
共鳴スポット：B-C（声帯と首下つけ根の間）
声のベクトル：前
勢いよく声をあて、/ə/（「アオ」の間の音）と発音する。

➡ 【第2要素】 /ʊ/
共鳴スポット：/ə/ と同じ。
声のベクトル：後ろに変更して/ʊ/（「ウ」）を発音する。

/əʊ/ つづりと単語例　▶ Video 🇬🇧

基本	o	**open** [ə́ʊpn] 開いた、**control** [kəntrə́ʊl] 支配(力)、**hole** [hə́ʊl] 穴 **post** [pʰə́ʊst] 郵便；郵便局、**only** [ə́ʊnli] 唯一の
	oa	**road** [rə́ʊd] 道、**soap** [sə́ʊp] 石けん
	oe	**toe** [tʰə́ʊ] 足の指、**doe** [də́ʊ] （シカ、ウサギなどの）メス、**foe** [fə́ʊ] 敵
その他	ow, ou, ew,	**know** [nə́ʊ] 知っている、**shoulder** [ʃə́ʊldə] 肩、**sew** [sə́ʊ] 縫う
	ough, oo	**dough** [də́ʊ] こね粉、**brooch** [brə́ʊtʃ] ブローチ

アメリカ発音の /oʊ/ の第1要素 /o/ はここで初めて出てくる発音記号で、狭い「オ」と呼ばれています。舌の最高点を「オ」より少し上にし、第1要素の発音のために、共鳴スポットBに声を勢いよく「オ」とあて、少し舌を前に戻し、第2要素 /ʊ/ は、37. /ʊ/ に向かいますが、いたる前で「ウ」と発音します。口を閉じ、舌を上げて「オ」を発音し、少し舌を前と上に移動して「ウ」を発音する感じです。流れのある音「オ〜ｩ」という音です。

舌

唇

【第1要素】 /o/
後舌を後ろに引いているので、唇は突き出る。

【第2要素】 /ʊ/
• 口を丸めていく。
• 口角を引き締める。

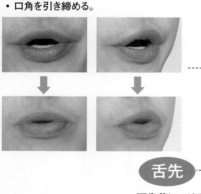

【第1要素】 /o/
• 日本語の「オ」より舌の最高点をわずかに高くし、後舌部をもっと後ろに引く。
• 舌の両端は上奥歯につかない。
• 後舌部の中央はくぼませる。

【第2要素】 /ʊ/
• 第1要素から舌を2ミリくらい、前と上に移動する。
• 後舌部を軟口蓋に近づけるが、触れない。
• 舌の両脇は上奥歯に軽くつく。
• 37. /ʊ/ に行く途中で終わる。

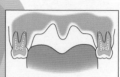

舌先
下歯茎につける。

A
B
C

/o/

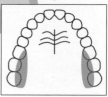
/ʊ/

共鳴スポット・声のベクトル

【第1要素】 /o/ 共鳴スポット：B（声帯） 声のベクトル：後ろ 勢いよく声をあて、/o/（「オ」）と発音する。	→	【第2要素】 /ʊ/ 共鳴スポット、声のベクトル：/o/ と同じ。 舌を若干、前と上に移動して /ʊ/（「ウ」）を添える。

/oʊ/ つづりと単語例　▶ Video 🇺🇸

基　本	o	**open** [óʊpn] 開いた、**control** [kəntróʊl] 支配（力）、**hole** [hóʊl] 穴 **post** [pʰóʊst] 郵便；郵便局、**only** [óʊnli] 唯一の
	oa	**coach** [kʰóʊtʃ] 指導員；(長距離)バス、**road** [róʊd] 道、**soap** [sóʊp] 石けん
	oe	**toe** [tʰóʊ] 足の指、**doe** [dóʊ] (シカ、ウサギなどの)メス、**foe** [fóʊ] 敵
その他	ow, ou, ew, ough, oo	**know** [nóʊ] 知っている、**shoulder** [ʃóʊldɚ] 肩、**sew** [sóʊ] 縫う **dough** [dóʊ] こね粉、**brooch** [bróʊtʃ] ブローチ

二重母音

47

oʊ

イギリス発音/əʊ/とアメリカ発音/oʊ/の比較

- この二重母音は、イギリスとアメリカで顕著な違いがあります。アメリカの俳優がイギリス人の役をするとき、この音を強調し過ぎる傾向があるほどです。イギリス発音の第1要素は「アとオ」の中間で、アメリカ発音は完全に「オ」に聞こえます。また、イギリス発音のほうが音が長く、アメリカ発音は短いです。

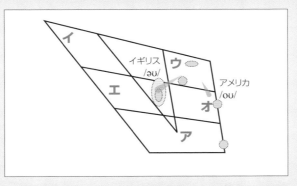

イギリス発音 /əʊ/ とアメリカ発音 /oʊ/　母音図上の比較

二重母音の中で /juː/ だけが、第1要素より第2要素のほうを強く長く発音します。
第1要素は半母音7. /j/ で、舌を奥歯につけそのあたりを振動させて「ィユ」を発音し、
第2要素 /uː/ は共鳴スポットA-Bに勢いよく声をあて、後舌を後ろに引き、
口を突き出して「ウウ」と発音します。「ィユウ」のような感じです。

舌

唇

- 後舌を後ろに引く分、唇はすぼめて突き出す。
- 口角を引き締める。

【第1要素】 /j/

- 舌の両脇を上歯の内側につけるが、舌の中央は空気の通り穴となるようにスプーン状に開け、中間の部分は口蓋に触れない。(7. /j/ 参照)
- 舌は持ち上げる感覚で、思いっ切り舌の両脇を上歯の内側につける。
- 後舌部の中央をくぼませる。

【第2要素】 /uː/

- 第2要素の /uː/ のほうに向かって前舌をさらにスプーン状に反るよう下げる。
- 第1要素から舌を後ろに5ミリ引く。
- 後舌部は後ろに引き、軟口蓋に近づけるが、触れない。
- 舌の両脇は上奥歯に軽くつく。

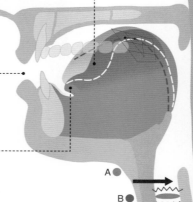

舌先

【第1要素】 /j/
舌先を上げる。 ⇒ 【第2要素】 /uː/
舌先を急激に下げて、下歯茎につける。

A ●
B ●
C ●

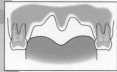
/j/

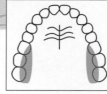
/uː/

共鳴スポット・声のベクトル

【第1要素】 /j/
半母音7. /j/（「ィユ」）を発音する。 ⇒ 【第2要素】 /uː/
共鳴スポット：A-B（首上つけ根と声帯の間）
声のベクトル：後ろ
勢いよく声をあて、/uː/（「ウウ」）と発音する。

/juː/ つづりと単語例 ▶ Video 🇬🇧 🇺🇸 （発音記号：紫色はアメリカ発音）

基 本　**u, ue, ew**　　**useful** [júːsf(ə)l] 役に立つ、**cue** [kjúː] きっかけ、**few** [fjúː] 少数
　　　　eau, ou, iew　　**beauty** [bjúːti] 美女、**beautiful** [bjúːtɪfʊl] 美しい、**youth** [júːθ] 若さ
　　　　　　　　　　　　　　view [vjúː] 眺め

イギリスでは /j/ を読むが、アメリカでは脱落する傾向のあるもの
student [st(j)úːd(ə)nt] 学生、**pursuit** [pə(ɚ)s(j)úːt] 追跡、**duty** [d(j)úːti] 義務、**neutral** [n(j)úːtrəl] 中立の

ヨッドの脱落（yod-dropping）

　二重母音/juː/の/j/（ヨッド）が脱落して、/uː/の発音になることをいいます。アメリカ発音ではよく脱落しますが、イギリス、アメリカともに/juː/の前にくる子音によって脱落傾向が違っています。

	イギリス	アメリカ
/t/の後ろ（tune [tjúːn]） /d/の後ろ（duty [djúːti]）	脱落しない	脱落が多い
/θ/の後ろ（enthuse [ɪnθ(j)úːz]） /n/の後ろ（new [n(j)úː]）	普通は脱落しない 普通は脱落しないが、脱落傾向にある	
/l/の後ろ（revolution [rèvəlúːʃən]） /s/の後ろ 語頭（suit [s(j)úːt]） 　　　　 語中（pursuit [pəs(j)úːt]） /z/の後ろ（resume [riz(j)úːm]）	普通は脱落する 脱落が多い 脱落しないほうが多い 普通は脱落しないが、脱落傾向にある	ほぼ完全に脱落
/tʃ/の後ろ（chew [tʃúː]） /dʒ/の後ろ（Jew [dʒúː]）	完全に脱落	完全に脱落

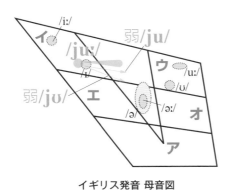

イギリス発音 母音図

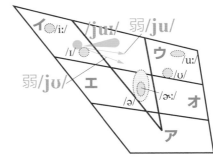

アメリカ発音 母音図

二重母音

48

juː

余談：nudeはイギリス英語ではヨッドを入れて発音するため、「ニュード」と聞いたときは驚きでした。「ヌード」はアメリカ英語だったのですね。また、studentは多くの日本人は「スチューデント」と言いますが、それはイギリス英語で、アメリカではヨッドを抜かしますから「ストゥーデント」になります。ちなみにニューヨークはイギリス英語で、アメリカ英語は「ヌーヨーク」です。このように、日本ではイギリス英語とアメリカ英語が混在しているようです。

48' 弱母音 /ju・jʊ/ 【二重母音】 (regular [régjʊlə(ɚ)])

弱母音 /ju, jʊ/ は48. /juː/ が弱化して、やや舌の位置が下がっただけで、
音質は /juː/ と変わりません。
発音記号は第2要素が違う /jʊ/ と /ju/ の2種類あります。/ju/ の共鳴スポットは、
強母音 /juː/ と同様にA-B、/jʊ/ はCで声のベクトルは後ろです。
/ju/ は後ろに母音が続く場合で（例manual [mǽnjuəl]）、/jʊ/ は後ろに子音が続く場合
（例 accurate [ǽkjʊrət]）に使われます。/ju/ は /jʊ/ より第2要素の舌の最高点が多少上に
なります。また、子音の前の場合は、舌の最高点が低く /ə/ に近くなり、
辞書によっては /jʊ/ ではなく /jə/ で書かれています（例 popular [pʰɔ́pjʊlə, pʰúpjələ]）。
また、/ju/ と /jʊ/ も辞書によって、使い分けているものと、そうでないものがあります。

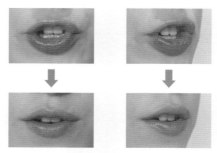

弱母音 /ju・jʊ/

弱母音 /ju・jʊ/ つづりと単語例　▶ Video 🇬🇧 🇺🇸 　　　　　　　（発音記号：紫色はアメリカ発音）

後ろに母音が続く場合
evacuation [ɪvæ̀kjuéɪʃən] 撤退

後ろに子音が続く場合
accurate [ǽkjʊrət] 正確な、argument [ɑ́ː(ɑɚ)gjʊmənt] 口論、popular [pʰɔ́pjʊlə/pʰɔ́(ɑ(ː))pjʊlə] 人気のある
regular [régjʊlə(ɚ)] 規則正しい

◆◆「ユ」と弱母音 /ju//jʊ/ の比較

◆弱母音 /ju/ は日本語の「ユ」に近い音です。
◆弱母音 /jʊ/ は日本語の「ヤ」に近い音です。

二重母音
48'
弱母音
ju・jʊ

49 /ɪə/ 【二重母音】 イギリス発音 (hear [híə])

第1要素の/ɪ/は30. /ɪ/と同じで、舌の緊張のない「イ」と「エ」の中間の音です。
共鳴スポットBに勢いよく声をあて、第2要素のためにあいまい母音33. /ə/ (p. 143) に
向かいますが、いたらず、「イエァ*」といった音になります。
アメリカ発音では、rをともなった59. /ɪɚ/で発音されます。(*イエ:「イ」と「エ」の間の音)

 舌

【第1要素】 /ɪ/
• 舌に力を入れない。
• 舌の両端を軽く上の奥歯につけ、日本語の「イ」と「エ」の間の高さにする。(30. /ɪ/とほぼ同じ)

【第2要素】 /ə/
• 第1要素から5ミリくらい移動して33. /ə/に向かうが、途中で終わる。
• 舌に力を入れない。

 唇

【第1要素】 /ɪ/
• 舌が横に広がる分唇は少し横に引かれる。
• 口角を引き締める。

【第2要素】 /ə/
力を入れず口を軽く開ける。

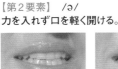
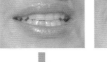

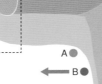 舌先
下歯茎につける。

A ●
← B ●
C ●

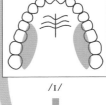

/ɪ/

/ə/

共鳴スポット・声のベクトル

【第1要素】 /ɪ/
共鳴スポット:B(声帯)
声のベクトル:前
勢いよく声をあて、/ɪ/(「イ」)と発音する。

【第2要素】 /ə/
共鳴スポット、声のベクトル:/ɪ/と同じ。
じょじょに舌を緩めて/ə/(「ア」)とつけ加える。

/ɪə/ つづりと単語例 ▶ Video 🇬🇧

基 本	ea(r)	hear [híə] 聞こえる;聞く、clear [kʰlíə] 明るい、idea※ [aɪdíə] 考え
	eer	deer [díə] シカ、engineer [èndʒɪníə, èndʒəníə] 技師
	ere	severe [səvíə] 厳しい、here [híə] ここに
その他	eir, ier, er	weird [wíəd] 変な、fierce [fíəs] どう猛な、imperial [ɪmpʰíərɪəl] 帝国の

※ideaは、アメリカ英語ではaɪdíːəとなります。

第1要素 /e/ は、31. /e/ と舌の高さをほぼ同じにし、共鳴スポットB-Cに声を強くあて「エ」と発音します。第2要素のためにあいまい母音33. /ə/（p. 143）に向かいますが、いたらず、途中で「ア」と発音します。「エ〜ァ」のような音です。RP（容認発音）でも若い世代では /eə(ɛə)/ ではなく /ɛː/（エー）と発音する傾向が強くなっています。アメリカ発音ではrをともなった60. /eɚ/ で発音されます。

舌

【第1要素】 /e/
- 31. /e/ より舌の位置をわずかに低めにする。
- 後舌部の両脇は上の奥歯に軽く触れる。
- 後舌部の中央はくぼむ。

【第2要素】 /ə/
- 第1要素の舌の緊張が急に取れ、後ろに4ミリくらい引いて33. /ə/ を発音する。
- 後舌部の両脇は上の奥歯に軽く触れる。

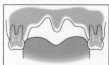
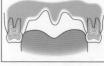

唇

【第1要素】 /e/
- 日本語の「エ」よりも少し大きめに開く。
- 口角を引き締める。

【第2要素】 /ə/
第1要素に90％時間が割かれ、第2要素で一気に唇の力を抜く。

 舌先
下歯茎につける。

A
B
C

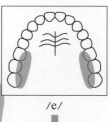 /e/
 /ə/
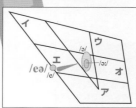

共鳴スポット・声のベクトル

【第1要素】 /e/
共鳴スポット：B-C（声帯と首下つけ根の間）
声のベクトル：前
勢いよく声をあて、/e/（「エ」）と発音する。

【第2要素】 /ə/
共鳴スポット、声のベクトル：/e/ と同じ。
じょじょに舌を緩めて /ə/（「ア」）とつけ加える。

/eə/ つづりと単語例　▶ Video　🇬🇧 映像では /ɛː/ に近い発音になっています。

基本	air	chair [tʃéə, tʃɛ́ː] 椅子、hair [héə, hɛ́ː] 髪、airport [éəpʰɔ̀ːt, ɛ́ːpʰɔ̀ːt] 空港
	are	rare [réə, rɛ́ː] 珍しい、farewell [fèəwél, fɛ̀ːwél] 告別；別れ
		parent [pʰéərənt, pʰɛ́ːrənt] 親
その他	ear, ere, ar, ae	bear [béə, bɛ́ː] クマ、there [ðéə, ðɛ́ː] そこに、where [wéə, wɛ́ː] どこに
		scarce [skéəs, skɛ́ːs] 乏しい、aerobics [eəróubɪks, ɛːróubɪks] エアロビクス

51 　/ʊə/【二重母音】　イギリス発音　　　　　　　　　　(sure [ʃʊ́ə])

第1要素の/ʊ/は37. /ʊ/とほぼ同じ音ですが、舌を少しだけ前寄りにします。
舌の最高点は「ウ」より若干低めにし、共鳴スポットCに声をあてて「ウ」を発声
します。第2要素のためにあいまい母音33. /ə/（p. 143）に向かいますがいたらず、
途中で「ア」と発音します。アメリカ発音では61. /ʊɚ/で発音されます。

◎二重母音の中で/ʊə/は最も頻度が少なく（21世紀中にはなくなるかもしれないと言う言語学者もいる）、
　RPでも日常の会話では、your、poor、sureのような日常語は/ɔː/の発音が取って代わり、/jɔː/（ヨー）、
　/pɔː/（ポー）、/ʃɔː/（ショー）のように発音されることが多くなってきています。

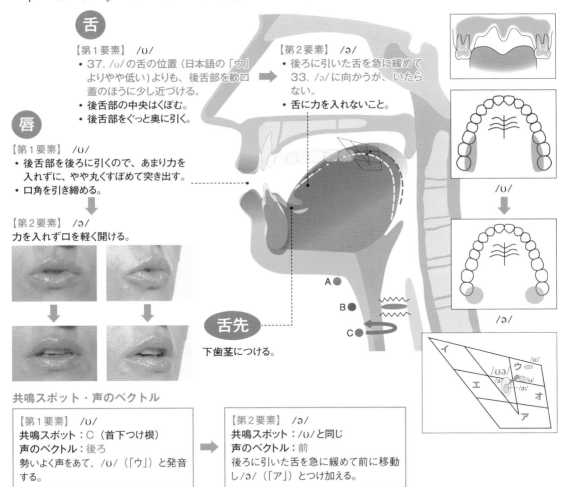

舌
【第1要素】　/ʊ/
• 37. /ʊ/の舌の位置（日本語の「ウ」よりやや低い）よりも、後舌部を軟口蓋のほうに少し近づける。
• 後舌部の中央はくぼむ。
• 後舌部をぐっと奥に引く。

【第2要素】　/ə/
• 後ろに引いた舌を急に緩めて33. /ə/に向かうが、いたらない。
• 舌に力を入れないこと。

唇
【第1要素】　/ʊ/
• 後舌部を後ろに引くので、あまり力を入れずに、やや丸くすぼめて突き出す。
• 口角を引き締める。

【第2要素】　/ə/
力を入れず口を軽く開ける。

舌先
下歯茎につける。

/ʊ/

/ə/

共鳴スポット・声のベクトル

【第1要素】　/ʊ/
共鳴スポット：C（首下つけ根）
声のベクトル：後ろ
勢いよく声をあて、/ʊ/（「ウ」）と発音する。

【第2要素】　/ə/
共鳴スポット：/ʊ/と同じ
声のベクトル：前
後ろに引いた舌を急に緩めて前に移動し/ə/（「ア」）とつけ加える。

/ʊə/ つづりと単語例　　▶ Video　🇬🇧 映像では1回目は/ʊə/、2回目は/ɔː/で発音されています。

基　本　**oor**　　**poor** [pʰʊ́ə, pʰɔ́ː] 貧しい、**moor** [mʊ́ə, mɔ́ː] 荒野

その他　**our**　　**tour** [tʰʊ́ə, tʰɔ́ː] 旅行、**tournament** [tʰʊ́ənəmənt, tʰɔ́ːnəmənt] 勝ち抜き試合

　　　　ure　**mature** [mətʃʊ́ə, mətʃɔ́ː] 成熟した；熟成した、**sure** [ʃʊ́ə, ʃɔ́ː] 確信して

注：上記単語は/ɔ́ː/とも発音される。ただし、sureは、/ɔ́ː/を使うときつい言い方に感じられるので、やさしく言いたいときは/ʊə/を使う。

母音§5 三重母音

Vowels §5 **Triphthongs**

---

52 /aɪə/ 　 53 /aʊə/ 　 54 /jʊə/

　三重母音とは３つの異なった母音的要素が組み合わされてできている音ですが、二重母音と同様に、単に３つの母音を連続して発音するわけではなく、第１要素の発音と第２、第３要素の発音との間にはとぎれがなく、滑らかに調音位置が移動します。三重母音は一つの音なので、３つの短母音として発音しないよう注意してください。語末にRがない単語においては、三重母音はイギリス発音とアメリカ発音で共通です(vowel, violet, societyのように語末のRがないものです)。

　/aɪə/、/aʊə/は第１要素の/a/のみがはっきりと発音され、第２、第３要素は軽く添える感じでつけ加えます。舌は第１要素から第２要素の母音の方向へ移動しますが、その母音の舌位まで移動せず、あくまで第３要素/ə/にいたるまでの通過の発音になります。しかし、/jʊə/だけは第１要素ではなく、第２要素の母音/ʊ/を強く長く発音します。

　アメリカ発音には、このほかにつづりにRがつく、R性の三重母音があります(§6 R性母音 参照)。つまり、アメリカ発音においては、三重母音が６つあります。

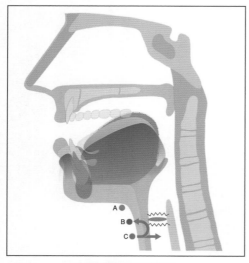

三重母音の断面図
舌の輪郭は舌中心線を表しています。
　　紫：第１要素
　　黄：第２要素
　　赤：第３要素

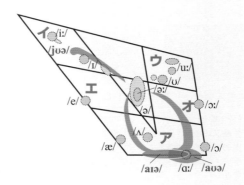

§5 | 三重母音 Triphthongs /aɪə/, /aʊə/, /jʊə/

52 | /aɪə/ 【三重母音】 (fire [fáɪə])

二重母音 43. /aɪ/ にあいまい母音 33. /ə/ を加えた音です。
二重母音 43. /aɪ/ と同様に、第1要素 /a/ に重きが置かれ、30. /ɪ/ にいたることはなく、
第3要素 33. /ə/ に行くまでの途中で、第2要素 /ɪ/ を発音し、33. /ə/ にいたります。
流れのある「ア〜ェア」という音で、均等に「アイア」と発音しないことです。
イギリス発音では /aɪə/ は単純化して /aə/ になることが多く、
さらに長母音の /aː/ になる場合もあります。
アメリカ発音では /aɪə/ は単純化して /aɪ/ になることもあります。
/aː/ は 41. /ɑː/ とは違い、/aɪə/ の第1要素の /a/ を長く発音した長母音です。

【第1要素】・【第2要素】 ➡ 【第3要素】
43. /aɪ/ **33. /ə/**
p. 166参照 p. 143参照

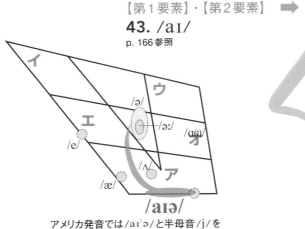

/aɪə/

アメリカ発音では /aɪə/ と半母音 /j/ を
入れて発音することが多い。
(p. 217 [2] 半母音 /j/ の添加 参照)

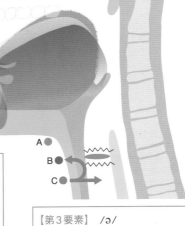

共鳴スポット・声のベクトル

【第1要素】 /a/
共鳴スポット：C（首下つけ根）
声のベクトル：後ろ
勢いよく声をあて、/a/（「ア」）と
発音する。

➡

【第2要素】 /ɪ/
共鳴スポット：B に変更
声を B に押し上げるように、じょじょ
に舌を前と上に移動。
声のベクトル（英）前に変更。
（米）後ろのままで、/ɪ/（「イ」）を
途中発音する。

➡

【第3要素】 /ə/
声を共鳴スポット B に押し上げたあ
たりで /ə/（「ア」）を発音する。

/aɪə/ つづりと単語例 ▶ Video 🇬🇧 🇺🇸 (発音記号：紫色はアメリカ発音)

基 本	ire	**fire** [fáɪə, fáːə] 火、**tire** [tʰáɪə, tʰáːə] 疲れさせる、**desire** [dɪzáɪə, dɪzáːə] 強く望む **shire** [ʃáɪə, ʃáːə] 州
その他	oir, iar, ior	**choir** [kʰwáɪə, kʰwáːə] 聖歌隊、**liar** [láɪə, láːə] 嘘つき、**prior** [pʰráɪə, prʰáːə] 前の；先の

(以上は、アメリカ発音ではR性三重母音 62. /aɪɚ/ になる)

| 英 米
共 通 | ie, io, ia | **society** [səsáɪəti, səsáːəti] 社会、**violet** [váɪələt, váːələt] すみれ
biological [báɪəlɔ̀(à)dʒɪk(ə)l, báːəlɔ̀(à)dʒɪk(ə)l] 生物学の、**liable** [láɪəbl, láːəbl] 〜しがちな
diagnose [dàɪəgnóʊ(óʊ)z, dàːəgnóʊ(óʊ)z] 診断する、**giant** [dʒáɪənt] 巨人 |

二重母音 45. /aʊ/ にあいまい母音 33. /ə/ を加えた音です。
二重母音 45. /aʊ/ と同様に、第1要素 /a/ に重きがおかれ、37. /ʊ/ にいたることはなく、
第3要素 33. /ə/ にいくまでの途中で、第2要素 /ʊ/ を発音し、33. /ə/ にいたります。
ぐっと後ろに引いた舌をじょじょに上げていく流れのある音「ア〜ォア」という音です。
けっして第1〜第3要素それぞれを均等に「アウア」と発音しないように。
＊イギリス発音では /aʊə/ は単純化され、/ɑːə/ になることが多く、またさらに長母音の /ɑː/ になる場合もあります

【第1要素】・【第2要素】　➡　【第3要素】
45. /aʊ/　　　　33. /ə/
p. 171 参照　　　　　p. 143 参照

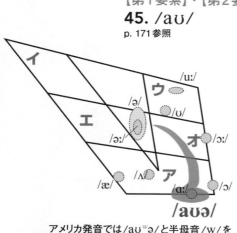

/aʊə/

アメリカ発音では /aʊʷə/ と半母音 /w/ を
入れて発音することが多い。
（p. 217 [1] 半母音 /w/ の添加 参照）

共鳴スポット・声のベクトル

【第1要素】 /a/	【第2要素】 /ʊ/	【第3要素】 /ə/
共鳴スポット：C（首下つけ根） 声のベクトル：後ろ 勢いよく声をあて、/a/（「ア」）と発音する。	共鳴スポット、声のベクトル： /a/ と同じ。 じょじょに舌を後ろと上に移動する途中、/ʊ/（「ウ」）を発音する。	声のベクトル：前に変え 共鳴スポット：B に押し上げたあたりで /ə/（「ア」）を発音する。

/aʊə/ つづりと単語例　▶ Video 🇬🇧 🇺🇸

（発音記号：紫色はアメリカ発音）

基 本	our, ower	hour [áʊə, áːə] 1時間、sour [sáʊə, sáːə] 酸っぱい、flower [fláʊə, fláːə] 花 power [pʰáʊə, pʰáːə] 力、shower [ʃáʊə, ʃáːə] にわか雨、tower [tʰáʊə, tʰáːə] 塔
例 外	owar	coward [kʰáʊəd, kʰáːəd] 臆病者

（以上は、アメリカ発音では R 性三重母音 63. /aʊə˞/ になる）

英 米 共 通	owa, owe	nowadays [náʊədèɪz, náːədèɪz] このごろは、vowel [váʊəl, váːəl] 母音

54 /jʊə/【三重母音】 (cure [kʰjʊ́ə])

半母音7. /j/に二重母音51. /ʊə/を加えた音です。三重母音の中で/jʊə/だけが、
二重母音48. /juː/と同様に、第2要素の/ʊ/を強く長く発音します。第1要素の/j/は
舌を奥歯につけ、そのあたりを振動させて「ィユ」を発音し、第2要素/ʊ/は
共鳴スポットに勢いよく声をあてて、後舌を後ろに引き、口を突き出して
「ウウ」と発音し、33. /ə/にいたります。ぐっと後ろに引いた舌を
じょじょに下げていく、流れのある「ユ～ォア」という音です。

【第1要素】　➡　【第2要素】・【第3要素】
7. /j/　　　**51. /ʊə/**
子音 p. 78 参照　　p. 181 参照

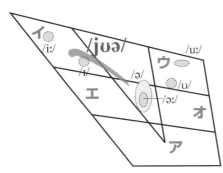

アメリカ発音では/juʷə/と半母音/w/を
入れて発音することが多い。
(p. 217 [1] 半母音/w/の添加 参照)

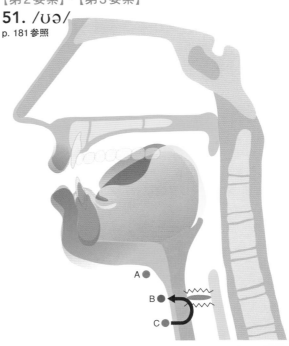

共鳴スポット・声のベクトル

【第1要素】　/j/	【第2要素】　/ʊ/	【第3要素】　/ə/
子音 7. /j/（「ィユ」）を発音する。	共鳴スポット：C（首下つけ根） 声のベクトル：後ろ 勢いよく声をあて、/ʊ/（「ウ」）と発音する。	共鳴スポット：Bに押し上げたあたりで/ə/（「ア」）を発音する。 声のベクトル：前に変更

/jʊə/ つづりと単語例　▶ Video 🇬🇧 🇺🇸 /ʊə/, /ɔː/, /ɚ/の順に発音しています。（発音記号：紫色はアメリカ発音）

基　本　**ure**　　**cure** [kʰjʊ́ə, kʰjɔ́ː] 治療（する）、**pure** [pʰjʊ́ə, pʰjɔ́ː] 純粋な、**endure** [ɪndjʊ́ə, ɪndjɔ́ː] 我慢する
　　　　　　manicure [mǽnəkjʊə, mǽnəkjɔː] マニキュア、**manure** [mənjʊ́ə, mənjɔ́ː] 肥料
　　　　　　mature [mətʰjʊ́ə, mətʰjɔ́ː] 成熟した

（以上は、アメリカ発音ではR性三重母音 64. /jʊɚ/になる）

英　米　**ur, ua**　**Europe** [jʊ́(ə)rəp, jɔ́ːrəp] ヨーロッパ、**curious** [kʰjʊ́əriəs, kʰjɔ́ːriəs] 好奇心の強い
共　通　　　　　　**bureau** [bjʊ́ərəʊ(oʊ), bjɔ́ːrəʊ(oʊ)] 案内所；局、**manual** [mǽnjuəl, mǽnjɔːl] 手の；手動の

注：jɔ́ː の発音はposh（英国上流階級の）英語といわれています。

母音§6 R 性母音

Vowels § 6   Rhotacized vowels

- 55 /ɚː/
- 56 弱 /ɚ/
- 57 /ɑɚ/
- 58 /ɔɚ/
- 59 /ɪɚ/
- 60 /eɚ/
- 61 /ʊɚ/
- 62 /aɪɚ/
- 63 /aʊɚ/
- 64 /juɚ/

　R性母音とは、母音＋rのつづりからなる母音のことで、アメリカ発音にしかありません。単母音のほか、R性二重母音とR性三重母音があります。イギリスではこのRを発音しないために、アメリカ発音のR性母音に対応する母音は§4、5の二重母音、三重母音に含まれています。

　R性母音には、フックトシュアと呼ばれる発音記号/ɚ/が必ずつきます。これは、半母音（移行音）5. /r/とまったく同じ調音になります。

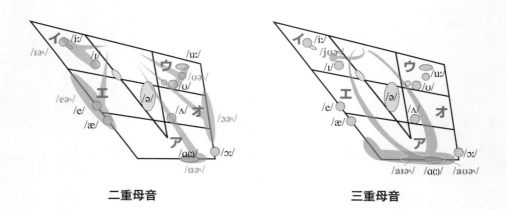

二重母音　　　　　　　　　　　三重母音

　第1要素から第2要素の/r/に移動するとき、舌が後方上部に大きく動きます。その際、声が大きく変わります。

§6 | R性母音 Rhotacized vowels /ɚ/, 弱/ɚ/, /ɑɚ/, /ɔɚ/, /ɪɚ/, /eɚ/, /ʊɚ/, /aɪɚ/, /aʊɚ/, /juɚ/

55 /ɚː/【長母音・中舌母音】アメリカ発音 (perfect [pʰɚ́ːfɪkt])

/ɚː/の発音のしかたは、子音5. /r/（p. 72）とまったく同じです。
舌の形は一般的には「もり上がり舌」ですが、「そり舌」を使う人もいます。
/ɚː/と/r/は1. 舌根を後ろにぐっと引いて喉奥を圧迫する（咽頭化）、
2. 後舌部の縁が上の奥歯と軟口蓋に触れる、3. 後舌が後ろに引かれるので
唇が多少円唇になる、という3つの点が共通しています。
舌根下あたりの筋肉を軽く絞ることが大切です。

もり上がり舌/ɚː/

舌
- 前舌面後部から中舌面を硬口蓋と軟口蓋の境目あたりに向かってもり上げる。
- 軟口蓋と舌の間に狭い息の通り道をつくる。

唇
- 口角を引き締め、唇を軽くすぼめることにより、口の中の空間を狭くし、舌両側が上の奥歯につきやすくなる。
- /r/よりは円唇は弱い。

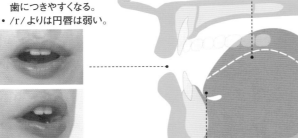

後舌

/ɚː/
- 舌根を後ろにぐっと引いて、咽頭を圧迫する（咽頭化）ことによって、音が響くようになる。
- 後舌部の両脇は上の奥歯の肉部分に触れる。
- 後舌部の中央はくぼむ。

舌先
下歯茎につける。

喉
舌根下付近の筋肉を少し絞る。

そり舌/ɚː/

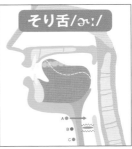

共鳴スポット・声のベクトル

共鳴スポット：A（首上つけ根）
声のベクトル：後ろ
勢いよく声をあて、/a/（「ア」）と発音する。

/ɚː/ つづりと単語例 ▶ Video 🇺🇸 イギリス発音 34. /ɚː/に対応。

基本	er	perfect [pʰɚ́ːfɪkt] 完全な、certain [sɚ́ːt(ə)n] 確かな、internal [ɪntʰɚ́ːn(ə)l] 内部の
	ir	bird [bɚ́ːd] 鳥、girl [gɚ́ːl] 女の子
	ur	hurt [hɚ́ːt] 傷つける、purpose [pʰɚ́ːpəs] 目的
	or	work [wɚ́ːk] 働く、world [wɚ́ːld] 世界
	ear	earn [ɚ́ːn] 稼ぐ、heard [hɚ́ːd] hear（聞こえる）の過去・過去分詞形
その他	our	courtesy [kʰɚ́ːtəsi] 礼儀正しさ

56 弱母音 /ɚ/ 【短母音・中舌母音】 アメリカ発音 (particular [pɚtʰíkjulɚ])

アメリカ発音の /ɚ/ は 55. /ɝ:/ の弱母音なので、弱く短く発音します。
舌の形は /ɝ:/ とほぼ同じです。子音のRとまったく同じ発音です。
舌根下の喉の筋肉を軽く縮めて発音しましょう。

もり上がり舌 /ɚ/

唇

- 口角を引き締め、唇を軽くすぼめることにより、口の中の空間を狭くし、舌両側が上の奥歯につきやすくなる。
- 55. /ɝ:/ より円唇は弱い。

舌

- 前舌面後部から中舌面を硬口蓋と軟口蓋の境目あたりに向かってもり上げる。
- 口蓋と舌の間に狭い息の通り道をつくる。

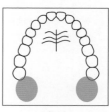

/ɚ/

後舌

- 舌根を後ろにぐっと引いて、咽頭を圧迫する（咽頭化）ことによって、音が響くようになる。
- 後舌部の両脇は上の奥歯の肉部分に触れ、中央はくぼむ。

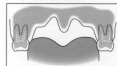
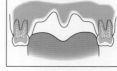
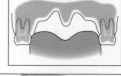
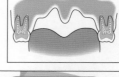

そり舌 /ɚ/

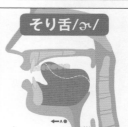

舌先

下歯茎につける。

喉

←A
B
C

舌根下付近の筋肉を少し絞る。

共鳴スポット・声のベクトル

共鳴スポット：A（首上つけ根）
声のベクトル：前
勢いよく声をあて、/ɚ/ と発音する。

/ɚ/ つづりと単語例　▶ Video 　イギリス発音 33. /ə/ に対応。

基本	ar, er	particular [pɚtʰíkjulɚ] 特定の；特有の、singer [síŋɚ] 歌手
その他	ir, ur, or	confirmation [kʰànfɚméɪʃ(ə)n] 確認、pursue [pɚsú:] 追い求める
		opportunity [àpɚtʰ(j)ú:nəti] 好機

57　/ɑɚ/　【二重母音】　アメリカ発音　　　(card [kɑ́ɚd])

第1要素/ɑ/は40. /ɑ/とほぼ同じ発音です。
共鳴スポットCに勢いよく声をあてて「ア」と発音し、舌をじょじょに上げます。
第2要素56. /ɚ/を舌根下部を縮め、
後舌部は、奥歯より奥の肉部分に移動して発音します。

もり上がり舌/ɑɚ/

唇

【第1要素】　/ɑ/
日本語の「ア」より舌が下がる分、口は、「ア」より横にも縦にも開く。

↓

【第2要素】　/ɚ/
• 口角をぐっと後ろに引いて引き締める。
• 唇が歯茎から離れて、少し尖る。

舌

【第1要素】　/ɑ/
• 40. /ɑ/とほぼ同じ。
• 舌の両端は上の奥歯に接触しない。

【第2要素】　/ɚ/
• 56. /ɚ/とほぼ同じ。
• 前舌面後部から中舌面を硬口蓋と軟口蓋の境目あたりに向かってもり上げる。
• 後舌部の両脇は上の奥歯より奥に触れる。

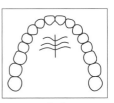
/ɑ/

↓

/ɚ/

後舌
後舌部をぐっと奥に引き、中央はくぼむ。

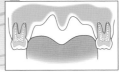

舌先
下歯茎につける。

喉
【第2要素】　/ɚ/
舌根下付近の筋肉を少し絞る。

共鳴スポット・声のベクトル

【第1要素】　/ɑ/
共鳴スポット：C（首下つけ根）
声のベクトル：後ろ
勢いよく声をあて、/ɑ/（「ア」）と発音する。

→

【第2要素】　/ɚ/
共鳴スポット：Aに押し上げたあたりで/ɚ/を発音する。

そり舌/ɑɚ/

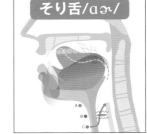

/ɑɚ/ つづりと単語例	▶ Video	🇺🇸 イギリス発音 41. /ɑ:/に対応。

基本	ar	**card** [kʰɑ́ɚd] カード、**part** [pʰɑ́ɚt] 部分、**hard** [hɑ́ɚd] 硬い、**star** [stɑ́ɚ] 星
	ear, er	**heart** [hɑ́ɚt] 心臓、**sergeant** [sɑ́ɚdʒənt] 軍曹
その他	are	**are** [ɑ́ɚ] be動詞の複数および2人称単数の現在形

第1要素/ɔ/は舌の高さに幅がありますが、だいたい「オ」くらいの高さにし、
共鳴スポットBに勢いよく声をあて、「オ」と発音し、舌をじょじょに上げて
第2要素56. /ɚ/を舌根下部を縮め、後舌部は奥歯より奥の肉部分に移動して発音します。
/ɔɚ/はイギリス発音では38. /ɔ:/になります。

もり上がり舌/ɔɚ/

舌

【第1要素】 /ɔ/
・「オ」より舌をやや
　低めにする（38. /ɔ:/
　より高い）。
・舌の両端は上奥歯に
　つかない。

【第2要素】 /ɚ/
・56. /ɚ/とほぼ同じ。
・前舌面後部から中舌面を
　硬口蓋と軟口蓋の境目あた
　りに向かってもり上げる。
・後舌部の両脇は上の奥歯
　に触れる。

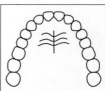

/ɔ/

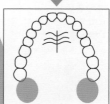

/ɚ/

唇

【第1要素】 /ɔ/
・後舌を後ろに引いている分、「オ」
　よりも唇は突き出る。
・口角を引き締める。

【第2要素】 /ɚ/
・口角をぐっと後ろに引いて引き締める。
・唇が歯茎から離れて、少し尖る。

後舌
後舌部をぐっと奥に引き、
中央はくぼむ。

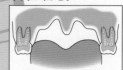

共鳴スポット・声のベクトル

舌先
下歯茎につける。

喉
【第2要素】 /ɚ/
舌根下の喉の筋肉を
少し絞る。

そり舌/ɔɚ/
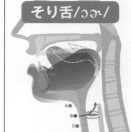

【第1要素】 /ɔ/
共鳴スポット ：B（声帯）
声のベクトル：後ろ
勢いよく声をあて、/ɔ/（「オ」）と
発音する。

【第2要素】 /ɚ/
共鳴スポット ：Aに押し上げたあ
たりで/ɚ/を発音する。

/ɔɚ/ つづりと単語例 ▶ Video 🇺🇸 イギリス発音38. /ɔ:/に対応。

基 本	or, ore	**sh**o**rt** [ʃɔ́ɚt] 短い、**morning** [mɔ́ɚnɪŋ] 朝、**store** [stɔ́ɚ] 店
	oar	**board** [bɔ́ɚd] 板
その他	our, oor	**course** [kʰɔ́ɚs] 進路、**floor** [flɔ́ɚ] 床
	(w)ar	**war** [wɔ́ɚ] 戦争

59 /Iə˞/【二重母音】 アメリカ発音 (hear [hɪə˞])

第1要素の/ɪ/は共鳴スポットBに勢いよく声をあて、「イ」と発音し、
舌をじょじょに上げて、第2要素56. /ə˞/を舌根下部を縮め、
後舌部は奥歯より奥の肉部分に移動して発音します。
/Iə˞/はイギリス発音では49. /Iə/で発音されます。

もり上がり舌/Iə˞/

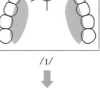
/ɪ/

/ə˞/

唇

【第1要素】 /ɪ/
- 舌が横に広がる分、唇は少し横に引かれる。
- 口角を引き締める。

【第2要素】 /ə˞/
- 口角をぐっと後ろに引いて引き締める。
- 唇が歯茎から離れて、少し尖る。

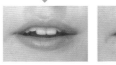

舌

【第1要素】 /ɪ/
- 30. /ɪ/とほぼ同じ。
- 舌の両端を軽く上の奥歯につけ、前舌面は日本語の「イ」と「エ」の間の高さにする。
- 日本語の「イ」よりは後ろ寄りになる。

【第2要素】 /ə˞/
- 56. /ə˞/とほぼ同じ。
- 前舌面後部から中舌面を硬口蓋と軟口蓋の境目あたりに向かってもり上げる。
- 後舌部の両脇は上の奥歯に触れる。

後舌

【第2要素】 /ə˞/
後舌部をぐっと奥に引き、中央をくぼめる。

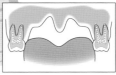

舌先
下歯茎につける。

喉
【第2要素】 /ə˞/
舌根下の筋肉を少し絞る。

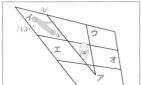

そり舌/Iə˞/

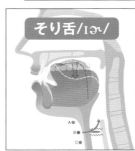

共鳴スポット・声のベクトル

【第1要素】 /ɪ/
共鳴スポット：B（声帯）
声のベクトル：後ろ
勢いよく声をあて、/ɪ/（「イ」）と発音する。

➡ 【第2要素】 /ə˞/
共鳴スポット：Aに押し上げたあたりで/ə˞/を発音する。

/Iə˞/ つづりと単語例 ▶Video 🇺🇸 イギリス発音49. /Iə/に対応。

基 本	ear	hear [híə˞] 聞こえる；聞く、clear [kʰlíə˞] 明るい、year [jíə˞] 年
	eer, ere	deer [díə˞] シカ、engineer [èndʒɪníə˞, èndʒəníə˞] 技師、severe [səvíə˞] 厳しい
	ier, er	fierce [fíə˞s] どう猛な、imperial [ɪmpʰíə˞riəl] 帝国の

第1要素の /e/ は共鳴スポットBに勢いよく声をあて、「エ」と発音し、
舌をじょじょに上げて第2要素 /ɚ/ を舌根下部を縮め、
後舌部は奥歯より奥の肉部分に移動して発音します。

もり上がり舌 /eɚ/

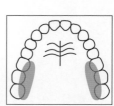

/e/

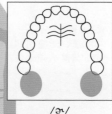

/ɚ/

舌

【第1要素】 /e/
- 31. /e/（日本語の「エ」ぐらい）より舌の位置をわずかに低めにする。
- 後舌部の両脇は上の奥歯に触れる。
- 舌全体を横に広げる。

【第2要素】 /ɚ/
- 56. /ɚ/ とほぼ同じ。
- 前舌面後部から中舌面を硬口蓋と軟口蓋の境目あたりに向かってもり上げる。
- 後舌部の両脇は上の奥歯に触れる。

唇

【第1要素】 /e/
日本語の「エ」よりも少し大きめに開く。

【第2要素】 /ɚ/
- 口角をぐっと後ろに引いて引き締める。
- 唇が歯茎から離れて、少し尖る。

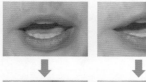

後舌

【第2要素】 /ɚ/
後舌部をぐっと奥に引き、中央をくぼませる。

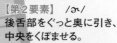

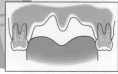

舌先
下歯茎につける。

喉

【第2要素】 /ɚ/
舌根下の筋肉を少し絞る。

A ●
B ●
C ●

そり舌 /eɚ/

共鳴スポット・声のベクトル

【第1要素】 /e/
共鳴スポット：B（声帯）
声のベクトル：後ろ
勢いよく声をあて、/e/（「イ」）と発音する。

【第2要素】 /ɚ/
共鳴スポット：Aに押し上げたあたりで /ɚ/ を発音する。

| **/eɚ/ つづりと単語例** | ▶ Video | 🇺🇸 | イギリス発音 50. /eə/ に対応。 |

| 基　本 | air, are | ch**air** [tʃéɚ] 椅子、**h**air [héɚ] 髪、**air**port [éɚpʰɔ̀ɚt] 空港、r**are** [réɚ] 珍しい farew**ell** [fèɚwél] 告別／別れ |
| その他 | ear, ere, ar | b**ear** [béɚ] クマ、th**ere** [ðéɚ] そこに、wh**ere** [wèɚ] どこに、sc**arce** [skéɚs] 乏しい |

61 /ʊə˞/ 【二重母音】 アメリカ発音　(sure [ʃʊ́ə˞])

第1要素の/ʊ/は共鳴スポットCに勢いよく声をあて、「ウ」と発音し、
舌をじょじょに上げて第2要素56. /ə˞/を舌根下部を縮め、
後舌部は奥歯より奥の肉部分に移動して発音します。
しばしば/ʊə˞/や/ə˞ː/で発音されます。

もり上がり舌/ʊə˞/

舌

【第1要素】 /ʊ/
- 多少幅があるが、37. /ʊ/の舌の位置（日本語の「ウ」よりやや低い）ぐらい。
- 舌両端は上の奥歯に軽く触れる。

【第2要素】 /ə˞/
- 56. /ə˞/とほぼ同じ。
- 前舌面後部から中舌面を硬口蓋と軟口蓋の境目あたりに向かってもり上げる。
- 後舌部の両脇は上の奥歯に触れる。

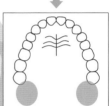

/ʊ/

/ə˞/

唇

【第1要素】 /ʊ/
- 後舌部を後ろに引くので、唇はあまり力を入れずに、やや丸くすぼめて突き出す。
- 口角を引き締める。

【第2要素】 /ə˞/
- 口角をぐっと後ろに引いて引き締める。
- 唇が歯茎から離れて、少し尖る。

後舌

【第2要素】 /ə˞/
後舌部をぐっと奥に引き、中央をくぼませる。

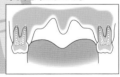

舌先
下歯茎につける。

喉
【第2要素】 /ə˞/
舌根下の筋肉を少し絞る。

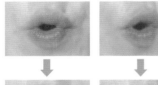

共鳴スポット・声のベクトル

【第1要素】 /ʊ/
共鳴スポット：C（首下つけ根）
声のベクトル：後ろ
勢いよく声をあて、/ʊ/（「ウ」）と発音する。

【第2要素】 /ə˞/
共鳴スポット：Aに押し上げたあたりで/ə˞/を発音する。

そり舌/ʊə˞/

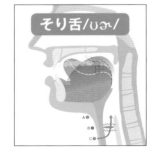

R性母音 61 ʊə˞

/ʊə˞/ つづりと単語例　▶ Video　イギリス発音 51. /ʊə/に対応。

基本	oor	**poor** [pʰʊ́ə˞, pʰʊ́ə˞] 貧しい、**moor** [mʊ́ə˞, mʊ́ə˞] 荒野
その他	our, ure	**tour** [tʰʊ́ə˞, tʰʊ́ə˞] 旅行、**tournament** [tʰʊ́ə˞nəment, tʰʊ́ː nəment] 勝ち抜き試合
		mature [mətʃʊ́ə˞, mətʃʊ́ə˞] 成熟した；熟成した、**sure** [ʃʊ́ə˞, ʃʊ́ə˞] 確信して

第1要素の /a/ は二重母音、三重母音でのみ使われる音で、舌の最高点は40. /ɑ/ や
41. /ɑː/ と同じです。二重母音43. /aɪ/ に56. /ɚ/ をつけ足した音です。
二重母音43. /aɪ/ と同様に、第1要素 /a/ に重きが置かれ、30. /ɪ/ にいたることはなく、
第3要素 /ɚ/ に向かうまでの途中で、第2要素 /ɪ/ を発音し、/ɚ/ にいたります。
流れのある「ア〜ェア」という音です。

もり上がり舌/aɪɚ/

【第1要素】・【第2要素】 ➡ 【第3要素】
43. /aɪ/ **56. /ɚ/**
p. 166参照 p. 188参照

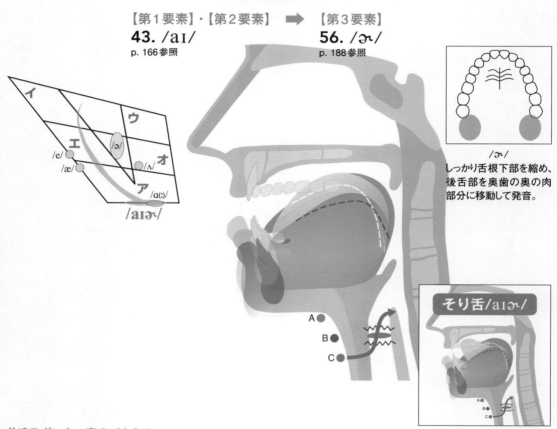

/ɚ/
しっかり舌根下部を縮め、
後舌部を奥歯の奥の肉
部分に移動して発音。

そり舌/aɪɚ/

共鳴スポット・声のベクトル

【第1要素】　/a/	【第2要素】　/ɪ/	【第3要素】　/ɚ/
共鳴スポット：C（首下つけ根） 声のベクトル：後ろ 勢いよく声をあて、/a/（「ア」）と発音する。	共鳴スポット：声をBに押し上げるようにし、じょじょに舌を前と上に移動する。声のベクトルは後ろのまま /ɪ/（「イ」）を途中発音する。	共鳴スポット：Aに押し上げたあたりで/ɚ/を発音する。

/aɪɚ/ つづりと単語例　▶ Video ▨🇺🇸 三重母音52. /aɪə/参照。

基　本	ire	**fire** [fáɪɚ] 火、**tire** [tʰáɪɚ] 疲れさせる、**desire** [dɪzáɪɚ] 強く望む
その他	oir, iar, ior	**choir** [kʰwáɪɚ] 聖歌隊、**liar** [láɪɚ] 嘘つき、**prior** [pʰráɪɚ] 前の；先の

63 /aʊɚ/ 【三重母音】 アメリカ発音 (hour [áʊɚ])

二重母音45. /aʊ/ に56. /ɚ/ をつけ足した音です。二重母音45. /aʊ/ と同様に、第1要素 /a/ に重きが置かれ、37. /ʊ/ にいたることはなく、第3要素56. /ɚ/ に向かう途中で、第2要素 /ʊ/ を発音し、/ɚ/ にいたります。ぐっと後ろに引いた舌をじょじょに上げていく流れのある「ア〜ォア」という音です。

もり上がり舌 /aʊɚ/

【第1要素】・【第2要素】 ➡ 【第3要素】
45. /aʊ/ **56. /ɚ/**
p. 171参照 p. 188参照

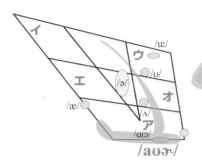

/ɚ/
しっかり舌根下部を縮め、後舌部を奥歯の奥の肉部分に移動して発音。

そり舌 /aʊɚ/

R性母音 63 aʊɚ

共鳴スポット・声のベクトル

【第1要素】 /a/	【第2要素】 /ʊ/	【第3要素】 /ɚ/
共鳴スポット：C（首下つけ根） 声のベクトル：後ろ 勢いよく声をあて、/a/（「ア」）と発音する。	共鳴スポット：Bに押し上げるように、じょじょに舌を後ろと上に移動し、声のベクトルは後ろのまま/ʊ/（「ウ」）を途中発音する。	共鳴スポット：Aに押し上げたあたりで/ɚ/を発音する。

/aʊɚ/ つづりと単語例 ▶ Video 🇺🇸 三重母音53. /aʊɚ/参照。

基 本	our	**hour** [áʊɚ] 1時間、**sour** [sáʊɚ] 酸っぱい
	ower	**flower** [fláʊɚ] 花、**power** [pʰáʊɚ] 力、**shower** [ʃáʊɚ] にわか雨、**tower** [tʰáʊɚ] 塔
例 外	owar	**coward** [kʰáʊɚd] 臆病者

64 /jʊɚ/ 【三重母音】 アメリカ発音 (cure [kʰjʊ́ɚ])

半母音7. /j/ に二重母音61. /ʊɚ/ を加えた音です。三重母音の中で /jʊɚ/ だけが、第2要素の /ʊ/ を強く長く発音します。第1要素の /j/ は舌を奥歯につけ、そのあたりを振動させて「ィユ」を発音し、第2要素 /ʊ/ は共鳴スポットに勢いよく声をあてて、後舌を後ろに引き、口を突き出して「ウ」と発音し、56. /ɚ/ にいたります。ぐっと後ろに引いた舌をじょじょに上げていく流れのある「ユ〜ォア」という音です。

もり上がり舌 /jʊɚ/

【第1要素】 ➡ 【第2要素】・【第3要素】
7. /j/ **61. /ʊɚ/**
子音p.78参照 p.193参照

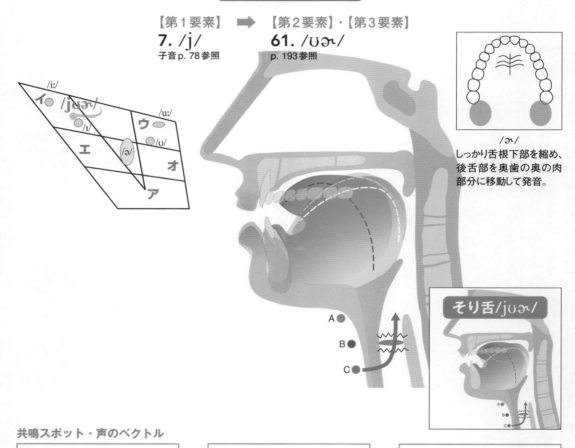

/ɚ/
しっかり舌根下部を縮め、後舌部を奥歯の奥の肉部分に移動して発音。

そり舌 /jʊɚ/

共鳴スポット・声のベクトル

【第1要素】 /j/	【第2要素】 /ʊ/	【第3要素】 /ɚ/
半母音7. /j/（「ィユ」）を発音する。	共鳴スポット：C（首下つけ根） 声のベクトル：後ろにして声を勢いよくあて、/ʊ/（「ウ」）と発音する。	共鳴スポット：Aに押し上げたあたりで /ɚ/ を発音する。

/jʊɚ/ つづりと単語例 ▶ Video 🇺🇸 三重母音54. /jʊə/ 参照。

基 本 **ure** **cure** [kʰjʊ́ɚ] 治療（する）、**pure** [pʰjʊ́ɚ] 純粋な、**endure** [ɪnd(j)ʊ́ɚ] 我慢する
manicure [mǽnəkjʊɚ] マニキュア

聞き取りにくい母音の発音

[1] /æ/と/e/の聞き分け　○ track 36 🇺🇸　　○ track 37 🇬🇧

アメリカ発音：/æ/は「エ」と同じ共鳴スポットB-Cで、声のベクトルは後ろで四方に広がり、/e/は共鳴スポットがBの少し下で、声のベクトルは後ろです。

イギリス発音：/æ/は「エ」から共鳴スポットをCに下げた音で声のベクトルは前、/e/は共鳴スポットがBの少し下で、声のベクトルは前です。

1	bad	/bǽd/	悪い	bed	/béd/	ベッド
2	sad	/sǽd/	悲しい	set	/sét/	置く
3	hat	/hǽt/	帽子	head	/héd/	頭
4	pad	/pʰǽd/	クッション	pet	/pʰét/	ペット
5	shall	/ʃǽl/	未来を表す助動詞	shell	/ʃél/	貝
6	gas	/gǽs/	気体	guess	/gés/	推測する
7	laughed	/lǽft/	laugh（笑う）の過去形	left	/léft/	左
8	tan	/tʰǽn/	日焼け	ten	/tʰén/	10

[2] アメリカ発音/ʌ/と/ɑ/の聞き分け　○ track 38 🇺🇸

アメリカ発音：/ʌ/は「ア」から共鳴スポットをB-Cに上げ、声のベクトルは後ろです。/ɑ/は共鳴スポットがCで、声のベクトルは後ろです。/ɑ/は/ʌ/よりも長めの音です。

1	cut	/kʰʌ́t/	切る	cot	/kʰɑ́t/	小児用ベッド
2	gut	/gʌ́t/	内臓	got	/gɑ́t/	get（得る）の過去形
3	stuck	/stʌ́k/	stick（くっつく）の過去形	stock	/stɑ́k/	蓄え
4	cluck	/kʰlʌ́k/	（舌を）鳴らす	clock	/kʰlɑ́k/	時計
5	dull	/dʌ́l/	退屈な	doll	/dɑ́l/	人形
6	rub	/rʌ́b/	こする	rob	/rɑ́b/	盗む
7	fund	/fʌ́nd/	基金	fond	/fɑ́nd/	好きで
8	wonder	/wʌ́ndɚ/	〜かしらと思う	wander	/wɑ́ndɚ/	歩き回る
9	cup	/kʰʌ́p/	コップ	cop	/kʰɑ́p/	お巡りさん
10	hut	/hʌ́t/	小屋	hot	/hɑ́t/	暑い
11	nut	/nʌ́t/	木の実、変人	not	/nɑ́t/	〜でない

聞き取りにくい母音の発音

[3] アメリカ発音/ɚː/と/ɑɚ/、イギリス発音/əː/と/ɑː/の聞き分け

◉ track 39 🇺🇸　◉ track 40 🇬🇧

アメリカ発音：/ɚː/は子音Rと同じように、喉からうなるような音で共鳴スポットはA、/ɑɚ/は、「ア」より後舌を下げ、共鳴スポットCで子音Rを発声する音です。声のベクトルは後ろです。

イギリス発音：/əː/は「ア」より共鳴スポットをB-Cに上げ、声のベクトルは前です。/ɑː/は「ア」と同じく共鳴スポットがCで、声のベクトルは後ろです。

1	stir	/stə́ː(ɚː)/	かき回す	star	/stáː(áɚ)/	星
2	per	/pʰə́ː(ɚː)/	～につき	par	/pʰáː(áɚ)/	平均
3	curl	/kʰə́ː(ɚː)l/	丸める	Carl	/kʰáː(áɚ)l/	カール（男の子の名）
4	burn	/bə́ː(ɚː)n/	燃える	barn	/báː(áɚ)n/	納屋
5	fur	/fə́ː(ɚː)/	毛皮	far	/fáː(áɚ)/	遠い
6	firm	/fə́ː(ɚː)m/	堅い	farm	/fáː(áɚ)m/	農場

[4] アメリカ発音/oʊ/と/ɔː/、イギリス発音/əʊ/と/ɔː/の聞き分け

◉ track 41 🇺🇸　◉ track 42 🇬🇧

アメリカ発音：/oʊ/は共鳴スポットB・声のベクトル後ろ、/ɔː/は「ア」より後舌を後ろに下げ、共鳴スポットがC・声のベクトルは後ろの音です。

イギリス発音：/əʊ/は第1要素が共鳴スポットB-C・声のベクトルが前で、第2要素で声のベクトルを後ろにした音で、/ɔː/はほぼ「オオ」で共鳴スポットB・声のベクトルは後ろです。

1	boat	/bə́ʊ(óʊ)t/	船	bought	/bɔ́ːt/	buy（買う）の過去形
2	coat	/kʰə́ʊ(óʊ)t/	コート	caught	/kʰɔ́ːt/	catch（つかむ）の過去形
3	float	/flə́ʊ(óʊ)t/	浮く	flawed	/flɔ́ːd/	欠陥のある
4	hole	/hə́ʊ(óʊ)l/	穴	hall	/hɔ́ːl/	玄関
5	woke	/wə́ʊ(óʊ)k/	wake（起きる）の過去形	walk	/wɔ́ːk/	歩く
6	bold	/bə́ʊ(óʊ)ld/	大胆な、太字の	bald	/bɔ́ːld/	はげている

[5] アメリカ発音/æ/と/ɑ/の聞き分け　◉ track 43 🇺🇸

アメリカ発音：/æ/は「エ」と同じ共鳴スポットB-Cで、声のベクトルは後ろに拡散します。/ɑ/は「ア」と同じく共鳴スポットがCです。

1	axe	/ǽks/	斧	ox	/ɔ́(ɑ́(ː))ks/	雄牛
2	map	/mǽp/	地図	mop	/mɔ́(ɑ́(ː))p/	モップ
3	tap	/tʰǽp/	蛇口	top	/tʰɔ́(ɑ́(ː))p/	頂点
4	rat	/rǽt/	ドブネズミ	rot	/rɔ́(ɑ́(ː))t/	腐る
5	cat	/kʰǽt/	猫	cot	/kʰɔ́(ɑ́(ː))t/	小児用ベッド
6	sack	/sǽk/	大袋	sock	/sɔ́(ɑ́(ː))k/	靴下
7	rack	/rǽk/	網棚	rock	/rɔ́(ɑ́(ː))k/	岩
8	black	/blǽk/	黒	block	/blɔ́(ɑ́(ː))k/	かたまり
9	pat	/pʰǽt/	軽くたたく	pot	/pʰɔ́(ɑ́(ː))t/	ポット
10	flack	/flǽk/	激論	flock	/flɔ́(ɑ́(ː))k/	群れ

[6] イギリス発音/æ/と/ʌ/の聞き分け　🔘 track44 🇬🇧

イギリス発音：/æ/は共鳴スポットC・声のベクトルは前に広がる音で、/ʌ/は共鳴スポットC・声のベクトルは後ろです。

1	stack	/stǽk/	積み重ね	stuck	/stʌ́k/	くっついて
2	cat	/kʰǽt/	ネコ	cut	/kʰʌ́t/	切る
3	sack	/sǽk/	大袋	suck	/sʌ́k/	吸う
4	bag	/bǽg/	バッグ	bug	/bʌ́g/	虫
5	rag	/rǽg/	ぼろきれ	rug	/rʌ́g/	敷物
6	mat	/mǽt/	マット	mutt	/mʌ́t/	（雑種の）イヌ
7	fan	/fǽn/	ファン	fun	/fʌ́n/	楽しみ

[7] /iː/、/ɪ/と/j/の聞き分け　🔘 track45 🇺🇸　🔘 track46 🇬🇧

　/iː/は「イ」の共鳴スポットをAに上げた、「イイ」というダブルの音。/ɪ/は共鳴スポットB、声のベクトルは、イギリスが前、アメリカは後ろの音です。

　/jiː/、/jɪ/は、「イ」の前に「ヤ」の音がかすかに聞こえ、あごのつけ根を触ってみると振動が伝わりますが母音の/iː/、/ɪ/には振動はありません。

1	ear	/íə(ɚ)/	耳	year	/jíə(ɚ)/	年
2	east	/íːst/	東	yeast	/jíːst/	イースト菌
3	in/inn	/ín/	～の中に／旅館	yin	/jín/	陰

第5章

音の連結
The Word in Connected Speech

記号の説明

▼	▼	▼	▽	n▼dz	n▼s▼t	dn▼t▼d	nə	aɪ˩ʏ
語頭、語句と語句の間のドッグブレス	1語の中のドッグブレス	子音連結時と連結前のドッグブレス	文を大きく区切るときのドッグブレス	2つの子音連結	3つの子音連結	4つの子音連結	2語の子音と母音の連結	半母音の添加

第1節 語中の音の連結

　今まで勉強してきた個々の発音を、単語や文の中でつなげるときの規則をこれから勉強します。一つ一つの固有の発音は、実際は単語や文の中で音がつながったり、消えたりといった変化をしています。これは、ナチュラルスピードで英語を話し、またリスニング力を上げるのには不可欠な知識です。なぜなら、ナチュラルスピードの会話で、連結の起こらないことはないからです。

　英語の子音も母音も、日本語よりずっと強い呼気が必要なことはすでに述べましたが、ある種の子音が続くとき、音が連結し、元の発音と違うことがあります。この子音連結の前、または間では必ず2章で述べた、ドッグブレスが行われ、強い子音のために吸気し、息をいったん止め、強い呼気を行います。その際、子音の調音様式によって、2つのうち、どちらかが完全には発音されなくなります。

§1 ｜ 語中の子音の連結　◉ track 47 🇺🇸　◉ track 48 🇬🇧

[1] 鼻音（/m, n, ŋ/）と子音

　語中の鼻音に子音が続くとき、鼻音を発しながらドッグブレスで息を吐く手前で一瞬止め、口の開放はせずに、飲み込む感じで、次の子音を鋭く発音します。
（m▼n となっているところが、ポイントとなる子音連結で、▼が子音連結のときのドッグブレス箇所です。下線つきでマーカーが引かれていない場合は、違う組み合わせの子音連結です。）

1. 鼻音＋鼻音

chimney [tʃím▼ni] 煙突

2. 鼻音＋半母音

dominion [dəmín▼jən] 主権

3. 鼻音＋破裂音

company [kʰʌ́m▼pə▼ni] 会社　　　　September [se▼ptʰém▼bə(ɚ)] 9月

counter [kʰáʊn▼tə(ɚ)] カウンター　　　thunder [θʌ́n▼də(ɚ)] 雷鳴

ankle [ǽŋ▼kl] 足首　　　　　　　finger [fíŋ▼gə(ɚ)] 指

4. 鼻音＋破擦音

venture [vén▼tʃə(ɚ)] 冒険　　danger [déɪn▼dʒə(ɚ)] 危険　　tents [tʰén▼ts] テント（複数形）

friends [frén▼dz] 友達（複数形）　　control [kʰən▼tróʊ(óʊ)l] 制御

[2] 破裂音（/p, b, k, g, t, d/）と子音

　語中の破裂音に子音が続くとき、その前の母音を発しながらドッグブレスで息を一瞬止め、破裂音の体勢に入りますが、口の開放はせずに、飲み込む感じで次の子音を鋭く発音します。

1. 破裂音＋鼻音

acknowledge [ə▼knɔ́(á)lɪdʒ] 認める　　dogma [dɔ́(á)▼gmə] 教義

hypnotize [hí▼pnə▼tàɪz] 睡眠術をかける　　abnormal [æ▼bnɔ:(óɚ)▼məl] 異常な

2. 破裂音＋半母音　　※破裂音が有気音の場合は例外で、破裂音は飲み込まれません。

twin [tʰwí▼n] 双子の1人　　　　quiet [kʰwáɪə▼t] 静かな

3. 破裂音＋破裂音

McDonald* [mə▼kdɔ́(á)▼n(ə)l▼d] マクドナルド（※アクセントにも注意）　　accept [ə▼ksé▼pt] 受ける

update [ʌ́▼pdèɪt] 最新の　　　obtain [ə▼btʰéɪn] 得る　　　Baghdad [bǽ▼gdæ▼d] バグダッド

4. 破裂音＋摩擦音

Egyptian [ɪ▼dʒí▼pʃən] エジプト人

[3] 側音/l/と子音

/l/の後ろに子音が続くとき、/l/の前の母音を発しながら、舌先をじょじょに上げて歯茎にいたり、/l/を発音し、ドッグブレスで息を一瞬止め、息を吐いて、次の子音を鋭く発音します。

1. /l/＋鼻音

　almost [ɔ́ːlˇmə́ʊsˇt, ɔːlˇmóʊsˇt] ほとんど

2. /l/＋半母音

　already [ɔːlˇréˇdi] すでに

3. /l/＋破裂音

　salt [sɔ́(ɔ́ː)lˇt] 塩　　　　　　　　　　**co**ld [kʰə́ʊ(óʊ)lˇd] 寒い

　volcano [vɔ(ɑ)lˇkʰéɪnə(oʊ)] 火山

4. /l/＋摩擦音

　balls [bɔ́ːlˇz] ボール（複数形）　　　　**va**lve [vǽlˇv] 弁

5. /l/＋破擦音

　children [tʃílˇdrən] 子供たち　　　　　**cu**lture [kʰʌ́lˇtʃə(ɚ)] 文化

　indulgence [ɪnˇdʌ́lˇdʒənˇs] 甘やかし

[4] 摩擦音（/s, z, f, v, θ, ð, ʃ, ʒ/）と子音

摩擦音の次に子音が続くとき、最初の摩擦音に強い息を使うため、発音をしながらドッグブレスをして息を吸い、一瞬止めて、次の子音を発音します。声門摩擦音/h/は次に必ず母音がくるので子音連結がありません。

1. 摩擦音＋鼻音

　business [bíʒˇnəs, bíʒˇnɪs] ビジネス　　**li**sten [lísˇn] 聞く

2. 摩擦音＋半母音

　friend [fˇrénˇd] 友達　　　　　　　　　**bour**geois [bɔ́ːʒˇwɑː/bʊɚʒˇwɑ́ː] ブルジョワ

　swim [sˇwíˇm] 泳ぐ

3. 摩擦音＋破裂音

　most [móʊ(óʊ)sˇt] ほとんどの　　　　　**rai**sed [réɪzˇd] raise（上げる）の過去形

　sport [sˇpɔ́ː(ɔ́ɚ)ˇt] スポーツ　　　　　**pu**shed [pʰʊ́ʃˇt] push（押す）の過去形

4. 摩擦音＋摩擦音

　mouths [máʊðˇz] 口（複数形）　　　　　**clo**thes* [kʰlóʊˇ(ð)z/kʰlóʊˇz] 衣服

　fifth [fífˇθ] 第5番目

※clothesの/ð/はアメリカ発音では省略され、イギリス発音では舌は発音するかまえになりますが、実際はほとんど聞こえない傾向にあります。

5. 摩擦音＋破擦音

　construction [kʰənsˇtrʌ́ˇkʃən] 建設

[5] 破擦音（/tʃ, dʒ/）と子音

破擦音は、摩擦音同様、呼気の勢いが必要です。よって、その前の母音を発声しながら、ドッグブレスをして吸気し、息を一瞬止め、次の破擦音と次に続く破裂音を鋭く発音します。

破擦音＋破裂音

　searched [sɔ́ː(ɔ́ɚ)ˇtʃt] search（調べる）の過去・過去分詞形

　judged [dʒʌ́ˇdʒd] judge（判断する）の過去・過去分詞形

[6] 語中で３語以上の子音が続く場合

英語では子音が３つ以上つながることも稀ではありません。３つ並んだとき（A-B-C）、A-Bの関係とB-Cの関係は前記 [1]～[5] のいずれかの規則に準じます。

たとえば、listened（listen（聞く）の過去・過去分詞形）の発音は、次のようになります。
listened [lís▼n▼d] 摩擦音/s/＋鼻音/n/は [4] の規則で摩擦音/s/の後ろでドッグブレス、鼻音/n/＋破裂音/d/は [1] の規則に基づき、鼻音/n/の後ろでドッグブレスをして破裂音/d/を発音します。

linked（link（連結する）の過去・過去分詞形）は、[líŋ▼kt] 鼻音/ŋ/＋破裂音/k/は [1] の規則により、破裂音/k/の前でドッグブレス、破裂音/k/＋破裂音/t/は [2] の規則から破裂音/k/の前でドッグブレスをして破裂音/t/を発音するため、３つの子音連結であっても、ドッグブレスの箇所は１つになります。子音が４つつながるときも同様に考えてください。

§2 ｜ 歯茎音（/t, tʃ, d, dʒ, n, l/）、歯音（/θ/）の連結と舌の位置

⊚ track49 🇺🇸 　⊚ track50 🇬🇧

[1] 歯茎音と/θ/の連結（/nθ, lθ, tθ, dθ/）

/n, l, t, d/は、本来は（後部）歯茎に舌端が触れますが、後ろに/θ/が続くときは次の２通りで発音します。/d/はもともとは有声音ですが、/dθ/の/d/は無声音になる場合もあり、次の/θ/のところで破裂と摩擦が同時に行われ、破擦音になります。日本人には「ヅ」のように聞こえます。

1. 舌先を上歯の裏につけ、そのまま/θ/の発音をする（速い会話のとき）

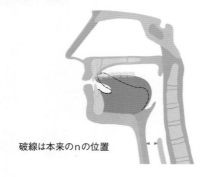

破線は本来のnの位置

舌が口蓋に触れる範囲
例）/θ/

2. 舌先を歯茎からすべらせて、前歯の後ろまたは前歯の少し前に出す

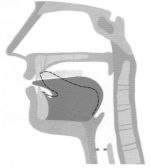

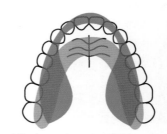

ピンク：n, l, t, d　ブルー：θ, ð

month [mʌ́n▼θ] 月、**tenth** [tʰen▼θ] 第10の、**eleventh** [ɪlév(ə)n▼θ] 第11の
wealth [wél▼θ] 富、**health** [hél▼θ] 健康、**eighth** [éɪ▼tθ] 第8の、**breadth** [bré▼dθ] 幅
width [wí▼dθ, wí▼tθ] 幅、**hundredth** [hʌ́n▼drə▼dθ] 第100の

[2] 歯茎音（/t, tʃ, d, dʒ, n, 暗い l/）と調音部位の同化

　/t, tʃ, d, dʒ, n/は、歯茎に舌の縁をつけて発音します。また暗い/l/は<u>舌先を歯茎につけて発音します</u>。このように、調音部位が近い音が連続すると、<u>それぞれを一つ一つ発音するのではなくて、舌を歯茎から口蓋にかけて前後にすべらせながら、一続きで発音します</u>。通常の音素の音と聞こえ方が変わりますので注意してください。

組み合わせ	例
1. 暗い/l/と/t, tʃ, d, dʒ/ 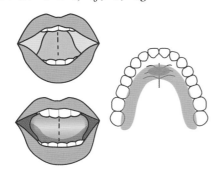	/l/の発音のために舌先を歯茎に軽くつけ、舌先をつけたまま、次の歯茎音のために舌の縁を上げて、舌を後ろにすべらせます。/l/の後ろでドッグブレスが行われます。 単語例　　　　　　　　　　（発音記号：紫色はアメリカ発音） bui**lt** [bíl▼t] build（建てる）の過去・過去分詞形 fe**lt** [fél▼t] feel（感じる）の過去・過去分詞形 difficu**lt** [dí▼fɪ▼kəl▼t] 難しい wor**ld** [wɔ́ː(ɔ́ː)l▼d] 世界、chi**ld** [tʃáɪl▼d] 子供 go**ld** [góʊ(óʊ)l▼d] 金、indu**lge** [ɪn▼dʌ́l▼dʒ] 甘やかす 注：/l/は舌先を歯茎につけないで、次の/t, tʃ, d, dʒ/を発音する途中に発音することもあります。
2. /n/と/t, tʃ, d, dʒ/ 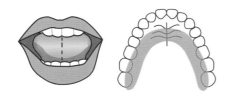	歯茎に舌の縁がつく音が続くとき、1つ目の音のあとで舌の開放は行われず、舌を歯茎につけたまま、連続して子音を発音します。ただし、2つの音の間にドッグブレスが行われます。 単語例　　　　　　　　　　（発音記号：紫色はアメリカ発音） au**nt** [ɑ́(ː)(ǽ)n▼t] おば、pai**nt** [pʰeín▼t] ペンキ wa**nt** [wɔ́(ɑ́(ː), ɔ́ː)n▼t] 欲する、be**nch** [bén▼tʃ] ベンチ bra**nch** [brɑ́ː(ǽ)n▼tʃ]（木の）枝、lu**nch** [lʌ́n▼tʃ] 昼食 a**nd** [ən▼d, æn▼d] そして、fi**nd** [fáɪn▼d] 見つけ出す isla**nd** [áɪ▼lən▼d] 島、arra**nge** [ərém▼dʒ] 整える cha**nge** [tʃém▼dʒ] 変化、stra**nge** [s▼trém▼dʒ] 奇妙な
3. /n/と暗い/l/ 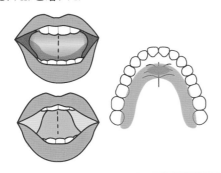	今度は1.の逆で、最初の/n/は舌の縁が歯茎について、次の暗い/l/の発音のために、舌の縁のまん中の部分を後部歯茎から前にすべらせ、舌の両側または片側のみを口蓋から離して息が通るように音を出します。「ヌー」または「ノー」のように聞こえます。/n/の前にドッグブレスを行います。 単語例　　　　　　　　　　（発音記号：紫色はアメリカ発音） cha**nnel** [tʃǽ▼nl] 水路（「チャヌー、チャノー」のように発音すると自然） tu**nnel** [tʰʌ́▼nl] トンネル、ke**nnel** [kʰé▼nl] 犬小屋 fla**nnel** [flǽ▼nl] フラノ

次の**4**はアメリカ発音のみにあてはまります。イギリスでは、/t, d/をきちんと発音します。

組み合わせ	例
4. /t/と/n/、/d/と/n/	**鼻腔破裂（アメリカ発音）** /t, d/は声門を閉じて、舌は後部歯茎につけたまま（破裂させずにたたき音で）、急に息を鼻から出して/n/を発音します。ドッグブレスは/t, d/の前に行います。 **単語例** （発音記号：紫色はアメリカ発音） **cotton** [kʰá(:)▾tn] 綿 **eaten** [íː▾tn] eat（食べる）の過去分詞形 **curtain** [kʰɚ́ː▾tn] カーテン、**garden** [gáɚ▾dn] 庭 **sudden** [sʌ́▾dn] 突然の、**wooden** [wʊ́▾dn] 木製の

§3 ｜ 子音の連結による音の添加と脱落

🔘 track 51 🇺🇸　🔘 track 52 🇬🇧

　速い会話において、音が連結し、発音記号には明記していない音が現れる添加（addition）や、音が消える脱落（elision）が起こることがあります。

[1] 音の添加

　連続する2つの音を発音する過程で、調音器官を移行する途中に、同じあるいは隣接する調音器官などから口の形の似た別な音が添加されることがあります（わたり音）。わたり音が現れるのは、ドッグブレスにより一瞬息を止めて、口の開放がされずに次の音を発音するためでもあります。辞書には載っていません。

1. /m/と/t, θ, f, s/の間にわたり音として/p/が入ることがある

dreamt [drém▾ᵖt] dream（夢をみる）の過去・過去分詞形※　　**comfort** [kʰʌ́m▾ᵖfə(ɚ)t] なぐさみ

something [sʌ́m▾ᵖθɪŋ] 何か　　　　　　　　　　　**Thomson** [tʰɔ́(á)m▾ᵖsn] トムソン、トンプソン

※アメリカ発音ではつづりがdreamedであることが多い。

2. /n/と/s, θ, ʃ/の間にわたり音として/t/が入ることがある

answer [áː(ǽ)n▾ᵗsə] 答え　　　　　　　　**conscious** [kʰɔ́(á)n▾ᵗʃəs] 気づいて

menthol [mén▾ᵗθɔːl] メンソール　　　　　**pronunciation** [pʰrə▾nʌ̀n▾ᵗsɪéɪʃən] 発音

3. /ŋ/と/θ/の間にわたり音として/k/が入ることがある

lengthen [léŋ▾ᵏθən] 長くする　　　　　**strengthen** [s▾tréŋ▾ᵏθən] 強める

[2] 3連続子音の、中間の音が脱落

1. 中間の子音/p/は開放（＝破裂）しない

　　最初が鼻音/m/、次が破裂音/p/、最後が摩擦音/s/または破裂音/t/の場合、中間の/p/は開放しません。下の例では、/mp/の間でドッグブレスが行われ、次の子音を発音するために吸気が十分なされますが、舌は/p/の次の/s, t/の準備をしているため/p/音の破裂は行われず、唇を合わせるだけで、「プ」の音を飲み込みます。

glimpse [glím▾(p)s] ちらっと見ること　　　　**tempt** [tʰém▾(p)t] 誘惑する

exempt [ɪ▾gzém▾(p)t] 免除する　　　　　　**prompt** [pʰrɔ́(á(:))m▾(p)t] 敏速な

2. 中間の子音/t/は開放しない

　　最初が破裂音/k/、次が破擦音/tʃ/または/ts/のとき、/t/は開放しません。破裂音/k/の前にドッグブレスが行われます。/ts, tʃ/の/t/は破裂音ですが、舌は次の/s, ʃ/の準備をしているため、/t/音の破裂は行われずに、/t/が脱落することがあります。

facts [fǽ▼k(t)s] 事実（複数形）　　　　　　**picture** [pʰí▼k(t)ʃə(ɚ)] 絵、写真

lecture [lé▼k(t)ʃə(ɚ)] 講義

3. 3連続子音におけるその他の脱落

months [mʌ́n▼(θ)s, mʌ́n▼ts] 月（複数形）　　**distinct** [dɪs▼tíŋ▼(k)t] 別の

lends [len▼(d)z] 貸す（3人称単数現在形）

4. 母音にはさまれた/nt/の/t/が脱落する（アメリカ発音のみ）

　　強い母音と弱い母音の間の/t/はたたき音（子音 p. 89 参照）になります。/nt/が母音の間にはさまれると鼻音化たたき音になり、聞き手には、/t/が脱落したように聞こえます。ただし、イギリス発音ではあまり使われません。教養がないと見なされることもあるので注意しましょう。

carpenter [kʰáɚ▼pən▼(t)ɚ] 大工　　　　　　**counter** [kʰáʊn▼(t)ɚ] カウンター

enter [én▼(t)ɚ] 入る　　　　　　　　　　　　**winter** [wín▼(t)ɚ] 冬

gentleman [dʒen▼(t)lmən] 紳士　　　　　　　**painter** [pʰéɪn▼(t)ɚ] 画家

§4 ｜ 語中の母音の連結による半母音の添加

🔘 track 53 🇺🇸　🔘 track 54 🇬🇧

　　語中で母音が連続するとき、間に口の形が似た半母音が出現することがあります。この場合も、2つの母音間でドッグブレスをして吸気したあとに、一瞬息を止め、次の音を準備する通過点で、似た口の形の半母音の添加が起こります。

① 半母音/w/の添加

　　口を丸める母音/uː, ʊ, aʊ, əʊ(oʊ)/の次に母音または/l/が続くとき、間に半母音/w/が入ります。

cooperate [kəʊ(oʊ)▼ʷó(á)▼pə(ɚ)▼rèɪt] 協力する　　**throughout** [θruː▼ʷáʊt] 〜を通して

② 半母音/j/の添加

　　母音/iː, ɪ, eɪ, aɪ, ɔɪ/の次に母音または/l/が続くとき、間に半母音/j/が入ります。

will [wɪ▼ʲl] 未来や意志を表す助動詞　　**style** [s▼táɪ▼ʲl] 形式　　**tale** [tʰéɪ▼ʲl] 話

§5 | 語中の強母音の半母音化とあいまい母音化

● track 55 🇺🇸　　● track 56 🇬🇧

[1] 語中の母音のあいまい母音化

テンポの速い会話やくだけた会話でなくて、比較的改まった会話においては、**強母音が完全に弱母音/ə/にならない半弱母音**になります。半弱母音は、強母音から弱母音/ə/に行く途中の音で、速い会話やくだけた会話では、あいまい母音/ə/に達します。さらに速いと、あいまい母音が無声になります。

改まった会話	比較的改まった会話	スピードのある会話
authority [ɔ̀ː▾θɔ́(ɑ)▾rə▾ti] 権威	[ɔ▾θɔ́(ɑ)▾rə▾ti]	[ə▾θɔ́(ɑ)▾rə▾ti]
July [dʒuː▾láɪ] 7月	[dʒʊ▾láɪ]	[dʒə▾láɪ]
accept [æ▾ksé▾pt] 受け入れる	[æ▾ksé▾pt]	[ə▾ksé▾pt]
come [kʰʌ́m] 来る	[kʰʌ́m]	[kə́m] → [km]

半弱母音は、発音記号では表しきれませんが、比較的改まった会話においては、発音記号の母音に下線が引いてある箇所が下記母音図のグレーの範囲に移動すると思ってください。

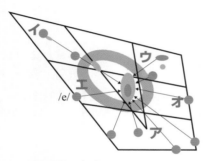

イギリス発音　半弱母音（グレーの輪の部分）

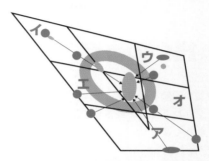

アメリカ発音　半弱母音（グレーの輪の部分）

[2] あいまい母音/ə/の脱落

1. 語中の/n, l, r, t/の前で脱落することが多い

/ə/の脱落は、/n, l, r, t/の前の強音節の直後の音節で頻繁に起こり、最終の1つ手前の音節で見られます。また、弱音節の前の/ər/において頻繁に起こります。

company [kʰʌ́m▾p(ə)ni] 会社　　**Italy** [í▾t(ə)li] イタリア

family [fæm▾(ə)li] 家族　　**university** [jùː▾nɪ▾vɔ́ː(ɔ̀ːʳ)▾s(ə)▾ti] 大学

finally [fáɪn▾(ə)li] 最終的に　　**monotony** [mə▾nɔ́(ɑ)▾t(ə)ni] 単調さ

national [næ▾ʃən▾(ə)l] 国の　　**real** [ríː(ə)l] 本当の

animal [æ▾nəm▾(ə)l] 動物　　**camera** [kʰæm▾(ə)rə] カメラ

century [sén▾tʃ(ə)ri] 世紀　　**natural** [næ▾tʃ(ə)rəl] 自然の

2. /k, g/に続く/ə/が/n/の前で子音/ŋ/に吸収され、脱落する

bacon [béɪ▾kᵊn] [béɪ▾kŋ] ← [béɪ▾kən] ベーコン

wagon [wǽ▾gᵊn] [wǽ▾gŋ] ← [wǽ▾gən] ワゴン

§6 | 長い単語の読み方—アクセントとドッグブレス

　アクセントはとても重要です。アクセントの位置が違うと英語は通じません。日本語の高低アクセントに対し、英語では、強弱のアクセント、という違いもあります。また、アクセントのある母音は**強母音**で、それ以外に 33. あいまい母音/ə/、弱母音/i, ɪ, u, ʊ, ju, jʊ/があります。第4章 母音で学習したように、弱母音は強母音と記号が同じでも、微妙に音が違います。特に強母音の/ɪ/と弱母音の/ɪ/は、別の音と思ったほうがよいでしょう。

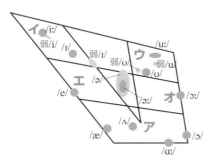

イギリス発音　基本母音図

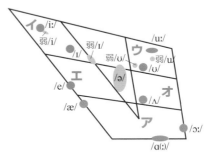

アメリカ発音　基本母音図

　英語では、単語の中でも音節を同じ強さや速さで発音しません。強勢音節は「強く、ゆっくり（長く）、はっきり」、弱音節は「弱く、速く、あいまいに」と、めりはりをつけて発音します。

　長い単語では、第1アクセント・第2アクセント、時には第3アクセントまでありますが、そのすべてに強勢をつけて発音しないと、ネイティヴには変な発音に感じられるようです。

　たとえば、副詞のpracticallyは、アクセントが1箇所ですが、名詞形のpracticalityはアクセントが2つあります。

　次頁の四角形は、それぞれの音の強さを表すものです。日本人は第1アクセントだけに強勢を置きがちですが、第2・第3アクセントにも、強勢をつけるようにします。強さは、第1＞第2＞第3となります。ただし、かなりスピードの速い会話では、第1アクセントだけに強勢が置かれる傾向があります。第2章で学んだドッグブレス（▼の箇所）と、§5までの子音連結にも気をつけながら、正しく発音しましょう。

practically　ほとんど〜も同然

● track 57 🇺🇸　　● track 58 🇬🇧

[pʰr　æ　▼　kt　ɪ　▼　kl　i]

32. 強母音/æ/　　　30'. 弱母音/ɪ/　　29'. 弱母音/i/

practicality　実用性、現実的な問題

[pr　æ̀　▼　kt　ɪ　▼　k　ǽ　▼　l　ə　▼　t　i]

32. 強母音/æ/　　30'. 弱母音/ɪ/　　　32. 強母音/æ/　　33. あいまい母音/ə/　　29'. 弱母音/i/

● アクセントが2〜3箇所ある単語例

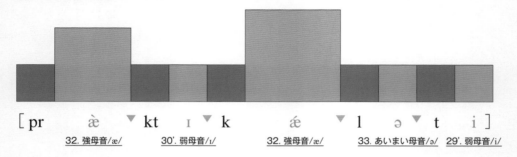

un·known	[ʌ̀n▼nóʊ(óʊ)n]	知られていない
thir·teen	[θə̀ː(ɚ̀ː)▼tʰíːn]	13（の）
en·ter·tain	[èn▼tə(ɚ)▼tʰéɪn]	楽しませる
ed·u·ca·ted	[éˇdjʊ▼kʰèɪ▼tɪ▼d]	教育を受けた
in·suf·fi·cient	[ìn▼sə▼fíˇʃənˇt]	不十分な
sat·is·fac·to·ry	[sæ̀▼tɪs▼fǽ▼ktri]	満足な
ob·jec·tiv·i·ty	[ɔ̀(à)▼bdʒe▼ktʰí▼və▼ti]	客観性
in·fe·ri·or·i·ty	[ìn▼fî▼rɪ▼jɔ́ː(ɔ́ɚ)▼rə▼ti]	劣ること
con·vert·i·bil·i·ty	[kə̀n▼və̀ː(ɚ̀ː)▼tə▼bí▼lə▼ti]	転換できること
i·den·ti·fi·ca·tion	[aɪ▼dèn▼tə▼fɪ▼kʰéɪ▼ʃən]	身分証明
e·lec·tri·fi·ca·tion	[ɪ▼lè▼ktrə▼fɪ▼kʰéɪ▼ʃən]	電化
en·thu·si·as·ti·cal·ly	[ɪn▼θ(j)ùː▼ziᵍ▼ǽs▼tɪ▼k(ə)▼li]	熱狂的に
in·dus·tri·al·i·za·tion	[ɪn▼dʌ̀s▼trɪə▼laɪ(ə)▼zéɪ▼ʃən/e-]	産業化
in·ter·na·tion·al·i·za·tion	[ìn▼tə(ɚ)▼nǽʃ▼nə▼laɪ(ə)▼zéɪ▼ʃən]	国際化

第2節 2語の連結、同化、脱落

　ここからは、単語がいくつか続いた文の中で、単語の語尾の子音と次の単語の最初の母音がつながって1語になる「連結」など、音変化の規則を学びます。その前に、英語のリズムについて復習しましょう。

§1 | 英語の強弱リズムと機能語・内容語の関係

● track 59 🇺🇸　　● track 60 🇬🇧

[1] 内容語と機能語

　英語には「強勢拍リズム」といって、強弱のリズムがあることを、第2章で説明しました。英語において連結されたり、音が弱勢になるのは機能語とよばれるもので、内容語とは一般に品詞により区別します。もちろん強調したいところが機能語のときもありますので、以下は一般論です。

1. 内容語：**文の意味に関係する語。通常、強勢を置く品詞**で、名詞、主動詞（be動詞の多くは弱勢）、形容詞、たいていの副詞、指示詞、疑問詞、感嘆詞、助動詞の否定文、助動詞の疑問文（be, have, hasを含む）
2. 機能語：**文の構成にかかわる語。通常、強勢のない品詞**で、代名詞（人称代名詞・関係代名詞）、冠詞、前置詞、助動詞（動詞が続く場合）*¹、多くの接続詞、不定詞のto*²

＊1　独立して用いられる助動詞には強勢が置かれます。　例）Yes, I can.
＊2　動詞が省略された不定詞のtoは強勢が置かれます。　例）I would love to.

[2] 英語の強弱リズムのつけ方

　文中の強弱リズムを意識しましょう。下記では、機能語と内容語を区別して、それぞれの単語の発音記号の母音に●をつけています。内容語の中のアクセントのある母音には大きな●、機能語はアクセントがあっても小さな●をつけました。これで、英語のリズムのできあがりです。

機能語	内容語	機能語	機能語	内容語	機能語	機能語	内容語	機能語	内容語	内容語
I	came	across	the	man	I	had	met	the	day	before.

🇺🇸 aɪ kʰéɪ mə kʰráˑs ðə mǽ n aɪ ʲ ə d mé t ðə déɪ bɪ fɔ́ː

🇬🇧 aɪ kʰéɪ mə kʰrɔ́ˑs ðə mǽ n aɪ hə d mé t ðə déɪ bɪ fɔ́ː

私は、前の日に会った人に、出くわしました。

※ ☐ は、語末子音と語頭の母音の連結で、ひとまとまりに発音します（下記**§2**参照）。

§2 | 子音と母音の連結 ● track 61 🇺🇸　● track 62 🇬🇧

　先行の単語の語末が子音で、続く単語の語頭が母音の場合、子音と母音の連結が起こり、1語のように発音します。ただし、強調したい単語同士は連結しません。多くは、動詞や名詞と機能語の間で連結が起こります。

以降、2語の連結による、子音と母音の連結は、（☐）で表します。

[1] 動詞と他の品詞

1. 動詞＋前置詞

live in [líˑvɪn] ～に住む　　　　　　　**put on** [pʰúˑtɔ(ɑ)n] ～を身につける

2. 動詞＋人称代名詞

put our mat [pʰúˑtɑː(ɑɚ)mǽt] 私たちのマットを敷く　　**love us** [líˑvʌs] 私たちを愛する

3. 動詞＋副詞

went away ［wén ˅təˊ ˅weɪ］去った   cut off ［kʰˊʌ ˅t(d)ɔ(ɑ)f］切り取る

4. 動詞＋冠詞

brought a book ［brɔ́: ˅t(d)ə ˅búˊ ˅k］本を持ってきた   eat an apple ［íː ˅t(d)ə ˅næ ˅pl］リンゴを食べる

5. 主語＋動詞

Cats eat ［kʰˊæ ˅tsíː ˅t(t)］ネコが～を食べる

[2] 名詞と他の品詞

1. 名詞＋接続詞

Ladies and ［léɪ ˅díˊ ˅zən d］女性と   trick or ［tríˊ ˅kə/tríˊ ˅kɚ］たくらみか

2. 名詞＋前置詞

moon on the ninth of June ［múː ˅nɔ(ɑ)n ˅ðəˊ ˅náɪn ˅θəv ˅dʒúːn］6月9日の月

purpose of ［pʰɔ́ː(ˊɚː) ˅pəˊ ˅səv］～の目的

3. 形容詞＋名詞

deep end ［díː ˅pʰénˊ ˅d］深いところ   green apple ［gríː ˅næ ˅pl］青いリンゴ

[3] 機能語の組み合わせ

1. 接続詞＋人称代名詞

When I ［wéˊ ˅naɪ］私が～とき   If I ［ɪˊ ˅faɪ］もし私が

2. 前置詞＋冠詞

on a ship ［ɔ(ɑ)nəˊ ˅ʃíˊ ˅p］船上で   from an American ［frɔ́(ʌ) ˅məˊ ˅nəˊ ˅méˊ ˅rɪ ˅kˊən］アメリカ人から

3. 前置詞＋人称代名詞

within us ［wɪ ˅ðínʌs］私たちの中に   behind us ［bɪ ˅háɪn ˅dʌs］私たちの背後に

4. 定型表現

because of ［bɪ ˅kʰɔ́(ʌ) ˅zəv］～の理由で   I've got a ［aɪv ˅gó(ʌ́) ˅tə］私には～がある。

[4] 複合

made in England   ma**de i n** England ［meɪ ˅dɪ ˅nɪ́ŋ ˅glˊən ˅d］英国製

one at a time   one **a t a** time ［wˊʌ ˅nəˊ ˅tˊə ˅tʰaɪm］1つずつ

stop it at any rate   sto**p i t a t** any rate ［s ˅tó(ʌ́) ˅pɪ ˅t(d)ə ˅te ˅ni ˅reɪ ˅t(t)］とにかくそれを止める

the top of it   the to**p o f it** ［ðə ˅tʰó(ʌ́) ˅pəˊ ˅vɪ ˅t(t)］それの頂上

take it easy   ta**ke i t ea**sy ［tʰeɪ ˅kɪ ˅tʰíː ˅zi］気楽に

this day and age   this **day and age** ［ðɪs ˅deɾ ˅en(d)eɪ ˅dʒ］今の時代 (**§5 [2]** /j/の添加 参照)

I'm on a three-week trip to Japan.   I'**m o n a** three-week trip to Japan.

［áɪ ˅mɔ(ɑ) ˅nəˊ ˅θríː ˅wíː ˅k ˅trɪ ˅pʰˊə ˅dʒɚ ˅pʰǽn］

私は日本に3週間の旅行に来ています。

[5] 語の連結句が一語のようになり、無気音が有気音に変化する場合（イギリス発音のみ）

at home ［ə ˅tʰˊóʊm   ə ˅dóʊm］家で

Not at all. ［nˊó ˅tʰˊə ˅tʰɔ́ːl   nˊá ˅dˊə ˅dˊɔ́ːl］どういたしまして。

　アメリカ発音は、もともとnotやatの語尾をあまりはっきり発音しませんが、次に母音や/h/音が続くとき、たたき音/d/になります。

§3 │ 母音および子音の弱音化と脱落

[1] 機能語の弱母音(/ə/)化と脱落

　代名詞などの機能語は、通常、弱形で発音されます。以下に、機能語の強形の発音と、弱形の発音をまとめました。強形の母音は、弱母音化して、速い会話では脱落します。

1. 人称代名詞＋be動詞/助動詞の短縮形

　人称代名詞＋be動詞、人称代名詞＋助動詞でも、短縮形のときは、be動詞、助動詞の最初の部分が弱音化します。

You're [júə, jɔ́ː/júɚ, jɔ́ɚ, jɚ]	You've [júˇv]	
You'd [jú:ˇd, jɚˇd]	You'll [jú:l]	
They're [ðéɪə, ðə/ðéɪɚ, ðɚ]	They've [ðéɪˇv]	
They'd [ðéɪˇd]	They'll [ðéɪˇl]	
We're [wíːə/wíːɚ]	We've [wíːˇv]	
We'd [wíːˇd]	We'll [wíːˇl]	
I'm [áɪˇm]	I've [áɪˇv]	I'd [áɪˇd]
He's [híːˇz]	She's [ʃíːˇz]	
He'd [híːˇd]	She'd [ʃíːˇd]	
It's [íˇts]	It'd [íˇtʊˇd]	
There's [ðéə(ɚ)ˇz, ðə(ɚ)ˇz]	There're [ðéə(ɚ)ˇrə, ðə(ɚ)ˇrə]	
There'd [ðéə(ɚ)ˇd, ðə(ɚ)ˇd]	There'll [ðéə(ɚ)l, ðə(ɚ)l]	

2. 関係代名詞・接続詞・指示代名詞・指示形容詞that

that	強形 [ðǽˇt]	弱形 [ðəˇt, ðˇt]	

3. 接続詞

and	強形 [ǽnˇd]	弱形 [ənd, ən, nd, n]	
as	強形 [ǽˇz]	弱形 [əˇz]	
than	強形 [ðǽˇn]	弱形 [ðəˇn, ðˇn]	
nor	強形 [nɔ́ə(ɚ)]	弱形 [nə(ɚ)]	
or	強形 [ɔ́ə(ɚ)]	弱形 [ə(ɚ)]	

4. 前置詞

at	強形 [ǽˇt]	弱形 [əˇt/ɪˇt]	
for	強形 [fɔ́ə(ɚ)]	弱形 [fə(ɚ)]	
from	強形 [frɑ́ˇm, frʌˇm]	弱形 [frəˇm]	
of	強形 [ɑ́ːˇv, ʌ́ˇv]	弱形 [əˇv, ə, v]	
to	強形 [tʰúː]	弱形 子音の前 [tə]　母音の前 [tʊ, tu]	

5. 冠詞

a	強形 [éɪ]	弱形 [ə]	
an	強形 [ǽn]	弱形 [əˇn]	

6. be動詞と助動詞

	強形	弱形
am	[ǽ▼m]	[əm, m]
are	[á:(áɚ)]	[ə(ɚ)]
was	[wɔ́(ɑ́)▼z]	[wəz]
were	[wə́:(ɚ:)]	[wə(ɚ)]
can	[kǽ▼n]	[kən, kŋ]
could	[kʊ́▼d]	[kə▼d]
do	[dú:]	子音の前 [də, d]　母音の前 [dʊ]
does	[dʌ́▼z, dá▼z]	[dəz, dz]、短縮形 [s]
have	[hǽ▼v]	[həv]、短縮形 [əv, v]
has	[hǽ▼z]	[həz, əz]、短縮形 [z, s]
had	[hǽ▼d]	[hə▼d]、短縮形 [d]
must	[mʌ́▼st]	[məs▼t, məs]
shall	[ʃǽl]	[ʃəl]、短縮形 [l]
should	[ʃʊ́▼d]	[ʃə▼d]
will	[wíl]	[wəl]、短縮形 [l]
would	[wʊ́▼d]	[wə▼d]、短縮形 [əd, d]

7. 副詞

	強形	弱形
just	[dʒʌ́s▼t]	[dʒəs▼t]
so	[sə́ʊ(óʊ)]	[sə]
there	[ðéə(ɚ)]	[ðə(ɚ)]

8. その他

	強形	弱形
some	[sʌ́m]	[s(ə)m]

9. 弱形が同じ発音となる語

[ə(ɚ)] = are, her, or　　　　　[ən] = an, and
[əv] = have, of　　　　　　　[əz] = as, has
[d] = would, had, do　　　　　[m] = am, them, him

[2] going toの短縮形

　going to は速い会話だけでなく、比較的改まった場面においても短縮形gonnaが使われます。イギリス発音では [gənə]、アメリカ発音では [gɔnə] や [gənə] と発音されます。イギリスでは、この言い方は、礼儀正しいとは見なされません。

He's going to(=gonna) do it. [hi:z▼ gənə▼du:▼ɪt] 彼はそれをやるつもりです。

[3] 短縮形n'tの発音（/t/の脱落）

　助動詞の否定の短縮形で、次に続く単語が子音で始まる場合、しばしば/t/が脱落します。鼻音/n/の後ろでドッグブレスが行われ、吸気したあと、息を止めるので、/t/は発音されないものの、間があります。また、/t/の調音は口内で行われています。（/t/はアメリカ英語の語末で、飲み込まれて発音しない/t/を表しています）

You mustn't lose it. [jʊ▼mʌ́s▼n▼(t)▼lú:▼z ɪt(t)] それを失くしてはならない。※mustの/t/の音も消えます。

Doesn't she know? [dʌ́z▼n▼(t)▼ʃi:▼nə́ʊ(óʊ)] 彼女は知らないの？

Wouldn't he come? [wʊ́▼dn▼(t)▼hi:▼kʰʌm] 彼は来ないだろうか。

You mustn't overeat. [jʊ▼mʌs▼n▼(t)▼ə́ʊ(óʊ)▼və(ɚ)▼i:▼t(t)] 過食するな。※母音の前でも脱落することがあります。

214

[4] want toの短縮形

第1節 **§3 [2]** と同様に2語の連結でも/t/の脱落が起きます。

want t**o**(=wanna) [wɔ(ɑ:)▼n(t)ə] I **wanna** go. 私は行きたい。

§4 | 2語の子音連結　● track 65 🇺🇸　● track 66 🇬🇧

第1節 **§1** 語中の子音の連結と同様に、ナチュラルスピードの会話においては、2語の場合も、先行する語の最後の子音と続く語の最初の子音が連結するときはその調音器官の違いによって本来の発音と違うことがあります。ドッグブレスのかかった初めの子音は音が飲み込まれます。

[1] 語末の鼻音 （/m, n, ŋ/） と語頭の子音の連結

最初の語の語末の鼻音を発しながらドッグブレスで息を一瞬止め、息の開放はせずに、飲み込む感じで、次の語の最初の子音を鋭く発音します。

1. 鼻音＋鼻音

some **m**oney [səm▼mʌ▼ni] いくらかのお金　　　　　**Ke**n **m**eets [kén▼mí:▼ts] ケンは～に会う

same **n**oun [séɪm▼náʊn] 同じ名詞　　　　　　　　**si**ng **m**errily [síŋ▼mé▼rɪ▼li] 楽しく歌う

can **n**ever love him [kən▼né▼və(ɚ) lʌv (h)ɪm] 彼を絶対愛せない　　**you**ng **n**iece [jʌ́ŋ▼ní:s] 若い姪

2. 鼻音＋破裂音

calm **d**own [kʰɑ́:m▼daʊn] 落ち着く　　　　　　　　**so**me **p**eople [səm▼pʰí:▼pl] 一部の人

ten **d**ollars [tʰén▼dɔ́(ɑ́)▼lə(ɚ)z] 10ドル　　　　　　**bri**ng **c**ats [bríŋ▼kʰǽ▼ts] ネコを連れてくる

3. 鼻音＋破擦音

keen **ch**ild [kʰí:n▼tʃáɪˈld] 熱心な子供　　　　　　　**lemo**n **j**uice [lémən▼dʒú:s] レモンジュース

[2] 語尾の破裂音 （/p, b, k, g, t, d/） と子音の連結

最初の語の最後の破裂音の前の母音を発しながら、ドッグブレスで息を一瞬止め、破裂音の体勢に入るが口の開放はせずに、飲み込む感じで、次の語の最初の子音を鋭く発音します。

1. 破裂音＋鼻音

cheap **m**attress [tʃí:▼pmǽ▼trəs] 安いマットレス　　　**ta**ke **m**e [tʰéɪ▼kmi:] 私を連れて行く

top **n**ews [tʰɔ́(ɑ́)▼pn(j)ú:z] トップニュース　　　　　**be**g **m**oney [bé▼gmʌ́ni] お金を求める

rub **n**ose [rʌ́▼bnóʊ(óʊ)z] 鼻をこする　　　　　　　**ta**ke **n**ote [tʰéɪ▼knóʊ(óʊ)▼t(t)] 注意する

2. 破裂音＋破裂音

stop **p**laying [stɔ́(ɑ́)▼ppʰléɪˈŋ] 遊びをやめる　　　　**kee**p **t**alking [kʰí:▼ptɔ́:▼kɪŋ] 話し続ける

Bob **b**uilt [bɔ́(ɑ́)▼bbíl▼t(t)] ボブが建てた　　　　　　**anti**que **t**able [ǽn▼tí:▼ktʰéɪ▼bl] アンティークテーブル

pink **c**oat [píŋ▼kkɔ́ʊ(oʊ)t(t)] ピンクのコート　　　　**kno**ck **d**own [nɔ́(ɑ́)▼kdáʊn] 打ち倒す

big **g**ap [bɪ▼ggǽ▼p] 大きなずれ　　　　　　　　　**re**d **d**ress [ré▼ddrés] 赤いドレス

hot **t**ea [hɔ́(ɑ́)▼tʰtí:] 熱いお茶　　　　　　　　　　**har**d **t**ime [hɑ́:(ɑɚ)▼dtʰáɪm] 大変な時期

top **b**rand [tʰɔ́(ɑ́)▼pbrǽn▼d] トップブランド　　　　**le**t **d**own [lé▼tdáʊn] 低くする、がっかりさせる

3. 破裂音＋摩擦音

cat **f**ood [kʰǽ▼tfú:▼d] キャットフード　　　　　　**kee**p **s**peaking [kʰí:▼pspí:▼kɪŋ] 話し続ける

met **th**em [mé▼tθem] 彼らに会った　　　　　　　　**an**d **th**at [ən▼dðæ▼t] しかも

4. 破裂音＋破擦音

stop children [stɔ́(á)▾ptʃíl▾dren] 子供たちを止める

take chocolate [tʰéɪ▾ktʃɔ́(á)▾k(ə)▾lə▾t] チョコレートを取る

absorb juice [ə▾b(s/z)ɔ́ː(ɔ̀ɚ)▾bdʒúːs] ジュースを吸い上げる

big jar [bí▾gdʒáː(áɚ)] 大きな瓶

5. 破裂音/t, d/＋半母音/j/が破擦音/tʃ, dʒ/に変わる（融合）

破裂音/t, d/は舌の縁を歯茎につけたまま、次の移行音の/j/の準備で舌両脇がもり上がって上歯につくため、ちょうど/tʃ, dʒ/と同じ舌の形になり、結局/tʃ, dʒ/の発音をします。

Don't you /t/＋/j/→/tʃ/ [dəʊ(oʊ)n▾tʃuː]　　**Would you** /d/＋/j/→/dʒ/ [wʊ▾dʒuː]

[3] 語末の側音/l/と子音の連結

/l/を発音しながらドッグブレスをしますが、2つの/l/は舌先を歯茎につけたままです。

側音＋側音は長い/l/になる

feel like [fíːl▾láɪ▾k] ～したい気がする　　**girl likes it** [gɔ́ː(ɔ̀ː)l▾láɪ▾ks▾ɪt] 女の子はそれが好き

[4] 語末の摩擦音（/s, z, f, v, θ, ð, ʃ, ʒ/）と子音の連結、融合

摩擦音の前で母音を発声しながらドッグブレスをするだけで、次に続く摩擦音との間では息を吸いません。

1. 同じ摩擦音が重なる場合、同じ摩擦音の長い音になる

less serious [lés▾síə▾rɪəs] より真剣でない　　**fresh shoots** [fréʃ▾júː▾ts] 新鮮な芽

tough fiber [tʰʌ́f▾fáɪ▾bə(ɚ)] 強い繊維　　**his Zippo** [hɪz▾zí▾pəʊ(oʊ)] 彼のライター

2. 同じ調音様式の摩擦音の無声音と有声音が連結すると、有声音は無声音化する

with thanks θ＋θ→θ＋θ [wɪθ▾θǽŋ▾ks] 感謝をして

he was sent z＋s→s＋s [hiː▾wəs▾sén▾t] 彼は送られた

we chose six z＋s→s＋s [wiː▾tʃóʊ(oʊ)s▾sí▾ks] 私たちは6つ選んだ

We've found it. v＋f→f＋f [wiːf▾fáʊn▾dɪ▾t] 私たちはそれを見つけています。

3. 後ろの/ʃ/の影響で前の/s/が/ʃ/になり1つの/ʃ/になる

this shop s＋ʃ→ʃ＋ʃ [ðíʃ▾ʃɔ́(á)▾p] この店　　**space shuttle** s＋ʃ→ʃ＋ʃ [spéɪʃ▾ʃʌ̀▾tl] 宇宙船

4. 後ろの/j, ʒ/の影響で前の/s(z)/が/ʃ(ʒ)/になる　アメリカ発音（NYの下町英語）でよく使います。（音声は🇺🇸のみ）

this year s＋j→ʃ＋j [ðíʃ▾íːɚ] 今年　　**miss you** s＋j→ʃ＋j [míʃ▾juː] あなたがいないのを寂しく思う

those young men z＋j→ʒ＋j [ðóʊ(oʊ)ʒ▾íáŋ▾mén] あの青年達　　**Has she?** ʒ＋ʃ→ʒ＋ʒ [hæʒ▾ʒɪ]

loves you z＋j→ʒ＋j [lʌ́v▾ʒ▾juː] あなたを愛する

[5] 子音の無声音と有声音が連結すると、有声音は無声音化する

ドッグブレスの位置は語中の場合と同じです。

1. 有声音の摩擦音に無声音の摩擦音が続くと、有声音は無声音化する

breathe slowly ð＋s→θ＋s [bríːθ▾slóʊ(oʊ)▾li] ゆっくり呼吸する

2. 有声子音と無声音が続くと、有声音は無声音化する

Goodge Street dʒ＋s→tʃs [gúː▾tʃs▾tríːt] グッジ通り

bridge score dʒ＋s→tʃs [brí▾tʃs▾kʰɔ́ː(ɔ̀ɚ)] ブリッジの得点

of course v＋k→f＋k [əf▾kʰɔ́ː(ɔ̀ɚ)s] もちろん

3. 有声音の摩擦音/v, z/と破裂音/t/の連結で、無声音/f, s/に変わる

I have to leave now. v＋t→f＋t [hæf▾tə] 私はもう出かけなくてはならない。

He has to go. z＋t→s＋t [hæs▾tə] 彼は行かなくてはならない。

§5 | 母音＋母音で半母音の添加

○ track67 🇺🇸　　○ track68 🇬🇧

　最初の単語の語末と次の単語の語頭が母音の場合、語中と同様（第1節 **§4**参照）、テンポの速い会話において半母音が添加されることがあります。

[1] 半母音/w/の添加

　最初の単語の語末が口を丸める/uː, ʊ, aʊ, əʊ(oʊ)/の場合、直後に、ドッグブレスで息を吸うときも口を丸めたままなので、次の単語の語頭の前に/w/が入ります。また、次の単語の最初が/l/のときも/w/が添加されます。（参照p. 70）

to invade [túᵛʷɪnᵛvéɪᵛd] 侵略するため　　　　　**do it** [dúᵛʷɪᵛt] それをする
go everywhere [gə(ɔ)ʊᵛʷévᵛriᵛweə(ɚ)] どこにでも行く
How are you? [háʊᵛʷə(ɚ)ᵛjuː] ごきげんいかがですか。

[2] 半母音/j/の添加

　最初の単語の語末が/iː, ɪ, eɪ, aɪ, ɔɪ/の場合、直後に、ドッグブレスで息を吸うときも、舌が歯茎についたままなので、次の単語の語頭の母音もしくは/l/の前に/j/が入ります。また、次の単語の最初が/l/のときも/j/が添加されます。（参照p. 70）

Can you see it? [síːᵛʲɪᵛt] それを見られますか。　　**enjoy all** [ɪnᵛdʒɔɪᵛʲɔːl] すべてを楽しむ
day off [déɪᵛʲɔ(ɑ)f] 休日　　　　　　　　　　　　**the end** [ðiᵛʲénᵛd] 終わり
By air [baɪᵛʲéə(ɚ)] 飛行機で

[3] 半母音/r/の添加

1. 割り込みのR（イギリス発音）

　2語の最初の単語の語末が/ɑː, ɔː, ə/の場合、直後にドッグブレスで息を吸うときに、摩擦で喉奥の筋肉（イギリス発音は喉頭の上部）を絞るために、次の単語の語頭の前に/r/が入ります。割り込みのRと呼ばれます。

The spa of Bath [ðəᵛspáːᵛʳəvᵛbɑ́ːθ] バースの温泉
law and order [lɔ́ːᵛʳənᵛɔ́ːᵛdə(ɚ)] 法律と秩序
China and Korea [tʃáɪᵛnəᵛʳənᵛdkəᵛríə] 中国と韓国

2. 復活のR（イギリス発音のみ）

　イギリスのRP発音では、**hear**のような「母音＋語末のR」のRは発音しませんが、次に-ing、-er、-est、-or、-yなどの接尾辞が続くとRが復活します。（アメリカ発音ではRを2回発音することになります）

hearing [híə(ɚ)ᵛʳɪŋ] 聞くこと　　　**bitterest** [bíᵛtə(ɚ)ᵛesᵛt] 一番苦い
curer [kjúə(ɚ)ᵛʳə(ɚ)] 治療者　　　**hairy** [héə(ɚ)ᵛʳi] 毛深い

3. つなぎのR（英米共通）

　2語が連結する際に、母音＋Rの次の単語が母音で始まるときに、Rがよく現れます。アメリカ発音では/ɚ/（Rと同じ発音）のあとにRを発音しますから、Rを2度発音することになります。

door is [dɔ́ːᵛʳɪᵛz/dɔ́ɚᵛʳɪᵛz] 戸が～である
poor aunt [pʰɔ́ː(ɚ)ᵛʳáːnᵛt/pʰʊ́ɚᵛʳǽnᵛt] かわいそうなおば
car of [kʰɑ́ːᵛʳəv/kʰɑ́ɚᵛʳəv] ～の自動車
here and there [híəᵛʳənᵛdðeə/híɚᵛʳənᵛdðeə] そこここに

§6 | 2語の連結による音の脱落 🔘 track 69 🇺🇸   🔘 track 70 🇬🇧

[1] /h/の脱落（主にアメリカ発音）（音声は🇺🇸のみ）

　ナチュラルスピードの会話で、「子音＋語頭のh」では頻繁に/h/の脱落が起こります。イギリスではロンドンの下町言葉コクニーを話す人が/h/を脱落させます。heatもeatと言うときがあります。

I like him. ［aɪ ▿láɪ k(h)ɪm］私は彼が好きです。

I've met her son twice. ［aɪv ▿mé t(h)ə(ɚ) ▿sʌn twáɪs］私は、彼女の息子に2回会ったことがあります。

Tom will've told the truth to his daughter. ［tʰɔ́(á)m ▿wɪl ▿v ▿tʰoʊ(oʊ)l d ▿ðə ▿tru: θ ▿tə(h)ɪs ▿dɔ: tə(ɚ)］
トムは彼女の娘に真実を伝えているでしょう。

[2] /ð/の脱落（主にアメリカ発音）（音声は🇺🇸のみ）

　話し言葉の中で、聞こえてきた語がtheか、aか区別がつかないことがあります。in theは、速く話されると、/ð/が脱落します。さらにその次の語の最初の音が母音の場合、/ð/がinの/n/に同化され、/j/が添加されて口蓋化されます。

I think he will meet me in the afternoon. ［ɪn ▿nʲɑ(æ)f ▿tə(də) ▿nú:n］彼は午後に私に会うと思う。

We will meet each other in the near future. ［ɪnə ▿níə(ɚ) ▿fjú: ▿tʃə(ɚ)］近い将来、お会いしましょう。

[3] 3連続子音の中間の/t, d/の脱落

　速い会話において、3子音の連続において中間に位置する/t, d/は脱落する可能性があります。ただし、その前にドッグブレスによって、息を止める間があります。

mashed potatoes ［mǽʃ ▿(t)pə ▿tʰéɪ ▿tə(oʊ)z］マッシュポテト

iced coffee ［aɪs ▿(t)kʰɔ́:(á:, ɔ́:)fi］アイスコーヒー **corned beef** ［kʰɔ́:(ɔ́ɚ)n ▿(d)bí:f］コーンビーフ

hold tight ［hóʊ(óʊ)l ▿(d)tʰáɪ t(t)］しっかり抱く **cold dinner** ［kʰóʊ(óʊ)l ▿(d)dínə(ɚ)］冷たい食事

next day ［né ks ▿(t)déɪ］翌日 **soft rose** ［sɔ́f ▿(t)róʊ(óʊ)z］柔らかいバラ

kept quiet ［kʰep ▿(t)kwáɪ ət(t)］静かにしていた **finished now** ［fínɪ ▿(t)náʊ］今終えた

loved flowers ［lʌ́v ▿(d)fláʊə(ɚ)z］花を愛した

●前の単語の語末尾が子音＋/t/(/d/)で、次の語の最初が/h/のときは、/t/(/d/)の脱落は起きません。
　ただし、/t/(/d/)は飲み込まれて、音の開放はありません。

kept hold ［kʰé ▿pt ▿hóʊ(óʊ)l ▿d］しっかりつかまる **round here** ［ráʊn ▿d ▿híə(ɚ)］このあたり

worked hard ［wɔ́:(ɔ́ɚ:) ▿kt ▿há:(áɚ) ▿d］一生懸命働いた **bald head** ［bɔ́:l ▿d ▿hé ▿d］はげ頭

●前の単語の語末尾が-nt, -ltのときは、次の語の最初が子音でも/t/(/d/)の脱落は起きません。
　ただし、/t/は飲み込まれて、音の開放はありません。

sent back ［sén ▿t ▿bǽ ▿k］返送する **count them** ［kʰáʊn ▿t ▿ðəm］それらを数える

salt lake ［sɔ́:l ▿t ▿léɪ ▿k］塩水湖 **built near** ［bíl ▿t ▿nɪə(ɚ)］近くに建て（られ）た

[4] その他の2語の連結による子音の脱落

1. 破裂音と摩擦音の脱落

dump truck ［dʌ́m ▿(p)trʌ̀ ▿k］ダンプカー **half past five** ［há:(æ)(f) ▿pʰá:(æ)s ▿(t)fáɪv］5時半

a cup of tea ［ə ▿kʰʌ́ ▿pə(v) ▿tʰí:］お茶一杯

2. /skt/の3子音の連続で/k/の脱落

risked prison ［rís ▿(k)t ▿pʰríz ▿n］危険な刑務所 **asked them** ［ɑ́:(æ)s ▿(k)t ▿ðəm］彼らに尋ねた

[5] 語頭の/ə/の脱落（イギリス発音）(音声は 🇬🇧 のみ)

1. 語末が子音で次の語頭の/ə/が脱落→次の子音が長く発音される

not alone [nɔ▽tl óʊn] 一人でない　　　get another [ge▽tnʌ▽ðə] もう1つを得る

He was annoyed. [hɪ▽wəz▽nɔ́ɪ▽d] 彼はムっとした。

2. 語末が母音で次の語頭の/ə/が脱落→前の語の語末の母音と合体する

go away [gəː▽wéɪ] 去る　　　try again [trɑː▽gén] 再度挑戦する

3. 語末の-er＋語頭の/ə/→前の語の語末は/rə/になる (この項のみアメリカ発音もあてはまる)

after a while [áːf▽trə▽wáɪl] しばらくの間　　　father and son [fáː▽ð▽rən▽sʌ́n] 父と息子

as a matter of fact [ə▽z əmǽ▽trəf fǽ▽kt] 実際

over and above [óʊv▽rən▽d ə▽bʌ́v] ～に加えて

███ 部分/v/＋/f/→/f/＋/f/ (p. 216 第2節 **§4** [4]-2参照)

§7 │ 2語の連結による音の同化　🔘 track71 🇺🇸　🔘 track72 🇬🇧

速い会話で起こる傾向にありますが、ネイティヴはほとんど意識せずに次のような同化（assimilation）をしています。

1. 後ろの/f, v/の影響で前の/m, n/が/f(v)/の口で/n/を発音する。音声は/n/。

ten forks [tʰéf▽fɔ́ː(ɔ̌ɚ)▽ks] フォーク10本

come for me [kʰʌ́f▽fɔ́ː▽(ɔ̌ɚ)míː] 私のために来る

2. 後ろの/p, b, m/の影響で前の/t(d)/が違う音/p(b)/になる。

that pen [ðǽ▽p pʰén▽] あのペン　　　good pens [gʊ́▽p pʰén▽z] 良いペン

that boy [ðǽ▽p bɔɪ] あの少年　　　good men [gʊ́▽b mén] 良い人

hot bath [hɔ́(á)b▽báː(ǽ)θ] 熱いお風呂

3. 後ろの/p, b, m/の影響で前の歯茎音/t, d, n/が/m/になる。

ten players [tʰém▽pʰléɪ▽jəː(ɚː)▽z] 10人の選手

Let me see [le▽m▽míː▽síː] え～と

good morning [gʊ▽m▽mɔ́ː(ɔ̌ɚ)▽níŋ] おはようございます。

4. 後ろの/k, g/の影響で前の/t(d)/が/k(g)/になる。

hot cup [hɔ́(á)▽k kʰʌ́▽p] 熱い茶碗　　　good concert [gʊ́▽k kʰɔ́(á)n▽səː(ɚː)t(t)] 良い音楽会

that girl [ðæ▽g gɔ́ː(ɚ:)l] あの少女　　　good girl [gʊ́▽g gɔ́ː(ɚ:)l] 良い少女

5. 後ろの/k, g/の影響で前の/n/が/ŋ/になる。

ten cups [tʰéŋ▽kʰʌ́▽ps] 10個の茶碗　　　ten girls [tʰéŋ▽gɔ́ː(ɚ:)l▽z] 10人の少女

main course [méɪŋ▽kɔ́ː(ɔ̌ɚ)s] メインコース　　　poison gas [pʰɔ́ɪzŋ▽gǽs] 毒ガス

ナチュラルスピードで英語を読む

　今までの学習の総まとめです。一つ一つの発音記号を正確に発音し、次に子音連結や２語の連結を学習しました。最後に、１つの文をネイティヴ並みの発音で読むために、不可欠なリズム、アクセントを身につけましょう。

§1 ｜ 英語の等時性リズム 　◉ track 73 🇺🇸　　◉ track 74 🇬🇧

　英語の文では、強勢がいつもほぼ等しい時間的な感覚で現れます。これを強勢の等時性といいます。これが、英語のリズムの最大の特徴です。文を発音するための時間は、単語数や音節数ではなく、強勢の数と比例します。どんなに文が長くても、強勢の数が少なければ、発音時間は短くなります。短縮する部分は本章第２節で学習した次のような規則が使われます。
　　1．機能語の弱母音化
　　2．あいまい母音の脱落
　　3．２語の子音と母音の融合
　　4．２語の子音連結

強勢と等時性リズムに気をつけながら、以下の文を読んでみましょう。

I can tell you.　私はあなたに伝えられます。
●　●　　●　　●
［aɪˇkənˇtʰélˇju］

I can tell it to you.　私はあなたに、それを伝えられます。
●　●　　●　●　●　●
［aɪˇkənˇtʰé lɪ ˇtəˇju］

I can tell it to you ｜ soon.　私はあなたに、それを、もうすぐ伝えられます。
●　●　　●　●　●　●　｜　●
［aɪˇkənˇtʰé lɪ ˇtəˇju súːn］

I can tell it to you ｜ on Monday.　私はあなたに、それを、月曜日に伝えられます。
●　●　　●　●　●　●　｜　●　　●
［aɪˇkənˇtʰé lɪ ˇtəˇjuˇ ʷɔ(ɑ)nˇ mʌ́nˇdeɪ］

I can tell it to you ｜ when I come back.　帰ってきたら、私はあなたにそれを伝えられます。
●　●　　●　●　●　●　｜　●　●　●　　●
［aɪˇkənˇtʰé lɪ ˇtəˇju weˇn aɪˇkʌ́mˇbǽk］

§2 | イントネーション ◉ track75 🇺🇸 ◉ track76 🇬🇧

[1] イントネーション

　イントネーション（intonation）とは、言葉を話すときの声の高さ（pitch of voice）の動きを指します。イントネーションは、文や句などのひとまとまりの発音単位にかかるメロディーとも言えます。文のイントネーションは意味の区切りまでひと息で発音される、イントネーション句で構成されます。イントネーション句は、必ず核である重要語（prominence）を含む強勢音節があり、そこを目立たせるよう次のトーンをつけます。

[2] トーン

　イントネーション句の強勢、すなわち重要語を目立たせるために、音程の変化が起きます。これをトーン（tone）と呼びます。

　トーンは日本語に比べて英語の音域は広く、１オクターブにも及ぶと言われています。

　強勢にトーンが置かれない場合もあります。その場合は、強く長く読みます。

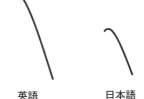

英語　　　　日本語

　トーンは、大きく４つに分けられます。

1. 下降調（Fall）　　2. 上昇調（Rise）　　3. 降昇調（Fall-Rise）　　4. 平坦調（Mid-Level）

1. 下降調 ↘

　自分の意見の断定、聞き手への新情報の伝達、疑問詞のある疑問文、付加疑問文で自分の意見を述べるときなどに使われます。

She likes traveling. ↘［陳述文］ 彼女は旅行が好きです。
● ●　　● ●

That company went bankrupt. ↘［聞き手への新情報］ あの会社は倒産した。
　● ●　　　　　● ●

Who broke my cup? ↘［疑問詞のある疑問文］ 誰が私のカップを割ったの？
　● ●　　● ●

She is beautiful, isn't she? ↘［付加疑問で自分の意見を述べる］ 彼女、きれいだよね。
● ●　　● ● ●

You have been out all night, haven't you? ↘［付加疑問で自分の意見を述べる］
●　●　　●　●　●　●　●

あなた、夜通し遊んでいたでしょ。

2. 上昇調 ↗

　呼びかけでは口調を和らげるために使われ、項目を列挙するとき、疑問詞を使わない疑問文、付加疑問文で相手の意見を聞くとき、肯定文で聞き手の判断を委ねるときなどに使われます。選択疑問文のorの前も上昇調です。

How are you, Leo? ↗［呼びかけの口調の和らげ］ 元気かい、レオ？
●　　●　　●

Do you ski? ↗［疑問詞を使わない疑問文］ 君、スキーする？
●　　●

Are you a doctor? ↗［疑問詞を使わない疑問文］ あなた、お医者さん？
●　　●　●

This is Yotsuya station, <u>isn't it?</u>↗ ［付加疑問文で相手の意見を聞く］　ここは四ツ谷駅ですよね。
● ●　　● ●　● ●　● ●　　　●　　●

You will buy this?↗ ［肯定文だが断定ではなく、相手に尋ねる］　あなたはこれを買うんでしょ。
●　　●　　●　　●

　以下の例のように、上昇調で始まり、最後に下降調になるものもあります。

I went to India↗**, Taiwan**↗**, Nepal**↗**, China**↗ **and Japan.**↘ （すべて、下降調のときもあります）
● ●　　● ●　　　● ●　　　● ●　　　● ●　● ●　　●　　● ●

［項目を列挙する］　インド、台湾、ネパール、中国、日本に行った。

Would you like <u>coffee</u>↗ **or beer?**↘ ［選択疑問文のorの前］　コーヒーとビールのどっちがいい？
●　　●　　●　　●　●　　● ●

3. 降昇調 ∨

断定に条件などが続くとき、<u>疑い</u>、<u>励まし</u>、<u>非難</u>を意味するときの音調です。

最後の上昇調の部分は、命令、警告、呼びかけなど、短い単語や人名などが現れて、急速な上昇ピッチで終わることが多いです。

No∨**.**　だめだ。（疑い、または励ましを意味している）

I'm waiting∨**(so do hurry up).**　待っているよ（だから早くして）。
●　　● ●

I don't have much of an <u>appeitite</u>∨**. (but I'll join you to be polite.)**
● ●　　●　　●　　　●　　● ●　　　● ●　　あまり食欲ない（けど、せっかくだからいただこうかな）。

John! Look∨**!**　ジョン。見てよ。（推奨している）
●　　●

When? How∨**?**　いつ。どうやって？（状況によって、推奨または説得）
●　　●

4. 平坦調 →

気乗りがしないとき、返答を期待していないときのイントネーション。

§3 ｜ 句末原則　◉ track 77 🇺🇸　◉ track 78 🇬🇧

　英語の文の８割以上で、**核はイントネーション句の最後の内容語の強勢音節に置かれます。これを句末原則**と言います。英語は最後に重要な情報（新しい情報）を持っていく傾向があるからです。句レベルでも、文でも同じです。最後の強勢音節は、強勢語の中でも一番長く強く発音されます。

［1］文末が内容語の場合

| 規則1 | 内容語がどの品詞であっても、文末にあれば、その語に強勢が置かれる。 |

副詞＋形容詞　**fairly <u>confident</u>**　かなり自信がある
　　　　　　　● ●　●　● ●

動詞＋副詞　**study <u>hard</u>**　一生懸命勉強する
　　　　　　●　●　●

動詞＋名詞　**study <u>pronunciation</u>**　発音を勉強する
　　　　　　●　●　●　●　●●●

　　　　　　help <u>yourself</u>　（yourselfは機能語だがこの句は例外）ご自由にお取りください。
　　　　　　●　　●　●

222

動詞＋形容詞	come <u>tru</u>e　本当になる
	● 　 ●

助動詞＋動詞	must <u>go</u>　行かなければならない
	● 　 ●

否定の助動詞＋動詞	can't <u>run</u>　走れない
	● 　 ●

主語＋動詞	she <u>ate</u>　彼女は食べた
	● ●

前置詞＋名詞	to <u>school</u>　学校へ
	● 　 ●

前置詞＋冠詞・代名詞＋名詞	for those <u>years</u>　この数年間
	● 　 ● 　 ●

副詞＋形容詞＋名詞	very busy <u>street</u>　とてもにぎわいのある通り
	● 　 ● 　 ●

extremely expensive <u>clothes</u>　極めて高い服
● ● ● ● ● ● ●

規則2　略語が並ぶときも最後の略字に強勢が置かれる。

LA（Los Angeles）
el eɪ
● ●

UK（United Kingdom）
ju: kʰeɪ
● ●

OK
əʊ(oʊ) kʰeɪ
● ●

TV
tʰi: vi:
● ●

CNN
si: ʲen ʲen
● ● ●

FBI
ef bi: ʲaɪ
● ● ●

PTA
pʰi: tʰi: ʲeɪ
● ● ●

BBC
bi: bi: si:
● ● ●

規則3　名詞＋名詞の場合も最後の名詞に強勢が置かれる。

固有名詞＋普通名詞

London <u>Bridge</u>
● 　 ●
ロンドン橋

Kennedy <u>Center</u>
● 　 ● 　 ●
ケネディセンター

Tokyo <u>Station</u>
● ● ● ●
東京駅

Silicon <u>Valley</u>
● 　 ● 　 ●
シリコンバレー

普通名詞＋普通名詞

red <u>cross</u>
● ●
赤十字

city <u>hall</u>
● ●
市役所

town <u>center</u>
● ● ●
街の中心

規則4　等位接続詞で接続された語も最後に強勢が置かれる。

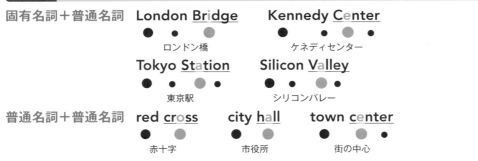

Big and <u>Carrie</u>
● 　 ● ●
ビッグとキャリー

tea or <u>coffee</u>
● 　 ● ●
お茶かコーヒー

old but <u>strong</u>
● 　 ● ●
年寄りだが強い

young nor <u>clever</u>
● 　 ● ●
若くも賢くもない

規則5 数字や単位を文末に含む場合も最後に強勢が置かれる。

I was born in nineteen fifty-<u>two</u>. 私は1952年生まれです。

He has been married to Jane for five <u>years</u>. 彼は、ジェーンと結婚して5年になります。

It is five dollars and five <u>cents</u>. それは、5ドルと5セントです。

I haven't eaten anything for three <u>days</u>. 私は3日間何も食べていません。

I agree with you one hundred <u>percent</u>. 私は、100%、あなたに賛成です。

[2] 文末が機能語の場合

規則1 前置詞（機能語）と代名詞（機能語）では前置詞のほうに強勢が置かれる。

<u>about</u> it それについて　　<u>in</u> it その中に　　<u>with</u> me 私と一緒に

規則2 動詞（内容語）と代名詞（機能語）、動詞＋前置詞＋代名詞では動詞に強勢が置かれる。

動詞＋代名詞　<u>like</u> him 彼が好きです　　<u>hit</u> them それらをたたく　　<u>eat</u> it それを食べる

動詞＋前置詞＋代名詞　<u>go</u> with her 彼女と一緒に行く　　<u>talk</u> about it それについて語る

<u>look</u> for them 彼らを探す

動詞＋前置詞　What are you <u>thinking</u> of? あなたは何を考えていますか。

動詞＋代名詞＋前置詞　What have you been <u>doing</u> it for? 何のためにそれをしていますか。

規則3 代名詞のoneが文末にあっても強勢が置かれない。

I want a big <u>melon</u>.──I just have a <u>small</u> one.

私は、大きなメロンが欲しい。── 小さいメロンならあるよ。

[3] 句末法則が成り立たない場合　🔘 track79 🇺🇸　🔘 track80 🇬🇧

規則1 streetの前に名詞が来ると、前の名詞に強勢が置かれる。

<u>Bond</u> Street　　<u>Wall</u> Street　　<u>London</u> Street

ボンドストリート　　　ウォール街　　　　ロンドンストリート

規則2 動名詞が名詞を修飾する場合は句末原則が成り立たない。

「～ing＋名詞」の形式において、～ingが現在分詞であれば次の名詞に強勢が置かれ、動名詞であれば動名詞を名詞より強く発音する。

現在分詞	動名詞
a sleeping <u>baby</u> ＝a baby who is sleeping （現在分詞）	a <u>slee</u>ping car ＝a car for sleeping（動名詞）
a smoking <u>room</u> くすぶっている部屋（現在分詞）	a <u>smo</u>king room 喫煙室（動名詞）
a moving <u>van</u> 動いているトラック（現在分詞）	a <u>mo</u>ving van 引越し用のトラック（動名詞）

規則3 名詞の修飾語が複合名詞の働きをする場合、句末原則が成り立たない。

普通の「形容詞＋名詞」のような修飾関係にある連語では、後ろの名詞に主強勢が置かれますが、複合語になっている場合や前の語が後ろの語の目的など特別な関係を表す場合には、前の語に主強勢が置かれます。

名詞が通常に修飾される場合	名詞の修飾語が複合名詞の働きをする場合
a white <u>house</u> 白い家	the <u>White</u> house ホワイトハウス
a black <u>bird</u> 黒い鳥	a <u>black</u>bird ツグミ
a German <u>student</u> ドイツ人学生	a <u>Ger</u>man student ドイツ語学生

規則4 here/thereは副詞だが一般に核にならないので、強勢は前にある内容語に置く。

Go <u>out</u> there. 外に出なさい。

Tom drinks <u>coffee</u> here. トムはここでコーヒーを飲みます。

here, there＋前置詞の場合はhere, thereに強勢が置かれる。

How long are you <u>here</u> for? あなたはここにどのくらいいますか。

規則5 now, today, yesterday, tomorrow, next week, last yearは一般に核にならないので、強勢は前にある内容語に置く。

He drank <u>beer</u> there yesterday. 彼は昨日、そこでビールを飲みました。

She will leave Japan for the <u>U.K.</u> tomorrow. 彼女は、明日英国に向けて日本を発ちます。

Something is <u>wrong</u> with you today. 今日、あなたは何かおかしい。

短い疑問詞の疑問文で主語が代名詞の場合、強勢は動詞に置く。

How much <u>is</u> it? いくらですか。（ただし、**How much will it be?**）

Who <u>did</u> it? だれがそれをしたのですか。　　　　**Where <u>am</u> I?** 私はどこにいるの。

When <u>is</u> it? それはいつですか。

疑問詞のある疑問文の答えでは、聞きたいところに強勢が置かれる。

What did he **do** with this book?　He took it away.

彼は、この本をどうしたのですか。　　　　　　　彼はそれを持っていってしまいました。

Which girl does he like?　The one wearing a kimono.

彼は、どちらの女の子が好きなのですか。　着物を着ている人です。

Whose favo(u)rite dress did she **want**?　She wanted her sister's.

彼女は、どの子の好きな服がほしかったのですか。　　　　　　彼女のおねえさんの服です。

Who played the piano?　Tim did.　だれがピアノを弾いたのですか。ティムです。

What happened?　There's an earthquake.　どうしましたか。地震です。

[4] anyに強勢を置く場合

通常：句末原則に従う場合

I won't lend my books to any student.　どの学生にも本を貸さない

anyに強勢が置かれる場合

I won't lend my books to any student.　どんな学生にも本を貸すというのではない

§4 ｜ 本来のアクセントと位置が変わる場合

● track 81 🇺🇸　● track 82 🇬🇧

　リズムをなるべく規則的なものに近づけようとする働きから、名詞の前につく形容詞のアクセント移動が起こります。形容詞の第1アクセントは第2アクセントに下がり、第2アクセントが第1アクセントに上がります。これは、形容詞のあとに続く名詞の第1音節にアクセントがあり、形容詞は最後の音節に第1アクセントのある場合で、形容詞の第1アクセントは最初の音節に移動します。

He is Japanese. ［híː ɪs dʒæpəníːz］彼は日本人です。
●● ● ●

→**He is a Japanese boy.** ［híː ɪs ə dʒæpənìːz bɔ́ɪ］彼は日本の少年です。
● ● ● ● ● ● ● ●

Japan is democratic. ［dʒəpʰæn ɪs dèməkʰrǽtɪk］日本は、民主主義です。
● ● ● ● ● ● ●

→**Japan is a democratic country.** ［dʒəpʰæn ɪs ə déməkʰræ̀tɪk kʰʌ́ntri］日本は、民主主義国家です。
● ● ● ● ● ● ● ● ●

その他

afternoon tea
● ● ● ● ●
午後のお茶

New York City
● ● ● ●
ニューヨーク市

the U. S. Army
● ● ● ● ●
アメリカ軍

sixteen hundred
● ● ● ●
1600

aromatherapy oil
● ● ● ● ● ●
アロマセラピーオイル

international law
● ● ● ● ● ●
国際法

absolutely right
● ● ● ● ●
まったく正しい

CNN news
● ● ● ●
CNNニュース

bamboo shoots
● ● ● ●
竹の子

第4節　まとめ

今までの学習の総まとめです。一つ一つの発音記号から、音の連結、リズムとイントネーション、句末法則を念頭に置いて、練習しましょう。発音記号は、モデル音声の子音、母音の連結や音変化を反映しています。イギリス発音はp. 235からです。この部分の音声は、以下のwebサイトからダウンロードできます。(https://www.ask-books.com/hatsuon2)

記号の説明

▼	▼	▼	▽	nˇdz	nˇsˇt	dnˇtˇd	nə	aɪʲʌ́
語頭、語句と語句の間のドッグブレス	1語の中のドッグブレス	子音連結時と連結前のドッグブレス	文を大きく区切るときのドッグブレス	2つの子音連結	3つの子音連結	4つの子音連結	2語の子音と母音の連結	半母音の添加

§1 ｜ アメリカ発音のまとめ

American Pronunciation Review of Consonants（子音） 🔊 01

1.　/m/

Mom, look at the moon!

mámˇlúˇkət ˇðəˇmúːn

2.　/n/

By noon none of the money was left.

baɪˇnúːnˇnʌnəv ˇðəˇmʌ́ˇniˇwɑzˇléfˇt

3.　/ŋ/

My uncle can sing longer than his young son.

maɪˇʌ́ŋˇklˇkʰænˇsíŋˇlɔ́ŋˇɡɚˇðænˇhɪzˇjʌ́ŋˇsʌ́n

4.　/l/

Tell me you will learn to love me.

tʰélˇmiːˇjuːˇwílˇlɚ̃ːnˇtʰʊˇlʌ́vˇmiː

5.　/r/

My brother went abroad to marry a redhead.

maɪˇbrʌ́ˇðəˇwénˇtəˇbrɔ́ːdˇtʰʊˇmǽˇriˇréˇdhèˇd

6.　/w/

Woo me with sweet words of love.

wúːˇmiːˇwɪðˇsˇwíːˇtˇwɚ̃ːˇdzəvˇlʌ́v

228

7. /j/

That **y**oung man earns one milli**o**n **y**en per **y**ear.

ðǽ▾tjʌ́ŋ▾mǽn▾ə́ːn▾z▾wʌ́n▾míl▾jən▾jén▾pʰə́ː▾jíə▾

8. /p/

Please **p**eel the **p**otatoes for su**pp**er.

pʰlíː▾z▾pʰíːl▾ðə▾pə▾tʰéɪ▾toʊz▾fɔə▾sʌ́▾pə▾

9. /b/

Bo**b b**eat the ro**b**ot with a **b**ul**b**ous **b**ough.

bá▾b▾bíː▾tðə▾róʊ▾bə▾twɪðə▾bʌ́l▾bəs▾báʊ

10. /k/

The **k**ing put his **c**ap in the **c**offee **c**up.

ðə▾kʰíŋ▾pʰʊ́▾tʰɪz▾kʰǽ▾p▾ɪn▾ðə▾kʰɔ́ː▾fi▾kʰʌ́▾p

11. /g/

A **g**ang of **g**i**gg**ly **g**irls **g**reeted the **g**rand **g**uests in the **g**arden.

ə▾gǽŋ▾əv▾gí▾gli▾gə́ːl▾z▾gríː▾tɪ▾ðə▾grǽn▾d▾gés▾tsɪn▾ðə▾gáə▾dən

12. /t/

The **t**eam cap**t**ain was **t**an and **t**all.

ðə▾tʰíːm▾kʰǽ▾ptən▾wáz▾tʰǽnən▾dtʰɔ́ːl

13. /d/

The **d**onkey staye**d** on the lan**d**.

ðə▾dáŋ▾ki▾s▾téɪ▾dɑn▾ðə▾lǽn▾d

14. /s/

I am **c**ertain there'**s s**alt in the **s**un.

aɪ▾əm▾sə́ː▾tn▾ðeə▾s▾sɔ́ːl▾tɪn▾ðə▾sʌ́n

15. /z/

Ja**zz** mu**s**ic is ea**s**y to li**s**ten to.

dʒǽ▾z▾mjúː▾zɪ▾k▾ɪz▾íː▾zi▾tʰʊ▾lí▾sn▾tʰʊ

16. /f/

Today our o**ff**ice was **f**looded with **ph**one calls.

tʊ▾déɪ▾aʊ▾ər▾ɔ́ː▾fís▾wɔz▾flʌ́▾d▾ɪ▾dwɪð▾fóʊn▾kʰɔ́ːl▾z

17. /v/

Stephen was in love with his new television.

s ˈtíːv n ˈwɑzɪn ˈlʌv wɪð ˈhɪz ˈnjúː ˈtʰé lə ˈvì ʒən

18. /θ/

Thanks for nothing.

θǽŋ ks ˈfɚ ˈnʌ ˈθɪŋ

19. /ð/

My mother's skin is smoother than mine.

maɪ ˈmʌ ˈðɚz ˈs kín ˈɪz ˈsmúː ðɚ ˈðæn ˈmáin

20. /ʃ/

She has a passion for England.

ʃiː ˈhæzə ˈpʰǽ ʃən ˈfɚ ˈíŋ qlən ˈd

21. /ʒ/

For leisure, he would wear casual clothes.

fɚ ˈlíː ˈʒɚ ∇ hiː ˈwʊ ˈdwéɚ ˈkʰǽ ˈʒu əl ˈkʰlóʊ ˈz

22. /h/

Hot food was prohibited in the hall.

háˈt fúː d ˈwəz ˈprə ˈhí ˈbɪ ˈtɪ ˈdɪn ˈðə ˈhɔ́ːl

23. /tʃ/

Don't question Mother Nature.

dóʊn ˈt kʰwés ˈtʃən ˈmʌ ˈðɚ ˈnéɪ ˈtʃɚ

24. /dʒ/

Many individuals in this region use the gym.

mé ˈni ˈìn ˈdə ˈví ˈdʒʊ əl ˈzɪn ˈðís ˈríː ˈdʒ(ə)n ˈjúːz ˈðə ˈdʒím

25. /ts/

Cats don't eat pizza.

kʰǽ ˈts ˈdóʊn ˈt íˈt pʰíː ˈtsə

26. /dz/

She sends me cards twice a year.

ʃiː ˈsén ˈdz ˈmiː ˈkʰɑɚ ˈdz ˈtwáɪ ˈs ə ˈjíɚ

27. /tr/

The t**r**ain goes into the count**r**yside.

ðə▼tʰréɪn▼góʊzɪn▼tʰʊ▼ðə▼kʰʌn▼tʰri▼sáɪ▼d

● ● ● ● ● ● ● ●

28. /dr/

Do not d**r**ink and d**r**ive.

dʊ▼ná▼t▼dríŋ▼k ən▼d dráɪ▼v

● ● ● ● ● ●

American Pronunciation Review of Vowels（母音） 03

29. /iː/ 　共鳴スポット A　声のベクトル後ろ

Each of us rec**ei**ved one p**ie**ce of p**ie**.

íː▼tʃ ə▼vʌs▼rɪ▼síːv▼d wʌn▼pʰíːsɑʋ▼pʰáɪ

● ● ● ● ● ● ● ●

30. /ɪ/ 　共鳴スポット B　声のベクトル後ろ

Egypt**ia**ns bu**i**lt pyram**i**ds.

ɪ▼dʒí▼pʃən▼z▼bíl▼t pʰí▼rə▼mì▼dz

● ● ● ● ● ● ● ●

31. /e/ 　共鳴スポット B の下　声のベクトル後ろ

The h**e**roine w**e**nt to b**e**d.

ðə▼hé▼roʋ▼ɪn▼wén▼ttʰʊ▼bé▼d

● ● ● ● ● ● ●

32. /æ/ 　共鳴スポット B-C　声のベクトル後ろに拡散

I gu**a**rantee the b**a**g is pl**ai**d.

aɪ▼gæ▼rən▼tíː▼ðə▼bæ▼gɪz▼pʰlǽ▼d

● ● ● ● ● ● ● ●

33. /ə/ 　共鳴スポット B　声のベクトル前

The mus**e**um p**o**lice found the missing tort**oi**se.

ðə▼mju:▼zíː▼əm▼pʰə▼líː▼s▼fáʋn▼d ðə▼mí▼sɪŋ▼tʰɚ▼tə▼s

● ● ● ● ● ● ● ● ●

35. /ʌ/ 　共鳴スポット B-C　声のベクトル後ろ

My m**o**ther's **u**ncle lives with m**o**nkeys in the c**ou**ntry.

maɪ▼mʌ́▼ðɚ▼z ʌŋ▼kl lív▼z wí▼ð mʌ́n▼kizɪn▼ðə▼kʰʌ́n▼tri

● ● ● ● ● ● ● ● ● ●

36. /uː/ 　共鳴スポット A-B　声のベクトル後ろ

I will l**o**se a l**oo**se t**oo**th s**oo**n, t**oo**.

aɪ▼wíl▼lúː▼zə▼lúː▼s▼tʰúː▼θ▼súːn▼tʰúː

● ● ● ● ● ● ● ●

37. /ʊ/ 　共鳴スポット C　声のベクトル後ろ

The woman could cook plenty of food from the cookbook.

ðə▼wʊ́▼mən▼kʰʊ́▼d kʰʊ́▼k pʰlénti̯▼əv▼fú:▼d fr⋀m ðə▼kʰʊ́▼kbʊ̀▼k
● ● ● ● ● ● ● ● ● ● ● ●

36'. 弱/u/　**37'. 弱/ʊ/**　/u/ 共鳴スポット A-B　声のベクトル後ろ　/ʊ/ 共鳴スポット C　声のベクトル後ろ

Congratulations on your graduation in July.

kən▼græ▼dʒʊ▼léɪ▼ʃən▼z▼ɑn▼jɔ˞▼græ▼dʒʊ▼éɪ▼ʃən▼ɪn▼dʒʊ▼láɪ
● ● ● ● ● ● ● ● ● ● ● ● ● ●

38. /ɔ:/ 　共鳴スポット C　声のベクトル後ろ

Obey the law, or you will almost assuredly get caught.

oʊ▼béɪ▼ðə▼lɔ́:▼ɔ˞▼ju:▼wɪl▼ɔ́:l▼moʊs▼t̬ə▼ʃʊ́ə˞▼rɪ▼dli▼gé▼t kɔ́:▼t
● ● ● ● ● ● ● ● ● ● ● ● ● ● ●

40. /ɑ/ 　共鳴スポット C　声のベクトル後ろ

The dog is sitting on top of the box.

ðə▼dɔ́:▼gɪz▼sí▼tɪŋ▼ɑn▼t̬á▼pəv▼ðə▼bá▼ks
● ● ● ● ● ● ● ● ● ●

41. /ɑ:/ 　共鳴スポット C　声のベクトル後ろ

My father is calm in the spa.

maɪ▼fá:▼ðə˞▼ɪz▼kʰá:mɪn▼ðə▼s▼pá:
● ● ● ● ● ● ●

Diphthong（二重母音） 04　ここからは共鳴スポット、声のベクトル（←前 後ろ→）を記号のみ記載しています。

42. /eɪ/ 　B→

The rain in Spain falls mainly in the plain.

ðə▼réɪn▼ɪn▼s▼péɪn▼fɔ́:l▼z▼méɪn▼li▼ɪn▼ðə▼pʰléɪn
● ● ● ● ● ● ● ● ● ●

43. /aɪ/ 　C→　➡ B-C→

I like sitting by the aisle.

aɪ▼láɪ▼k sí▼tɪŋ▼baɪ▼ðɪ̯áɪl
● ● ● ● ● ●●

44. /ɔɪ/ 　B→

The annoying boy destroyed the toy.

ðɪ̯ə▼nɔ́ɪ▼ɪŋ▼bɔ́ɪ▼dɪs▼trɔ́ɪ▼dðə▼tʰɔ́ɪ
●● ● ● ● ● ●

45. /aʊ/ 　C→

Now there are cows in the house on the mountain.

náʊ▼ðeə˞▼ɑə˞▼kʰáʊ▼zɪn▼ðə▼háʊ▼sən▼ðə▼máʊn▼tn
● ● ● ● ● ● ● ● ● ●

47. /oʊ/　B→
You have only to go to the post office on this road.
júːˇhæˇvḏoͧnˇliˇtʰʊˇgóͧˇtʰʊˇðəˇpʰóͧs tɔ́ːˇfɪs ɑnˇðísˇróͧˇd

48. /juː/　A-B→
The student refused to see the beautiful view.
ðəˇsˇtúːdənˇtˇrɪˇfjúːzˇdtʰˇsíːˇðəˇbjúːˇtʰɪˇflˇvjúː

48'. 弱/ju/, 弱/jʊ/　/ju/ A-B→　/jʊ/ C→
Where is the evacuation area?
wéɚˇɪzˇðiˇɪˇvæˇkjuˇéɪˇʃənˇéˇrɪˇə

His argument is not accurate.
hɪzˇáɚˇgjʊˇmənˇtˇɪzˇnáˇtˇæˇkjʊˇrəˇt

49. /ɪə/　←B（ea, ia というつづりの場合のみ、この発音になります）
Leah and Mia came up with a great idea!
líəˇænˇdˇmíəˇkéɪˇmˌʌˇpˇwɪˇðəˇgréɪˇtˇaɪˇdíə

Triphthong（三重母音） 🔊 05

52. /aɪə/　C→ ➡ B→
Violet likes Japanese society.
váɪˇəˇləˇtˇláɪˇkˇsˇdʒæˇpəˇníːˇzˇsəˇsáɪˇəˇti

53. /aʊə/　C→ ➡ ←B
English vowels are changing nowadays.
ínˇglɪʃˇváʊˇəˇlˌzɑɚˇtʃéɪnˇdʒɪŋˇnáʊˇəˇdèɪˇz

54. /jʊə/　C→ ➡ ←B
I like manual transmission cars.
aɪˇláɪˇkˇmænˇjʊəlˇtrænˇzˇmíˇʃənˇkʰáɚˇz

Rhotacized vowels（R性母音） 🔊 06

55. /ɚː/　A→
Are you certain that you work to earn money for her?
ɑɚˇjuːˇsɚ́ːˇtnˇðætˇjuːˇwɚ́ːˇktʰuˇɚ́ːnˇmʌ́niˇfɔɚˇhɚː

233

56. 弱/ɚ/ A →

That singer is popular among young people in particular.

ðǽ▾t▾síŋ▾ɚ͏ʳ▾z▾pʰá▾pjʊ▾lɚ▾ə▾mʌ́ŋ▾jʌ́ŋ▾pí:▾pl̩▾ɪn▾pɚ▾tʰí▾kjʊ▾lɚ

57. /ɑɚ/ C → ➡ A →

Some parts of the car belong to the sergeant.

sʌm▾pɑ́ɚ▾tsəv▾ðə▾kɑ́ɚ▾bɪ▾lɔ́:ŋ▾tʰʊ▾ðə▾sɑ́ɚ▾dʒən▾t

58. /ɔɚ/ B → ➡ A →

Four babies were born that morning in the small hospital in New York.

fɔ́ɚ▾béɪ▾bi▾z▾wɚ:▾bɔ́ɚ▾n▾ðǽ▾t▾mɔ́ɚ▾nɪŋ▾ɪn▾ðə▾s▾mɔ́:▾l̩▾hás▾pɪ▾tl̩n▾nú:▾jɔ́ɚ▾k

59. /ɪɚ/ B → ➡ A →

The deer here are weirdly fierce.

ðə▾díɚ▾híɚ͏ʳ▾ɑ̀ɚ▾wíɚ▾dli▾fíɚ▾s

60. /eɚ/ B → ➡ A →

My parents said farewell at the airport.

maɪ▾pʰéɚ▾rən▾ts▾sé▾d▾feɚ▾wél▾æt▾ði▾éɚ▾pʰɔɚ▾t

61. /ʊɚ/ C → ➡ A →

The tourists were lured to the moor.

ðə▾tʰʊ́ɚ▾rɪs▾ts▾wɚ:▾lúɚ▾dtʰʊ▾ðə▾múɚ

62. /aɪɚ/ C → ➡ A →

Last hired, first fired.

lǽs▾t▾háɪ▾ɚ▾d▾fɚ́:s▾t▾fáɪ▾ɚ▾d

63. /aʊɚ/ C → ➡ A →

On my way from the tower, I was caught in a shower.

ɑn▾maɪ▾wéɪ▾frʌm▾ðə▾tʰáʊ▾ɚ▾∇aɪ▾wɑz▾kʰɔ́:▾tɪ▾nə▾ʃáʊ▾ɚ

64. /jʊɚ/ C → ➡ A →

Please endure the smell of the manure.

pʰlí:▾z▾en▾djúɚ▾ðə▾s▾mélə▾v▾ðə▾mən▾jú▾ɚ

§2 | イギリス発音のまとめ

British Pronunciation Review of Consonants（子音） 🔊 07

1. /m/

Mum, look at the **m**oon!

mám ˅lʊ́ k̲ə̲t ˅ðə ˅mú:n

● ● ● ●

2. /n/

By **n**oon **n**one of the mo**n**ey was left.

baɪ ˅nú:n ˅ná̲n̲əv ˅ðə ˅má ˅ni ˅wɔz ˅lé̲f̲ t

● ● ● ● ● ● ● ●

3. /ŋ/

My u**n**cle can si**ng** lo**ng**er than his you**ng** son.

maɪ ˅á̲ŋ̲ kl ˅kʰən ˅síŋ ˅ló̲ŋ̲ gə ˅ðæn ˅hɪ z ˅jáŋ ˅sán

● ● ● ● ● ● ● ● ● ●

4. /l/

Te**ll** me you wi**ll** **l**earn to **l**ove me.

tʰél ˅mi: ˅ju: ˅wɪl ˅lə́:n ˅tʰʊ ˅láv ˅mi:

● ● ● ● ● ● ● ●

5. /r/

My b**r**other went ab**r**oad to ma**rr**y a **r**edhead.

maɪ ˅brá ˅ðə ˅wén ˅t ə̲ ˅brɔ́: ˅dtʰʊ ˅mǽ ˅ri ˅ə ˅ré ˅dhé ˅d

● ● ● ● ● ● ● ● ● ●

6. /w/

Woo me **w**ith s**w**eet **w**ords of love.

wú: ˅mi: ˅wɪ ð̲ ˅s wí: t wɔ́: ˅d̲z̲əv ˅láv

● ● ● ● ● ● ●

7. /j/

That **y**oung man earns one milli**o**n **y**en per **y**ear.

ðǽ t̲j̲áŋ ˅mǽn ˅ɔ́:n z̲ ˅wán ˅mí̲l̲ jən ˅jén ˅pʰɔ́: ˅jíə

● ● ● ● ● ● ● ● ●

8. /p/

Please **p**eel the **p**otatoes for su**pp**er.

pʰlí: ˅z pʰí:l ˅ðə ˅pə ˅tʰéɪ ˅təʊz ˅fɔ ˅sá ˅pə

● ● ● ● ● ● ● ●

9. /b/

Bo**b** **b**eat the ro**b**ot with a **b**ul**b**ous **b**ough.

bɔ́ b̲ bí: t̲ðə ˅rɔ́ʊ ˅bə ˅twɪðə ˅bál b̲əs ˅báʊ

● ● ● ● ● ● ●

10. /k/

The king put his cap in the coffee cup.

ðə ˇkʰíŋ ˇpʰʊ́ ˇðɪz ˇkʰǽ ˇp ˇɪn ˇðə ˇkʰɔ́ ˇfi ˇkʰʌ́ ˇp

11. /g/

A gang of giggly girls greeted the grand guests in the garden.

ə ˇgǽŋəv ˇgí ˇgli ˇgə́ːl ˇz ˇgríː ˇtɪ ˇððə ˇgrǽn ˇd gés ˇts ˇɪn ˇðə ˇgáː ˇdən

12. /t/

The team captain was tan and tall.

ðə ˇtʰíːm ˇkʰǽ ˇptən ˇwɔz ˇtʰǽnən ˇd ˇtʰɔ́ːl

13. /d/

The donkey stayed on the land.

ðə ˇdɔ́ŋ ˇki ˇs ˇtéɪ ˇdən ˇðə ˇlǽn ˇd

14. /s/

I am certain there's salt in the sun.

aɪ ˇəm ˇsə́ː ˇtn ˇðeə ˇz ˇsɔ́ːl ˇt ˇɪn ˇðə ˇsʌ́n

15. /z/

Jazz music is easy to listen to.

dʒǽ ˇz ˇmjúː ˇzɪ ˇk ˇɪz ˇíː ˇzi ˇtʰʊ ˇlí ˇsn ˇtʰʊ

16. /f/

Today our office was flooded with phone calls.

tʊ ˇdéɪ ˇaʊə ˇɔ́ ˇfɪ ˇs ˇwɔz ˇflʌ́ ˇdɪ ˇd ˇwɪð ˇfóʊn ˇkʰɔ́ːl ˇz

17. /v/

Stephen was in love with his new television.

s ˇtíːv ˇn ˇwɔzɪn ˇlʌ́v ˇwɪð ˇhɪz ˇnjúː ˇtʰé ˇlə ˇvì ˇʒən

18. /θ/

Thanks for nothing.

θǽŋ ˇk ˇs ˇfɔː ˇnʌ́ ˇθɪŋ

19. /ð/

My mother's skin is smoother than mine.

maɪ ˇmʌ́ ˇðə ˇz ˇs ˇkín ˇɪz ˇs ˇmúː ˇðə ˇðæn ˇmáɪn

20. /ʃ/

She has a passion for England.

ʃiː ˇhˈæzə ˇpʰˈæ ˇʃən ˇfɔː ˇíŋ ˇglən ˇd

21. /ʒ/

For leisure, he would wear casual clothes.

fɔː ˇléˇʒə ▽hiː ˇwʊ ˇdwéə ˇkʰˈæˇʒu ˇəl ˇkʰlóʊ ˇz

22. /h/

Hot food was prohibited in the hall.

hˈɔ ˇtfúː ˇd ˇwəz ˇprə ˇhí ˇbɪ ˇtɪ ˇd ˇɪn ˇðə ˇhˈɔːl

23. /tʃ/

Don't question Mother Nature.

dˈóʊn ˇt kʰwés ˇtʃən ˇmˈʌ ˇðə ˇnéɪ ˇtʃə

24. /dʒ/

Many individuals in this region use the gym.

méˇ ni ˇìn ˇdə ˇví ˇdʒʊ ˇəl ˇz ˇɪn ˇðís ˇríː ˇdʒ(ə)n ˇjúːz ˇðə ˇdʒím

25. /ts/

Cats don't eat pizza.

kʰˈæ ˇts ˇdˈóʊn ˇt íː ˇt pʰíː ˇtsə

26. /dz/

She sends me cards twice a year.

ʃiː ˇsén ˇdz ˇmiː ˇkʰˈɑː ˇdz ˇtwáɪ ˇs ˇə ˇjíə

27. /tr/

The train goes into the countryside.

ðə ˇtʰréɪn ˇgóʊz ˇɪn ˇtʰʊ ˇðə ˇkʰˈʌn ˇtʰri ˇsáɪ ˇd

28. /dr/

Do not drink and drive.

dʊ ˇnˈó ˇt ˇdríŋ ˇk ˇæn ˇd dráɪ ˇv

British Pronunciation Review of Vowels（母音） 09

29. /iː/ 共鳴スポット A　声のベクトル前

Each of us received one piece of pie.

íː▼tʃ əvʌs▼rɪ▼síːv▼d▼wʌ́n▼pʰíːsəv▼pʰáɪ

30. /ɪ/ 共鳴スポット B　声のベクトル前

Egyptians built pyramids.

ɪ▼dʒí▼pʃən▼z▼bíl▼t pʰí▼rə▼mì▼dz

31. /e/ 共鳴スポット B の下　声のベクトル前

The heroine went to bed.

ðə▼hé▼rəʊ▼ɪn▼wén▼ttʰʊ▼bé▼d

32. /æ/ 共鳴スポット C　声のベクトル前に拡散

I guarantee the bag is plaid.

aɪ▼gæ̀▼rən▼tíː▼ðə▼bǽ▼gɪz▼pʰlǽ▼d

33. /ə/ 共鳴スポット B　声のベクトル前

The museum police found the missing tortoise.

ðə▼mjuː▼zí▼əm▼pʰə▼líːs▼fáʊn▼d▼ðə▼mí▼sɪŋ▼tʰɔ́ː▼tə▼s

34. /əː/ 共鳴スポット B-C　声のベクトル前

Are you certain that you work to earn money for her?

ɑː▼juː▼sə́ː▼tn▼ðət▼juː▼wə́ː▼ktʰu▼ə́ːn▼mʌ́▼ni▼fɔː▼həː

35. /ʌ/ 共鳴スポット C　声のベクトル後ろ

My mother's uncle lives with monkeys in the country.

maɪ▼mʌ́▼ðə˞▼zʌ́ŋ▼kl▼lív▼z▼wɪ▼ð▼mʌ́ŋ▼kizɪn▼ðə▼kʰʌ́n▼tri

36. /uː/ 共鳴スポット A-B　声のベクトル後ろ

I will lose a loose tooth soon, too.

aɪ▼wíl▼lúː▼zə▼lúː▼s▼tʰúː▼θ▼súːn▼tʰúː

37. /ʊ/ 共鳴スポット C　声のベクトル後ろ

The woman could cook plenty of food from the cookbook.

ðə▼wʊ́▼mən▼kʰʊ▼dkʰʊ́▼k pʰléntiʲəv▼fúː▼d▼frʌm▼ðə▼kʰʊ́▼kʰbʊ̀▼k

36'. 弱/u/ 37'. 弱/ʊ/ /u/ 共鳴スポット A-B　声のベクトル後ろ　/ʊ/ 共鳴スポット C　声のベクトル後ろ

Congratulations on your graduation in July.

kən▾græ▾t∫ʊ▾léɪ▾∫ən▾z▾ɔn▾jɔ:▾græ▾dʒu▾éɪ▾∫ən▾ɪn▾dʒʊ▾láɪ

● ● ● ● ● ● ● ● ● ● ● ● ● ● ● ● ●

---

38. /ɔ:/　共鳴スポット B　声のベクトル後ろ

Obey the law, or you will almost assuredly get caught.

əʊ▾béɪ▾ðə▾lɔ́:▾ɔ:▾ju:▾wɪlɔ́:l▾məʊs▾t▾ə▾∫ɔ́:▾rɪ▾dli▾gé▾t▾kɔ́:▾t

● ● ● ● ● ● ● ● ● ● ● ● ● ● ● ● ● ●

---

39. /ɔ/　共鳴スポット C　声のベクトル後ろ

The Mongolian wants the dog to sit on top of the box.

ðə▾mɔŋ▾góʊ▾liən▾wɔ́n▾tsðə▾dɔ́▾gtʰʊ▾sí▾tən▾tʰɔ́▾pəv▾ðə▾bɔ́▾ks

● ● ● ● ● ● ● ● ● ● ● ● ● ● ● ●

---

41. /ɑ:/　共鳴スポット C　声のベクトル後ろ

My aunt was laughing from the heart.

maɪ▾ɑ́:n▾twɔz▾lɑ́:▾fɪŋ▾frʌm▾ðə▾hɑ́:▾t

● ● ● ● ● ● ● ● ●

Diphthong（二重母音） 🔊 10　ここからは共鳴スポット、声のベクトル（←前 後ろ→）を記号
のみ記載しています。

---

42. /eɪ/　←B

The rain in Spain falls mainly in the plain.

ðə▾réɪnɪn▾spéɪn▾fɔ́:l▾z▾méɪn▾li▾ɪn▾ðə▾pʰléɪn

● ● ● ● ● ● ● ● ● ●

---

43. /aɪ/　C → ➡ ← B-C

I like sitting by the aisle.

aɪ▾láɪ▾ksí▾tɪŋ▾baɪ▾ði▾áɪl

● ● ● ● ● ● ●

---

44. /ɔɪ/　B-C → ➡ ← B

The annoying boy destroyed the toy.

ðiə▾nɔ́ɪ▾ɪŋ▾bɔ́ɪ▾dɪs▾trɔ́ɪ▾dðə▾tʰɔ́ɪ

●● ● ● ● ● ● ●

---

45. /aʊ/　C →

Now there are cows in the house on the mountain.

náʊ▾ðɛ:ʳ▾ɑ:▾kʰáʊ▾zɪn▾ðə▾háʊ▾sɔn▾ðə▾máʊn▾tən

● ● ● ● ● ● ● ● ● ● ●

---

46. /əʊ/　← B-C ➡ B-C →

You have only to go to the post office on this road.

jú:▾hævɔ́ʊn▾li▾tʰʊ▾góʊ▾tʰʊ▾ðə▾pʰɔ́ʊs▾tɔ́▾fɪs▾ɔn▾ðís▾ráʊ▾d

● ● ● ● ● ● ● ● ● ● ● ● ● ●

48. /juː/   A-B →

The student refused to see the beautiful view.

ðəˇsˇtjúːdənˇtˇriˇfúːzˇdtʰʊˇsíːˇðəˇbjúːˇtʰɪˇflˇvjúː

48'. 弱/ju/, 弱/jʊ/   /ju/ A-B →   /jʊ/ C →

Where is the evacuation area?

wɛ́ːɪzˇðiˇɪˇvæˇkjuˇéɪˇʃənˇe(ə)ˇrɪə

His argument is not accurate.

hɪzˇáːˇgjʊˇmənˇtˇɪzˇnɔ́ˇtˇǽˇkjʊˇrəˇt

49. /ɪə/   ← B

I can hear your clear idea here.

aɪˇkʰænˇhíəˇjɔːˇkʰlíəˇaɪˇdíəˇhíə

50. /eə, ɛː/   ← B-C

My parents said farewell at the airport.

maɪˇpʰéə(ɛ́ː)ˇrənˇtsˇséˇdˇfèə(ɛ̀ː)ˇwélˇætˇðiˇéə(ɛ́ː)ˇpʰɔ́ːˇt

51. /ʊə, ɔː/   C → ➡ ← C

The tourists were lured to the moor.

ðəˇtʰʊ́(ə)ˇrɪsˇtswəːˇlúəˇdtʰʊˇðəˇmúə

ðəˇtʰɔ́ːˇrɪsˇtswəːˇlɔ́ːˇdtʰʊˇðəˇmɔ́ː

Triphthong（三重母音） 🔊 11

52. /aɪə/   C → ➡ ← B

Last hired, first fired.

láːsˇtˇháɪəˇdˇfɔ́ːsˇtˇfáɪəˇd

53. /aʊə/   C → ➡ ← B

On my way from the tower, I was caught in a shower.

ɒnˇmaɪˇwéɪˇfrɒmˇðəˇtʰáʊˇəˇ∇aɪˇwɒzˇkʰɔ́ːˇtɪˇnəˇʃáʊˇə

54. /jʊə/   C → ➡ ← B

She was curious about your manicure.

ʃiːˇwɒzˇkʰjʊ́əˇriˇəsˇəˇbáʊˇtˇjʊəˇmǽnəˇkjʊə

参考文献 （発音関係） 絶版のものも含む。

小泉保『新版音声学入門』新版初版（大修館書店，1982）

斉藤純男『日本語音声学入門』改訂版第1刷（三省堂，2006）

竹林滋『新版改訂英語音声学入門』（研究社，1996）

竹林滋，斉藤弘子『英語音声学』第6刷（大修館書店，2003）

竹林滋『新英和中辞典』第6版（研究社，1994）

竹林滋『ルミナス英和辞典』第2版（研究社，2005）

鳥居次好，兼子尚道『英語の発音　研究と指導』19版（大修館書店，1993）

松坂ヒロシ『英語音声学入門』第26刷（研究社，2003）

日英言語文化研究会『日英語の比較　発想・背景・文化』第1刷（三修社，2005）

Ladefoged, P. [竹林滋，牧野武彦訳]『音声学概論』（大修館書店，1999）

Roach, P. [島岡丘，三浦弘訳]『英語音声学・音韻論』（大修館書店，1996）

Patricia Ashby, *Speech Sounds*, 2nd edition （Routledge, 2005）

Mark Hancock, *English Pronunciation in Use* （Cambridge University Press, 2003）

J. D. O'Connor, *Better English Pronunciation* （Cambridge University Press, 1980）

Ann Baker, *Ship or Sheep? An Intermediate Pronunciation Course* （Cambridge University Press, 2006）

A. C. GIMSON, *An Introduction to the Pronunciation of English, second edition* （J. W. Arrowsmith Ltd. Bristol, 1976）

参考文献 （呼吸、発声、筋肉）

林宅男『英語強勢のための呼吸調整と共鳴の訓練』

中岡典子『英語コミュニケーションと発音』

金谷健一［特別講演］ここに注意しよう日本人の口頭英語（社団法人　電子情報通信学会，信学技報）

峯松信明，岡部浩司，シュー・ヘンリック，広瀬啓吉『米語母語話者を対象とした日本人英語の聞き取り調査』（社団法人　電子情報通信学会，信学技報）

金井由允『外来語における促音』

増田喜治『発話における呼吸運動：英語発話は腹式呼吸か』（名古屋学院大学論集，言語・文化篇 Vol. 16 No. 1 2004）

筋肉、体操と発声に関する参考文献

Daniel Garliner, *Myofunctional Therapy*, 1977 （W.B.Saunders）

Richard H. Barrett & Marvinl Hanson, *Oral Myofunctional Disorders* 2Rev Ed 1979, Mosby （Mosby）

道健一『言語聴覚士のための臨床歯科医学・口腔外科学』（医歯薬出版，2000）

大野粛英『舌のトレーニング』（わかば出版，2003）

山口秀晴，大野粛英『MFT入門』（わかば出版，2007）

荻野仁志, 後野仁彦『医師と声楽家が解き明かす発声のメカニズム』第8刷（音楽之友社, 2008）

ジャン＝クロード・マリオン [美山節子訳]『はじめての発声法―基礎を学ぶポイント30』第4刷（音楽之友社, 2005）

重田勲『誰でも出来る！　正しい英語発声法』（新風舎, 2006）

上野直樹『5分間でいい声になる本　決定版』（青春出版社, 2007）

鴻上尚史『発声と身体のレッスン』第14刷（白水社, 2003）

米山文明『声がよくなる本』主婦と生活社（主婦と生活社, 1997）

米山文明『美しい声で日本語を話す』（平凡社, 2007）

鈴木松美『日本人の声』（洋泉社, 2003）

CD-ROM

Jürgen Handke. *The Mouton Interactive Introduction to Phonetics and Phonology*. Walter De Gruyter Inc.

Internet （URLは、2012年4月現在のもので、変更になる可能性があります。）

Vocal Tract Visualization Laboratory, University of Maryland Baltimore Dental School

MRI, EPG, Three-Dimensional Tongue Surface Shapes

http://speech.umaryland.edu/research.html

Yale Linguistics http://www.ling.yale.edu/

The Online Phonetics Course, University of Lausanne

http://www.unil.ch/Jahia/site/ling/cache/offonce/pid/30184

David House: GSLT HT05 Acoustic phonetics, physiology, psychoacoustics and speech perception

http://www.speech.kth.se/~rolf/NGSLT/presentations/GSLTtaltekdh_2005.pdf

Speech perception and production laboratory

http://psyc.queensu.ca/%7Emunhallk/05_database.htm

キーワード索引

説明、練習を含む箇所など、重要な意味をもつページのみをとりあげています。

イギリス発音の母音図1

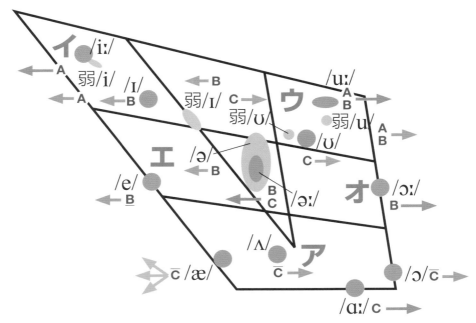

短母音・長母音（基本母音）

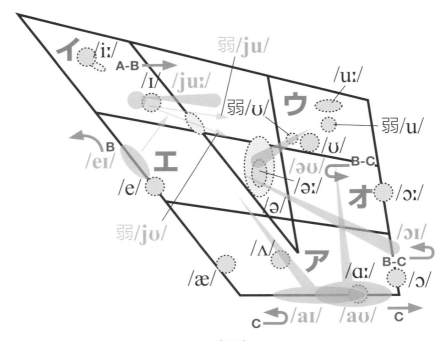

二重母音1

アメリカ発音の母音図１

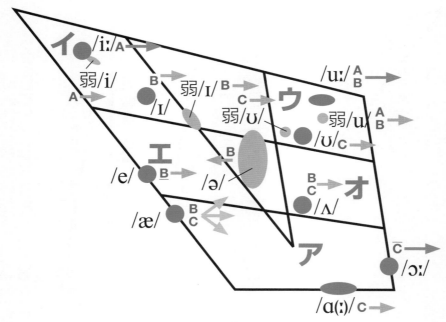

短母音・長母音（基本母音）

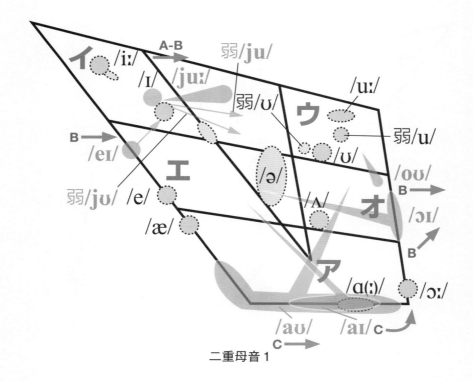

二重母音１

246

イギリス発音の母音図2

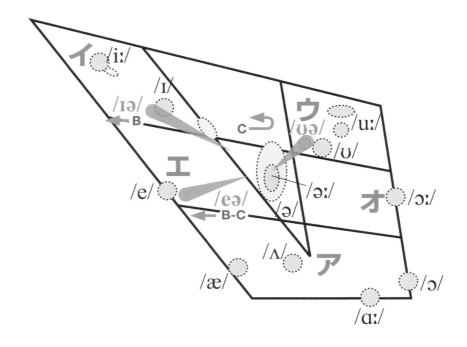

二重母音2

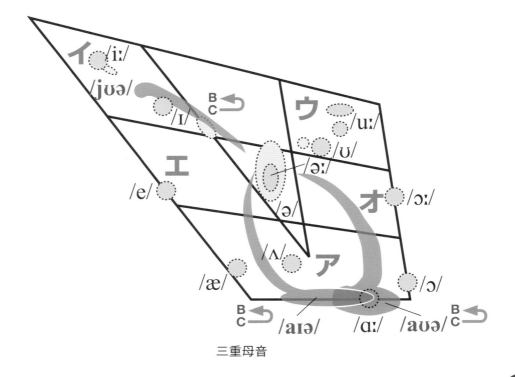

三重母音

アメリカ発音の母音図2

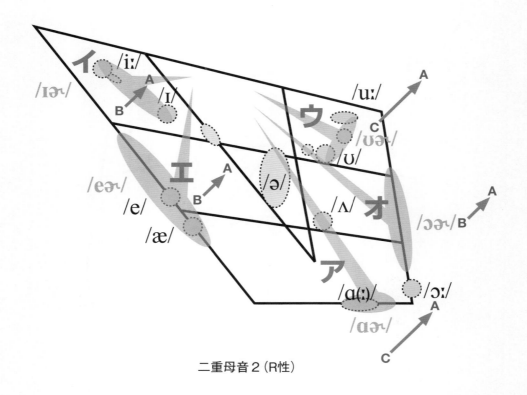

二重母音2（R性）

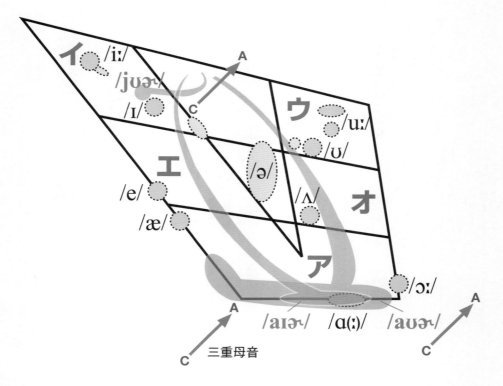

三重母音

DL音声のトラック番号とページの対応表

（https://www.ask-books.com/hatsuon2/ よりダウンロードできます）

本編音声　　　　　　　　　　　　　　　　　　　　　　　　　　収録時間 約 76 分

［Web動画付］

日本人のための英語発音完全教本

2022年5月26日　初版第1刷発行
（本書は2012年4月28日初版発行の『［DVD＆CD付］日本人のための英語発音完全教本』
の「Web動画付」版です）

著者	竹内真生子
発行人	天谷修身
編集協力	堀内友子
編集担当	影山洋子
装丁	アスク出版　デザイン部
本文デザイン/DTP	創樹
本文図版作成	トライアングル
本文イラスト	トライアングル、阿部彰彦

［動画］

出演	（アメリカ発音）Eimilly Cabrera*, Matthew Mewhinney
	（イギリス発音）Anton Heskia*, Claudette Lukasik
	*は「10分間エクササイズ」にも出演
ナレーション	荒井タツ哉
画面デザイン	笹尾ちひろ
映像編集	本多夏夫
映像制作協力	ジーアングル

［音声］

ナレーション	（アメリカ発音）Chris Koprowski, Jessica Ocheltree
	（イギリス発音）Emma Howard, Nik Silwerski
収録・編集	スタジオグラッド

発行	株式会社アスク
	〒162-8558 東京都新宿区下宮比町2-6
	電話：03-3267-6864（営業）
	03-3267-6863（編集）
	URL：https://www.ask-books.com
	専用サイト：https://www.ask-books.com/hatsuon2/
印刷製本	株式会社廣済堂ネクスト
ISBN	978-4-86639-522-7